Le rire des femmes

Sabine Melchior-Bonnet

Le rire des femmes

Une histoire de pouvoir

puf

ISBN 978-2-13-082553-1
Dépôt légal – 1re édition : 2021, avril

Introduction

Le sexe du rire

La nature a séparé le rire de la beauté. Spasme, désordre, petit séisme du visage, le rire défigure, ébranle le corps, ôte toute dignité. Inconvenant, il échappe des entrailles. Les Grecs l'appelaient le « secoueur ». D'Aristote à Bergson, en passant par les médecins de la Renaissance et les philosophes des Lumières, on explique qu'on rit du « laid, d[u] difforme et malséant[1] », ou encore selon Hobbes, de « la vue imprévue de notre supériorité sur autrui ».

Le rire est contraire à l'image de la femme modeste et pudique. Les usages du monde sont formels : si le rire de l'homme est considéré comme une juste récréation ou un remède à sa mélancolie, une femme qui rit risque toujours de passer pour une effrontée, une luronne paillarde, une folle hystérique, ou encore de perdre sa séduction et d'être cataloguée en garçon manqué. Glousser, pouffer, hurler, se pâmer, le langage du rire est déjà en partie sexué, organisé en trivial ou indécent. Durant des siècles, le rire féminin est resté sous surveillance, toléré à condition de se cacher derrière l'éventail.

Faire du rire des femmes un objet d'étude historique comporte beaucoup de risques, dont l'anachronisme. Le rire appartient à la culture du quotidien ; il est fragile, éphémère :

nous ne rions pas des mêmes choses hier qu'aujourd'hui, et nous ne discernons pas toujours ce qui, dans le passé, est ou non, parodique. Les accents d'une voix envolée, l'épaisseur d'un rire, sa durée, sa fréquence échappent à l'enquête, à moins que le talent d'un conteur ou d'une conteuse n'aide à repérer ses nuances, à distinguer avec Nathalie Sarraute un rire de gorge « lourd, qui se vautre, un rire épais qui se roule partout », d'un « petit trémolo un peu forcé », dont « les notes dures, glacées, tambourinent comme des grêlons »[2].

Lié aux émotions, le rire des femmes se glisse à l'improviste dans les textes les plus sérieux, rires sous cape, rires en douceur, en douce, qui bourgeonnent parfois au milieu des larmes : « La chose comique, la puissance du rire est dans le rieur et non dans l'objet du rire », notait Baudelaire en 1857 dans une de ses critiques d'art, « L'essence du rire », soulignant que c'est l'individu qu'il faut retrouver derrière le rire.

Revanche des femmes à qui ont été refusées longtemps l'instruction, la parole et l'écriture, la conquête du rire leur offre un terrain de liberté où elles proclament leur bonne santé en posant un regard affûté sur la société et sur elles-mêmes. Le chemin a été long. Il ne s'agit pas de prétendre que les femmes d'autrefois ne riaient pas, mais que le discours moral et les normes de la politesse jugeaient le rire susceptible de pervertir la féminité. « Rien n'est moins féminin que le vaudeville et la farce », remarquait Adrienne Monnier, éditrice et libraire, célèbre pour son regard critique (*Les Gazettes*, 1925-1945). Le rire a gardé un pouvoir de subversion et la société n'a cessé de se méfier des rieuses.

Première évidence : faire rire est jusqu'à des temps récents une prérogative masculine. Il faut l'autorité, la supériorité de l'esprit fort, voire un certain despotisme, pour détourner un interlocuteur ou un auditoire du sérieux et de la raison.

À l'inverse, rire c'est se livrer, abdiquer la maîtrise de soi. Jusqu'à une époque récente, on ne trouve pas de professionnelle du rire. Pas ou très peu de femmes clowns, pas de caricaturistes. Au théâtre, pas de comédiennes désopilantes, arrachant des larmes de joie par ses grimaces et ses contorsions : les rôles de vieilles bavardes ridicules, Pernelle, la comtesse d'Escarbagnas, sont interprétés par des hommes. Colombine, friponne ingénue, ne renonce jamais à sa séduction quand elle joue des tours et elle laisse à Arlequin le soin de dire des grossièretés et des mots drôles. Pas de grands auteurs comiques non plus parmi les écrivains femmes : avec Virginia Woolf, nous ne pouvons que regretter l'absence d'une petite sœur de Rabelais, comme elle regrettait l'absence d'une petite sœur de Shakespeare (*Une chambre à soi*).

Deuxième évidence : le rire a une fonction relationnelle. Il fait partie de l'échange social et il est communicatif ; les femmes tristes sont « fâcheuses », les femmes gaies agrémentent les rencontres. Mais il doit être strictement tenu sous contrôle. Les règles de la bienséance, de plus en plus sévères au cours des siècles, ont pour mission d'endiguer une peur masculine ancestrale devant un rire féminin débordant, surgi des profondeurs d'un corps étrange et inquiétant. Les rôles ne sont pas interchangeables. Il revient à l'homme de relever la conversation en susurrant des plaisanteries, plus ou moins osées ; à la femme d'en goûter pudiquement le condiment, en cachant bien son rire derrière son touret de nez.

Construction culturelle de la vie de cour et des salons, la conversation enjouée trace le clivage entre le bon et le mauvais rire. Si l'homme franchit sans inconvénient le mur de la décence, la « dame » est tenue à la réserve ; elle ne doit pas avoir de corps, de « bas corporel » selon l'expression de M. Bakhtine, étudiant Rabelais et la culture populaire, elle doit en ignorer jusqu'aux mots, et son esprit ne doit pas être moins couvert que son corps. Un cœur pur et un corps silencieux, telle est la vocation de la femme.

Troisième évidence : le cœur est étranger au comique. « Les petits garçons et les femmes ne devraient jamais rire ; il y a une malice dans le rire, un poison », écrivait Bernanos dans *Monsieur Ouine* : une malice, une perte d'innocence, un dérèglement qui brouillerait l'image de la tendresse et de la douceur féminine, figurée par le sourire archétypal de la mère penchée sur son enfant. Au centre des liens affectifs et sociaux, la femme a le devoir de paraître heureuse. Cette injonction répond à une idée du bien moral, qui veut que la vertu soit couronnée de joie. Et c'est au sourire de la femme qu'incombe cette mission, figure de la bienveillance et de la sympathie.

Le rire a son rôle dans l'émancipation des femmes, mais existe-t-il un facétieux féminin ? Les femmes n'ont pas accédé à toutes les catégories esthétiques, et si l'on en croit ce qu'elles disent d'elles-mêmes, certains registres leur furent étrangers, tout spécialement celui de la comédie, de la transgression burlesque, de la caricature, de la scatologie, du rire blasphématoire, tandis que d'autres leur semblaient plus familiers, en tant qu'excellentes observatrices de la comédie sociale. Virginia Woolf s'est intéressée, toute jeune, au rire des femmes et elle réclamait pour ses romans le droit de renverser l'ordre du monde, de « rendre sérieux ce qui semble insignifiant à un homme, rendre quelconque ce qui lui semble important ».

De cette inversion des valeurs, surgit une force comique qui disqualifie le sérieux comme seul accès à la vérité. L'admirable portrait qu'elle trace de sa mère, une femme en retrait, illustre l'idée qu'elle se fait du cœur et de l'esprit féminin : pénétrée du tragique de la vie, mais toujours à l'affût de ces petits moments comiques ou grotesques qui scandent la fuite du temps, sa mère, telle une Parque, « parvenait à donner une inimitable splendeur au spectacle de la vie, comme si elle le voyait bel et bien composé de fous, de clowns, de reines superbes, immenses cortèges en marche vers la mort » (*Instants de vie*). Le rire des femmes est un rire retenu, qui jaillit soudain devant les incongruités de la vie.

L'arrivée en force des professionnelles du rire dans le dernier quart du XXe siècle a quelque chose de révolutionnaire. Elles revendiquent toutes les formes du rire et refusent les tabous attachés à l'image de la féminité. Elles affrontent la scène publique et s'investissent sur les terrains où s'exerçait le rire des hommes : théâtre, cinéma, cabarets, caricatures, sketches. Leur regard neuf et critique offre une revanche à toutes les prisonnières de l'omnipotence patriarcale. La conquête du rire est prise de pouvoir ; elle est aussi libération du corps, jouissance, indépendante de toute recette. Jubilatoire et saugrenu, ou corrosif et démystificateur, le rire balaye tout sur son passage et ressemble parfois à une danse sur un volcan. À moins que, à l'inverse, banalisé, politiquement correct, il ne fasse perdre son goût à un piment versé sans contrainte et sans mesure.

Déridées, débridées
Quatre figures de rieuses

Enregistrés au ralenti, ces gargouillis et cette débâcle de petits sons disloqués qui s'échappent involontairement de la bouche ressemblent bizarrement à un cri, ou aux hoquets d'un sanglot – et peut-être, retiennent-ils quelque chose du côté des larmes. Tantôt ils explosent en cascades, tantôt ils chuintent comme une source souterraine, pour renaître et dévaler plus fort, un peu plus loin, un peu plus bruyamment : telle est la musique mystérieuse du rire, rire victorieux et ravageur qui ne se soucie de rien d'autre que de lui-même. Qu'importe d'où il vienne, bon ou mauvais rire, rire de Dieu ou rire de sorcière.

Il est pure jouissance, il n'a pas d'objet et il s'autoalimente : « Et nous rions à l'infini du rire de nos rires… » Dans cette transe joyeuse, quelque chose se libère, où d'ardentes féministes ont voulu voir une constante de la nature et de la sexualité féminines, relâchement qui s'opposerait aux instants fugaces de l'érection liés à la violence et l'agressivité : « Je disais à ma sœur, ou elle me disait, on joue à rire ? On s'allongeait côte à côte sur un lit et on commençait. Pour faire semblant bien sûr. Rires forcés. Rires ridicules. Rires si ridicules qu'ils nous faisaient rire. Alors il venait, le vrai rire, le rire entier, nous emporter dans son déferlement immense. Rires éclatés, repris, bousculés, déchaînés, rires magnifiques, somptueux et fous[1]... » Pour la femme libre telle que la conçoivent Annie Leclerc et ses sœurs féministes des années 1970, la vie est femme, et le rire coule tel un lait de joie.

De très anciennes figures de rieuses venues de la Bible, de la mythologie ou du folklore ont traversé notre culture occidentale, et elles ne sont pas liées fortuitement au féminin. Le « féminin » incarne des valeurs symboliques édifiées par l'imaginaire collectif, telles que la relation à la nature et à ses rythmes cycliques, à la fécondité, à l'instinct nourricier et la gestation patiente, à la sensibilité et l'affectivité, valeurs contrariées par une sorte de malédiction non moins inlassablement répétée qui définit le féminin du côté du manque et du corps incomplet. Le rire féminin puise sa spécificité dans ces contradictions : décharge d'une tension entre, d'un côté, l'allégresse triomphale que la femme a de dispenser la vie, et de l'autre une position de défense, d'endurance, voire d'autodérision face à un ordre masculin et phallique.

Sara la vieille épouse d'Abraham, Déméter la déesse grecque de la Terre, la « princesse qui ne riait jamais », héroïne du folklore européen, Béatrice la femme aimée de Dante, ces quatre figures archétypales de mères, sœurs ou épouses sont les porte-voix d'un rire de liberté ; elles claironnent leur confiance devant tout ce qui naît ou peut renaître, assez exubérantes pour écarter les trouble-fête et assez jubilatoires pour célébrer la victoire des pulsions sur les contraintes et le refoulement. Mais inversement, comme un gant se retourne, la rieuse, en s'abandonnant à ses instincts, devient elle-même objet de rire et de moquerie, fournissant à la société patriarcale des contretypes de ridicule, de folie, de débordements, de désordres et de vices qu'a exploités le théâtre comique dès ses origines, bacchantes, furies, mégères déchaînées ou idiotes.

Les deux manifestations correspondent à deux moments du rire, expression et répression, transgression et sanction, et leur combinaison a nourri de très anciennes représentations. Aristophane est un des premiers à configurer dans ses comédies ces antagonismes de sexes, des confrontations (*agônes*) où l'image de la femme dé(b)ridée remet en cause les valeurs du logos et s'oppose au pouvoir du mari, et dont les rires inextinguibles et les penchants lubriques s'expriment librement lors des cultes secrets qui fascinent et inquiètent les hommes tenus à l'écart. À travers ces deux moments culturels, l'art du théâtre comique et les rituels religieux de la Grèce antique, la femme assume cette part imprévisible du rire, qui n'est ni le rire désillusionné de Démocrite, sage figure païenne qui observe la folie du monde, ni l'*eutrapélie* ou le rire policé (cette « violence éduquée ») de l'*Éthique à Nicomaque*, mais un rire assimilable à la vitalité et à la créativité.

LE RIRE, UNE LANGUE MATERNELLE ?

Avant d'être une manifestation du comique, fruit d'un regard détaché ou d'un commentaire amusé sur le monde, le rire est une expression d'euphorie. Il n'est pas le propre de l'homme, quoi qu'en ait dit Aristote, puisqu'il fait aussi partie du répertoire des conduites animales. Résultant d'une évolution[2], il appartient à toutes les cultures humaines qui le modèlent et le ritualisent diversement. À partir de l'évolution des comportements des primates, certains éthologues ont avancé que la mimique du visage ouvert, exhibant les dents, exprimerait le relâchement de la tension, le renoncement à l'intention de mordre et un signal de sécurité ; selon d'autres études sur d'autres espèces, le rire est à comparer au cri de triomphe poussé lorsqu'un agresseur est vaincu ou recule, et ce signal destiné à intimider ou ridiculiser l'adversaire renforcerait la cohésion du groupe.

Le « sourire » quant à lui, résulterait d'une évolution toute différente du rire, marquant plutôt une offre craintive de paix, un signe de soumission ou encore une manœuvre d'approche amoureuse. La plupart des observateurs ont mis l'accent sur la conduite ludique et la compétition des jeunes primates, ébats et luttes bruyantes, échanges gestuels, pseudo-agressions, mimiques amicales, qui explosent dans un rire instinctif et facétieux peu différent de celui des petits enfants. Communication préverbale, le rire émergerait du jeu des relations sociales et manifesterait confiance et ouverture.

C'est en regardant le visage radieux d'une mère que le nourrisson, dès les premiers mois, réagit aux yeux et aux mouvements de la bouche, et laisse affleurer une expression de bien-être, peut-être dû à une mémoire fœtale. Sans doute le sourire maternel compense-t-il la première séparation, il offre en tout cas sa première aire de jeu au bébé qui commence à communiquer avec l'entourage et répond par une mimique apaisée à tout visage bienveillant. L'apparition du rire, avec les contractions spasmodiques du diaphragme, est plus tardive ; alors que les sanglots se font sur l'inspiration, le rire, lié à l'expiration, à l'expulsion, soulage une tension.

Le rire, selon Darwin serait l'expression primitive de la joie proprement dite, ou du bonheur, comme on le voit clairement chez les enfants qui rient presque sans cesse en jouant[3]. Conduite innée et sans apprentissage, le rire stimulé par la mère devient peu à peu un rire actif et se caractérise par une excitation intense à partir de trois mois. Les sources du rire se diversifient au fil du temps, dont les psychologues ont noté les composantes, interactions liées au jeu, à certains bruits, aux chatouillements, aux effets de surprise, aux alternances de peurs feintes et de sécurité retrouvée, aux mystifications, puis plus tard à la perception d'incongruités : dès le deuxième semestre de sa vie, l'enfant découvre le pouvoir risible de situations plus complexes qu'il explore à mesure que progressent ses facultés cognitives[4]. Le rire qu'échangent mère et enfant dans un ravissement et une séduction réciproques constitue, bien avant l'apprentissage du langage par lequel s'amorce le processus de séparation et de refoulement, bien avant l'élaboration d'un interdit symbolique et bien avant les pressions en vue de l'adaptation sociale, un lien heureux et complice au seuil de l'aventure humaine, sans autre finalité que le plaisir partagé, sans la médiation d'un tiers, comme une sorte de langue maternelle que Virgile chantait déjà dans les *Bucoliques*. Elle a inspiré, après lui, de très nombreux artistes, poètes, peintres et sculpteurs de madones à l'enfant :

> Commence, petit enfant, à reconnaître ta mère par le sourire.
> Ta mère pendant dix mois a souffert de longs ennuis.
> Commence, petit enfant. Celui à qui ses parents n'ont pas souri
> N'a pas été jugé digne de partager la table d'un Dieu ni le lit d'une déesse.

Cette porosité heureuse, beaucoup d'écrivains, Balzac, Victor Hugo, l'ont chantée ; les traits du visage, la beauté d'une mère ne disent que son être physique alors que sa voix et son rire remontent de l'intérieur : « Elle est l'amour. Elle est la vie. Elle est la joie[5]... » À la table des dieux s'est aussi repu le petit Marcel Proust et, pour lui, le sourire maternel a le goût sensuel du baiser[6], promesse d'une tendresse sans borne. Tout comme Tolstoï, adulte, garde le souvenir de cette fraîche caresse pareille à un baume au milieu des épreuves : « Lorsque ma mère souriait, quelque beau que fût son visage, il devenait incomparablement plus beau encore et il semblait que la joie s'installait partout. S'il m'était donné encore, dans les heures douloureuses de la vie, de revoir ce sourire, ne fût-ce qu'un instant, je ne connaîtrais pas la douleur[7]. »

Cette joie de l'enfant, et la gaieté qui l'accompagne, n'a pas besoin de justification : elle puise directement son insouciance et sa candeur dans le rapport rassurant à la mère, immersion assez intime pour que le jeu de cache-cache et d'escamotage fasse disparaître et réapparaître le visage maternel sans angoisse. Baudelaire, dans son article sur « L'essence du rire », distingue du rire adulte ce rire de l'enfance – le comique absolu – qui ne se soucie pas d'un masque social, ne comprend pas la caricature et ressemble à un bien être et un contentement proches du végétal ou de l'animal : « Le rire des enfants est comme un épanouissement de fleur, c'est la joie de recevoir, la joie de respirer, la joie de s'ouvrir, la joie de contempler, de vivre et de grandir, une joie de plante. »

Même si les plus récentes études ont montré que le bébé élabore tôt un jeu rieur pour masquer ses désirs et même si le rire est déjà une stratégie de « mise à bonne distance de l'altérité », l'idée d'un regard critique, satirique sur le monde lui est étrangère.

Tout rire participe de près ou de loin à cette euphorie primitive, décharge psychique qui représente une forme de régression du côté de l'infantile, du familial et du domestique associés à la protection maternelle : ce dont l'adulte jouit, homme ou femme, c'est de son droit au plaisir dont il a souvent abdiqué en vieillissant, un droit en relation avec le monde pulsionnel et en retrait de l'ordre social. Le rire triomphal du fils est « celui de l'enfant blotti dans les plis d'une robe divine, qui fait des grimaces à l'ennemi[8] ». La figure parentale, et plus particulièrement celle dominante de la divinité maternelle, y demeure étroitement associée.

ABRAHAM ET SARA

L'histoire de Sara, la première mère célèbre à rire, nous vient de l'histoire biblique, et ce rire ambigu a fait couler beaucoup d'encre. La Genèse nous présente Abraham et Sara hilares lorsque Yahvé, par la bouche d'un ange, leur annonce, malgré leur grand âge, la naissance d'un fils qui leur donnera une postérité innombrable. Dieu plaisante-t-il ? Qui peut croire à une nouvelle aussi extravagante ?

Abraham, plein d'étonnement et d'émerveillement devant la toute-puissance de Dieu, tombe la face contre terre et se met à rire, « se disant à lui-même, un fils naîtrait-il à un homme de 100 ans et Sara, âgée de 90 ans enfanterait-elle ? » (Genèse 17,17). L'incongruité de la promesse lui arrache sans doute une bonne dose de perplexité, voire d'ironie ; mais son exultation est en même temps pleine de confiance, pénétrée d'un saint respect devant l'amour de Dieu.

C'est ce même rire de joie et de libération qui jaillit de la bouche de Sara, quelques chapitres plus loin (21,6-7) et qui clôt la scène : « Dieu m'a fait rire ; quiconque l'apprendra sourira avec moi. Qui aurait dit à Abraham que Sarah allaiterait des enfants ? » Comme pour sanctifier l'hilarité des vieux parents, Dieu donne lui-même le nom énigmatique de ce fils à venir : Yitz'hak, c'est-à-dire « Que Dieu sourie » ou « Dieu a ri et s'est montré favorable » (17,19), ouvrant l'espérance d'un rire paradisiaque, d'un rire de l'âme.

Entre ces deux versions joyeuses et assez semblables des rires paternel et maternel, s'est toutefois glissé au milieu du texte un troisième rire, comme une troisième histoire perçue du côté féminin (18,12) : la vieille Sara, de l'entrée de la tente, a surpris les paroles de l'ange visiteur à Abraham et, aussitôt, elle n'a pu s'empêcher de penser aux implications sexuelles de la promesse. Desséchée, ridée, stérile, ne partageant plus la couche de son mari, elle n'a plus « cc que les femmes ont coutume d'avoir ». Aussi, au nom de son expérience et du bon sens, pouffe-t-elle de rire devant l'inconcevable :

> « Maintenant que je suis usée, je connaîtrais le plaisir ! Et mon mari, qui est un vieillard ! » Mais Yahvé dit à Abraham : « Pourquoi Sara a-t-elle ri, en disant, vais-je enfanter, vieille comme je suis ? Y a-t-il rien de trop merveilleux pour Yahvé ? » [...] Sara démentit : « Je n'ai pas ri » dit-elle, car elle avait peur, mais il répliqua : « Si, tu as ri. »

Tant qu'elle en reste à une interprétation biologique de la promesse, Sara, moqueuse, éclate de rire devant l'invraisemblance de la situation et, sans doute, se moque-t-elle largement d'elle-même, nonagénaire décrépite, femme éprouvée par la vie qui a dû remettre, non sans douleur, sa servante Agar entre les mains d'Abraham pour qu'elle lui donne un fils. Elle rit cependant de l'annonce comme d'une bonne plaisanterie : l'autodérision féminine trouve là une de ses premières expressions culturelles !

Mais, lorsqu'elle prend conscience de l'identité du visiteur, son rire se mue en crainte et c'est alors que Dieu, demeuré silencieux devant le rire d'Abraham, réprimande vertement son fou rire : il réprouve l'incrédulité de Sara, une incrédulité faite de résistance à sa parole, de fermeture et de repli, car le rire forge toujours un double langage susceptible de brouiller le sérieux du Verbe.

Rire embarrassant pour les commentateurs qui ont tôt fait une distinction entre un bon et un mauvais rire. Le rire de Sara, si naturel et spontané, n'est pas celui d'Abraham, bien que l'un et l'autre, emplis de joie, soient entachés d'un même scepticisme dicté par la raison. Peut-être Sara assume-t-elle la part de doute qui se tapit dans la foi d'Abraham en l'explicitant.

Le rire qui est accepté de la part du patriarche devient contestation, peut-être amertume, dans la bouche féminine : ce « je n'ai pas ri » de Sara signale l'entrée d'un rire qui ne se dit pas, un rire sous cape, l'arme féminine par excellence selon de nombreux théologiens toujours méfiants à l'égard des femmes. Pour les exégètes du Moyen Âge, pour le théologien Alcuin, par exemple, comme pour l'auteur du *Mystère du viel Testament*, le rire d'Abraham est un rire d'émotion et de joie, tandis que celui de Sara, railleur, serait déjà un rire de dérision, un rire du diable suscitant un vif déplaisir à Dieu.

Et pourtant, à l'inverse d'un rire malin ou d'un rire entendu qui bloquerait toute possibilité de dépasser une situation au nom d'une incontournable réalité biologique, le rire de Sara demeure ouvert à une autre logique. Son émotion dévoile que quelque chose de juste a été touché en elle et l'invite à repenser son histoire. Signe de désarroi, ce fou rire paradoxal, fait ressurgir la vitalité du désir.

Ce que Dieu blâme, plutôt que le rire, c'est la crainte qui saisit Sara devant le bouleversement opéré pour elle dans l'ordre naturel de la procréation et qui la pousse à se cacher. Chancelante et triste depuis la chute originelle, la créature éclate de rire lorsque Dieu l'appelle à la confiance et l'espérance.

On ne trouve pas beaucoup de rires féminins explicites dans la Bible. Une autre mère, Anne, apprend que, malgré sa stérilité, elle va mettre un fils au monde, Samuel ; après s'être préparée par le jeûne et les larmes à cette naissance surnaturelle, Anne exulte de joie en une prière qui préfigure le Magnificat : « Mon cœur exulte en Yahvé, Ma corne s'élève en mon Dieu, Ma bouche est large ouverte contre mes ennemis, Car je me réjouis en ton secours » (*Premier Livre de Samuel*, 2,1). La bouche largement ouverte évoque à la fois la prière de reconnaissance et le rire de joie. Confrontée à une situation qui n'est pas sans ressemblance avec celle de Sara, puisqu'elle reçoit l'assurance de l'ange Gabriel qu'elle concevra un enfant sans connaître charnellement un homme, la vierge Marie ne rit pas.

Toutefois, sa question à l'ange « Comment est-ce possible ? » n'est pas dénuée d'une nuance sceptique ou au moins ambiguë, mais aussitôt, sa foi l'éclairant, le Magnificat jaillit de ses lèvres[9] (Luc, 1,34). La simple question étonnée, « comment est-ce possible ? », suspense d'un instant, recèle un grain d'humour où certains ont voulu voir une filiation directe avec le rire de Sara. Si la joie de la Bible s'exprime plus souvent par des larmes – ces larmes de joie qui impliquent à la fois l'espérance du salut et les épreuves de l'homme sur terre –, le motif d'un rire léger et l'ironie affleurent sporadiquement dans l'univers spirituel de l'Ancien Testament, ressort d'une stratégie divine qui utiliserait les vertus pédagogiques du sourire pour faire saisir à l'homme l'incertitude des choses et sa propre fragilité aux dépens de son orgueil : dans ce terreau puiseront le rire de la littérature rabbinique et l'humour de la diaspora juive[10].

Ainsi, dans les *Livres sapientiaux* de la Bible qui décrivent les rapports de l'homme à Dieu, la Sagesse légitime le rire délicat en tant que signe de foi. Difficile à décrypter quand le diable s'en mêle, le rire donne la tonalité affective du dialogue inépuisable entre Dieu et son peuple, peuple que Marie représente dans le Nouveau Testament. Les Écrits apocryphes chrétiens ont d'ailleurs imaginé une autre solution pour réhabiliter le rire au cœur même d'une religion qui, avec la crucifixion, a introduit le tragique absolu. Ainsi, dans l'Épître des apôtres, Marie se laisse aller à un rire de jubilation lorsque l'ange Gabriel lui annonce l'étrange nouvelle[11]. Mais, ajoute l'Épître, c'est le Christ lui-même qui, empruntant l'apparence de l'ange Gabriel, est venu annoncer à sa mère sa venue : « Son cœur m'a reçu, et elle a cru, et elle a ri. Moi, le Verbe, j'entrai en elle et suis devenu chair. »

Sans doute ce rire d'allégresse devant la promesse messianique répond-il aux besoins de la sensibilité populaire plus qu'il ne recherche la rigueur doctrinale. Il rachète le rire désabusé de Sara, et Marie devient, pour les chrétiens, le modèle de la mère des croyants, le symbole de la confiance joyeuse et de l'incrédulité dépassée. Dans d'autres textes chrétiens apocryphes, par exemple Vie de Jésus en arabe, les saintes femmes découvrent le tombeau vide, « se réjouissant et riant[12] » : le rire des femmes exprime à la fois la stupéfaction et la joie du cœur qui exulte.

LE GAI SAVOIR DE BAUBÔ

La Grèce antique a aussi sa figure féminine du rire. Une figure énigmatique et périphérique, liée aux mystères d'Éleusis et aux rites orphiques, mais bien connue des auteurs anciens, modelée et transmise par les théologiens chrétiens soucieux de discréditer les divinités de l'Olympe et de disqualifier l'hilarité grossière. Elle a inspiré plusieurs récits et suscité beaucoup de commentaires jusqu'à ceux des psychanalystes contemporains, en passant par les évocations de Rabelais, Goethe, Nietzsche, Salomon Reinach et Freud.

On lui trouve des équivalents, avec de notables différences, dans d'autres mythologies, chez les Égyptiens où la déesse Hathor s'exhibe devant son père et le fait rire, ou chez les Japonais, lorsque Uzumé, divinité de la gaîté, se dévoile aux dieux pour leur plus grande joie. Les dieux antiques rient et sont volontiers moqueurs, en oubliant au besoin toute dignité : ils s'élèvent par-dessus les hommes mais ils peuvent descendre aussi bien au-dessous. Le rire est l'une des expressions de la religion qui l'incorpore dans ses rites. Lycurgue a fait dresser une statue au rire et, selon Homère, la création tout entière n'est-elle pas une facétie, née du rire inextinguible des dieux ?

Le récit mythique est le suivant : la déesse des blés et de la terre féconde, Déméter, passionnément attachée à sa fille Perséphone, entend celle-ci pousser un cri lorsque Hadès, environné des ombres de la nuit, vient l'enlever pour l'épouser avec l'assentiment de Zeus. Inconsolable, Déméter quitte l'Olympe ; elle erre dans la campagne neuf jours et neuf nuits à sa recherche, vêtue comme une vieille femme et enveloppée de voiles de deuil, refusant de boire et de manger. Épuisée par sa course, elle arrive à Éleusis où elle est reçue par la reine Métanire à qui elle offre d'élever son jeune enfant. Métanire, reconnaissant sa noblesse, lui propose une haute chaise, de la nourriture, un breuvage que Déméter, prostrée, refuse sans parler ni sourire, toujours consumée de regrets.

C'est alors que Iambè, une servante qui lui a préparé un siège, fait devant elle toutes sortes de mimiques bouffonnes, assaisonnées de saillies et de plaisanteries indécentes. Déméter se met à sourire, puis à rire et rompt son jeûne ; elle accepte le *kykeon*, un breuvage de farine, d'eau et de pouliot préparé par Métanire. Le succès de Iambé n'est pas un succès momentané : « Plus tard également, elle lui plut pour son caractère. » Ayant retrouvé sa gaîté, la déesse fonde alors les rites de son culte. Déméter refuse cependant de rendre leur fécondité aux champs jusqu'à ce que l'intervention de Zeus lui permette de revoir sa fille. Un compromis achève l'histoire mythique : à chaque printemps, Perséphone (ou *Coré*, la jeune fille) s'échappera des Enfers où la retient Hadès pour monter vers l'Olympe.

Telle est la plus ancienne version de cette histoire, relatée dans l'*Hymne homérique à Déméter*, datant du VIe siècle avant notre ère. À côté de cette version existe un autre récit, dit version orphique, qui s'appuie sur des fragments poétiques mal établis, consignés sur des papyrus et remaniés, que l'on connaît surtout par des auteurs postérieurs chrétiens sans qu'on sache lequel des deux récits, orphique ou homérique, précède l'autre.

Selon ces auteurs théologiens, tels que Clément d'Alexandrie, Eusèbe de Césarée ou Arnobe[13], Déméter est reçue à Éleusis non par Métanire, mais par une aubergiste nommée Baubô et par son mari Dysaule. La déesse, anorexique et endeuillée, continue de refuser avec obstination le breuvage qui lui est offert. Baubô, ayant échoué à la persuader par la parole et se sentant « méprisée », retrousse soudainement son *peplos* « pour lui montrer de son corps tout ce qu'il y a d'inconvenant » – et peut-être le geste se veut-il injurieux. À cette vue, Déméter, toute réjouie, accepte de s'alimenter.

Baubô, comme l'ont supposé certains commentaires, exécute sans doute une sorte de danse du ventre car, étrangement, les plis de sa peau dessinent un visage d'enfant, que le texte orphique nomme Iacchos, et qui semble rire à chaque contorsion : « Il y avait l'enfant Iacchos qui riait sous les jupes de Baubô. » Déméter, envoûtée par le spectacle, prend la coupe. Et Clément d'Alexandrie de conclure en bon moraliste : « Beaux spectacles et qui conviennent à une déesse ! »

Clément d'Alexandrie a analysé ailleurs avec sévérité les effets honteux du rire, qu'il rejette en bloc. Selon lui, et conformément à la tradition chrétienne, une moquerie qui exprimerait des choses risibles ne vaut même pas la peine d'être écoutée car elle se tourne vers des actions basses et signale toujours un dérèglement : « Si l'on relâche les traits du visage jusqu'à en détruire l'harmonie et que cela arrive à des femmes, on l'appelle *kichlismos*, c'est le rire des prostituées. »

Dans le même décor d'Éleusis, Arnobe campe, lui, une Baubô assez voisine de celle de Clément d'Alexandrie, en ajoutant quelques détails à la scène : Baubô a préparé son ventre en le rendant propre et lisse – sans doute s'est-elle épilée – de façon à donner à sa peau le visage d'« un petit garçon encore sans poil » qu'elle agite et qu'elle plisse. « Elle revient vers la déesse austère ; alors parmi les choses communes dont on fait usage pour briser le chagrin, elle se découvre et, le sexe dévoilé, elle montre toutes ses parties révélées à la pudeur. » Détendue et ragaillardie par ce qu'elle voit, Déméter, en souriant, accepte le breuvage.

« Le sexe dévoilé », c'est-à-dire la vulve et le *vultus* – en latin le visage[14]. Arnobe n'est pas moins troublé que Clément d'Alexandrie par ces gesticulations indécentes : « Qu'est-ce qu'il y eut dans un tel spectacle, je vous le demande, dans les parties de Baubô, pour provoquer l'admiration d'une déesse de sexe féminin formée identiquement, et son rire ? »

La figure de Baubô, dont le nom apparaît déjà dans un fragment d'Empédocle, peut-être pour désigner le sein ou le ventre maternel, demeure le cœur énigmatique d'un réseau de questions, chronologiques, textuelles, anthropologiques, qu'a étudiées Maurice Olender[15]. On l'a identifiée à d'étranges statuettes datant du IVe siècle avant J.-C., retrouvées en 1898 à Priène, en face de Samos, dans les restes d'un temple à Déméter. Ces statuettes ont la forme de têtes tronc, reposant sur une paire de jambes exhibées sous la robe retroussée, les yeux correspondant aux seins et la fente pubienne à la fossette du menton, deux bras levés entourant une abondante chevelure.

Ces figurines monstrueuses qui représentent la femme sous le mode de l'obscénité, sexe et visage superposés, portent des paniers de fruits, une torche ou une lyre et elles ont été aussitôt reliées par H. Diels au texte orphique sur Déméter. Le savant helléniste a proposé un autre rapprochement, étymologique celui-là, en associant le nom de Baubô, désignant le sexe féminin, à un terme masculin qui apparaît dans le sixième *Mime* d'Hérondas, *Baubon*, simulacre phallique en cuir qu'évoque un dialogue érotique entre deux amies intimes. De ce couple de mots masculin et féminin, on a déduit aussi que Baubô pouvait figurer une ogresse phallique à l'image de certaines représentations d'hermaphrodites relevant leur robe, et c'est leur vue qui dériderait Déméter[16].

Une étude ancienne rappelle également qu'on employait, dans certaines parties de la Grèce, le mot de Baubô, déformé en « baba », pour désigner dans la langue populaire la vieille radoteuse. Enfin, Baubô a été également assimilée tout au long du XIXe siècle à une prostituée assise, jambes écartées, sur le porc sacré de Déméter, version qu'autorisent une transcription tardive et corrigée d'Arnobe ainsi que des statuettes grecques de bronze ou de terre cuite de femmes chevauchant un porc. Il y a donc une grande diversité de figures possibles et d'interprétations.

L'origine géographique de Baubô est elle-même discutée : selon les auteurs, elle s'arrête à Éleusis en arrivant de Crète, ou de Thrace, ou encore d'Égypte, où les femmes participaient aux fêtes nocturnes orgiastiques et aux danses du ventre en l'honneur d'Artémis. Le rire de Déméter, en tout cas, ouvre dans le monde grec un espace tout autre que celui qui est centré sur une célébration de la pensée, du logos et du regard.

Les trois textes présentent, malgré leurs différences, un certain nombre de points communs : c'est l'obscénité qui distrait Déméter de son chagrin et la force à rire. Obscénité verbale de la bavarde et frivole Iambè – fille d'Écho et de Pan[17], son nom doit être rapproché du vers iambique, propre à la satire et aux rythmes joyeux ; obscénité gestuelle de Baubô chez Clément et Arnobe, citant tous deux des fragments de la version orphique. Quelle version précède l'autre ? Selon le lent travail de refoulement qu'opère la culture, l'obscénité verbale a-t-elle édulcoré une obscénité de gestes plus archaïque, plus rudimentaire comme le suggère, après d'autres, Dominique Arnould[18] ?

LE RIRE OBSCÈNE

La dimension rituelle du rire obscène liée au culte religieux, sa démonstration théâtrale, le caractère sacré de la vulve de la déesse ont été relevés par les commentateurs, et en particulier par James G. Frazer ou S. Reinach qui notent la fonction apotropaïque de telles coutumes[19] : le geste de Baubô, violant l'un des tabous sur lesquels repose la société humaine, tabous destinés à freiner l'ardeur sexuelle, exorcise les mauvais démons. Au centre d'un cérémonial magique perdu pour nous, Déméter devait accepter, par son rire et en buvant le breuvage régénérateur, la levée d'un interdit et poser les futurs rites d'initiation à son culte, d'où dépend la fertilité de la terre.

Il n'est pas indifférent que la transgression des convenances par la parole ou le geste licencieux soit le fait d'une femme, Iambè ou Baubô, et qu'elle soit liée à la fertilité. Le rituel et la fête sont destinés à renforcer les normes sociales et à résoudre des tensions ; ils reposent sur la conviction que les désordres, l'exubérance, les obscénités forment un pôle nécessaire et un moteur vital de l'ordre et de la créativité, pôle que les femmes assument principalement à l'occasion de deux fêtes, célébrées dans un contexte très différent et même opposé : les rituels bachiques et les Thesmophories.

Les cultes bachiques honorent Dionysos accompagné des Ménades échevelées et demi-nues : le jour de la fête, les cortèges de femmes peuvent alors être conduits par un homme, mais elles prennent plus souvent pour guide un enfant ou une figure bisexuelle, qui traverse la division des sexes et les encourage à en faire autant[20] ; extases, possessions, voire hystérie s'emparent d'elles jusqu'à les faire régresser dans la barbarie, sous l'emprise de l'énergie dionysiaque.

Au contraire, les Thesmophories honorent Déméter en célébrant par le jeûne la nature féminine chaste et féconde – chasteté de la fille, Perséphone, et fécondité de la mère, Déméter, séparées par Hadès – mais, dès le deuxième jour, les femmes, épouses des citoyens athéniens, se relâchent de leur jeûne en échangeant des railleries, rires et gestes obscènes, « *aischrologia* » (transgression des convenances, choses honteuses) qui stimulent leur fertilité. Ces deux rituels sous la protection de Dionysos et de Déméter construisent au cœur de la cité un espace, une polarité strictement féminine ;

ils mettent sous contrôle le rire et la folie des femmes qu'ils canalisent, isolent et ritualisent, tandis que, dans la réalité sociale, ces mêmes femmes n'ont aucun pouvoir, aucun statut – à part celui de pleureuses !

Les plaisanteries grivoises, les railleries rituelles sont largement et anciennement attestées dans divers témoignages sur le culte de Déméter : on en trouve une trace par exemple dans les déclamations du chœur des *Grenouilles* d'Aristophane, invoquant l'enfant Iacchos, génie du cortège dionysiaque. D'autres mystères suivent un scénario voisin : la fête d'Artémis Bast en Égypte décrite par Hérodote s'apparente aux Haloa d'Éleusis et aux rites de Déméter, décrits par Lucien (*Dialogi meretricii*) : les initiées se racontent des propos scabreux et sur la table, des galettes circulent qui représentent des sexes d'hommes tandis que le vin coule à flots.

Ces fêtes ont donc débordé l'Attique, on en connaît des variantes jusqu'en Sicile. Diodore de Sicile rapporte l'histoire de Iambè et mentionne les plaisanteries grossières échangées à cette occasion. Les fêtes siciliennes duraient dix jours et dix nuits, pendant lesquelles les femmes se lançaient railleries et injures obscènes. Ces réjouissances rituelles et ces assemblées de femmes égrillardes accompagnent encore d'autres cultes de la croissance ou de la fertilité.

POSTÉRITÉ DE BAUBÔ

Baubô aubergiste, Baubô nourrice ou sage-femme, Baubô paillarde, Baubô paysanne bavarde et impudique, Baubô entremetteuse, Baubô jeune ou Baubô vieille : quelle que soit la variété des interprétations et du contexte culturel, elle est associée à des symboles sexuels. Se sentant « méprisée », selon le terme de Clément d'Alexandrie, elle répond à la déesse par une exhibition obscène et parodique, défi qui force son attention pour la tirer de son deuil et l'obliger à reprendre sa tâche de déesse de la Terre. Ses railleries irrespectueuses et ses gestes impudiques violent un tabou – tabou selon lequel il est dangereux de voir la nudité féminine.

Les études psychanalytiques n'ont pas manqué de s'intéresser à ces mythes et de proposer des interprétations. Déméter pense-t-elle, en voyant le ventre de Baubô jusque-là négligé par le deuil, enfin lisse et apprêté, à la fonction d'engendrement ? Le masque hilare de Baubô, avec son expression érotique débridée, fait-elle office de miroir, de double ou de complice qui se propose de remplacer un désir non satisfait dans la réalité, le désir fusionnel mère-fille rompu par l'enlèvement de Perséphone, par un spectacle de substitution, l'image mouvante de l'enfant Iacchos ? Ou, au contraire, Baubô représentant une vieille séductrice repoussante et stérile qui exhibe son vieux sexe renvoie-t-elle l'image redoutable et refoulée de l'inquiétante étrangeté, dont la déesse se défend par l'éclat de rire ?

Les textes antiques n'ignorent pas l'image de vieilles servantes ridées et déplaisantes, parmi lesquelles se recrutent souvent les sages-femmes : Ovide s'en fait l'écho dans les *Métamorphoses* (V, 423-461) où c'est une vieille aubergiste qui accueille Cérès (Déméter) et la soulage en lui donnant à boire. Rire cathartique. Dans tous les cas, la situation de deuil s'inverse et le rire met fin à la situation d'angoisse. Baubô et les figurines de Priène ont été également associées à la tête échevelée, horrible, de Méduse, donnant à voir le sexe effrayant de la femme, ici le ventre maternel, impliquant des fantasmes de castration. Mais Baubô suscite le rire et relance le désir ou la fertilité, là où Méduse pétrifie.

En raison de son indécence, l'histoire de Baubô a été occultée par la culture savante, mais, comme le suggère Daniel Ménager[21], elle a sans doute survécu dans la culture populaire à travers fêtes et carnavals où le rire bouffon des femmes associé aux forces de vie sert à conjurer le malheur. Rabelais s'en est souvenu au chapitre 17 du *Tiers Livre*, lorsque Panurge, en quête d'une réponse sur la question de savoir s'il doit se marier ou non, va interroger dans sa chaumière la sibylle de Panzoust, une vieille « édentée, chassieuse, courbassée et roupieuse » qui n'a pas grand-chose à voir avec la fringante aubergiste d'Éleusis. Elle est en train de préparer un breuvage magique, potage de choux verts au lard, et elle baragouine quelques mots en gesticulant, puis, barrant brusquement la porte de son antre devant Panurge, « se recoursa, robbe, cotte et chemise jusqu'aux escelles et leur montrait son cul ».

Terrorisé par le spectacle du « trou de la sibylle », bien loin de rire, Panurge s'enfuit en courant : il a vu le trou des enfers, le gouffre pubien, l'effrayant « bas corporel » capable d'engloutir les hommes ! Le mythe de Baubô réinventé rappelle les personnages de certaines comédies grecques et latines, où la *vetula* et la *meretrix*, inquiétantes mégères lubriques, essayent des gestes indécents auprès des jeunes gens avec des effets comiques assurés (Lucien, *Dialogi Meretricii*). Une secrète peur se devine sous la charge goguenarde, qui réduit la femme à son sexe.

Le thème revient à plusieurs reprises dans l'œuvre rabelaisienne. Un pauvre lion et une « vieille femme sempiterneuse » se lient d'amitié, tous deux blessés « entre les jambes bien vilainement », lorsqu'un coup de vent relève « robbe, cotte et chemise jusqu'au-dessus des épaules » de la vieille, dévoilant une « solution de continuité » « béante de quatre ou cinq empans depuis le cul jusqu'au nombril », si vaste qu'il faut quantité de mousse pour « esmoucher » la plaie. Et c'est au renard, passant par là, de combler le trou avec sa longue queue.

Dans un autre récit où il s'inspire de Plutarque, Rabelais met en scène une vieille femme de Papefiguière[22] qui se découvre jusqu'au menton et exorcise le diable, geste moqueur que firent une Lacédémonienne et des femmes persides devant leurs froussards de fils : lorsque ceux-ci voulurent fuir la bataille, elles leur barrèrent la route et troussèrent leur chemise en les menaçant de les faire rentrer dans le giron maternel s'ils désertaient ; ces reproches railleurs les arrêtèrent et ils retournèrent au combat.

Le ventre de femme, son sexe innommable, le « *comment a nom* », parfois présenté comme un refuge, révèle la terreur du gouffre et de la mort, dont seul un grand rire carnavalesque peut venir à bout. Tout comme la haute et puissante dame Gargamelle, qui fait si bien la bête à deux dos, la figure hommasse de mère Gigogne, ou « dame Gigogne », est également, pour le XVIIe siècle, un avatar populaire et carnavalesque de cette Fécondité joyeuse ou terrible, capable « d'enfanter mille plaisirs à la fois » qui assume la violence des instincts et qui produit un rire thérapeutique.

Apparue dans la troupe foraine des Enfants sans souci en 1602, cette mère drôle et monstrueuse a toujours été interprétée par des hommes, ou simulée par de colossaux et monstrueux mannequins, richement habillés et flanqués d'objets ridicules, cassolettes, fioles, miroirs ; son accouchement devait durer pendant tout le spectacle car elle mettait au monde sur scène seize enfants destinés à exercer quatre métiers, charlatans, astrologues, peintres et coupeurs de bourse. Le ballet de dame Gigogne, intitulé *L'Accouchement de la foire Saint-Germain*, a été présenté devant Marie de Médicis, mais le personnage, jugé de plus en plus impudique avec le progrès des civilités, disparaît de la scène de l'hôtel de Bourgogne, en 1669, pour se cantonner au théâtre de marionnettes. On la retrouvera ultérieurement dans le ballet des Fêtes vénitiennes, en 1710, entre Polichinelle et Arlequin, et « de sa grotesque bouffonesque, tout le monde rira ». Comiquement redoutables, ces mères sans vergogne narguent le monde de l'ordre et de l'autorité par leur pouvoir de procréation.

Le rire, comme le rappelle Salomon Reinach, est toujours déroutant, ambivalent : il rassure mais il cohabite avec la peur et les larmes. Ainsi, la Baubô que Goethe met en scène est-elle une sorcière paillarde, mère de drôleries endiablées, qui s'est alliée à Méphisto : « La vieille Baubô vient derrière, place au cochon ! Place à la mère[23] ! » C'est elle qui mène le branle, suivie par le chœur des sorcières ricanantes rassemblées pour le classique sabbat, et elle représente la face ténébreuse de forces primitives, porteuse d'impulsions créatrices et d'un orgiasme triomphant.

Freud ne fait qu'une brève allusion, dans un texte de 1916, au mythe de Déméter. Associant l'image énigmatique de Baubô au rêve d'un patient, il voit en elle une caricature de la femme identifiée à un seul organe, son ventre, dans une « intention ravalante ». Freud est trop tributaire de son regard sur la féminité et de son schéma œdipien pour envisager les richesses positives du couple Déméter-Baubô, l'association de la servante bouffonne, qui grimace et de la déesse mère, qui éclate de rire. Dans l'imaginaire freudien, la mère est une figure intouchable, le lien mère-fils figurant le modèle le plus dépourvu d'ambivalence de toutes les relations humaines ; or la mère ne se prête pas à un traitement comique et elle se présente même comme beaucoup plus redoutable que le père.

Cette sacralisation condamne Freud à se laisser fasciner par les mères destructrices. Baubô identifiée à Méduse[24] figure le double terrifiant et caché de la mère toute puissante, symbole de castration plutôt que plaisanterie loufoque. Rire d'une mère est une chose risquée, une situation à éviter tant elle remue des peurs profondes ; de fait, la littérature et l'imaginaire collectif ont fourni assez peu d'exemples de rires explosifs autour de la mère, « soit que l'on ne puisse vaincre la culpabilité du matricide, soit que l'on s'éloigne trop ainsi de cette réalité sociale où la fantaisie doit se projeter[25] », alors que la situation père-fils – le blondin séduisant la jeune fille et bernant le barbon – se décline en de multiples figures du théâtre comique. Toutes risibles qu'elles soient, les vieilles matrones sans vergogne, belles-mères ridicules, mégères d'Aristophane ou viragos, restent une figure terrible et le plus souvent victorieuse de la divinité maternelle.

Déméter l'endeuillée reprend pied ferme dans l'existence. Baubô, avec son sexe maquillé en visage, retourne la malédiction et relance le désir de procréation. À la pétrifiante Méduse Nietzsche oppose la consolante Baubô en laquelle il voit une figure du « gai savoir », régénératrice de la vie à la nature inépuisable[26]. Rire rituel, rire obscène, rire de germination et d'enfantement, les significations foisonnent, qui font de Baubô la matrice de fantasmes contradictoires ; la répugnance et la grimace y voisinent avec la séduction, le désir avec le dégoût, le plaisir avec la honte, l'inquiétude devant le corps avec la joie de la détente ; mais à la fin, comme pour la vieille Sara, le ventre grotesque de Baubô est, grâce au rire de Déméter, converti et réintégré dans le cycle de la fertilité.

TOUS COLLÉS ENSEMBLE

Bien qu'il soit peu souvent question de rires de femmes dans les contes populaires, l'imaginaire folklorique a aussi son archétype de rieuse, héroïne d'une histoire intitulée *Tous collés ensemble*, dont on connaît plus de cinq cents versions en Europe, surtout dans les pays scandinaves, en Allemagne et en Irlande, et au moins quinze en France[27].

Le récit, qui a également essaimé dans les deux Amériques et au Proche-Orient, relate la métamorphose d'une jeune princesse qui ne riait jamais et qu'on ne pouvait guérir de sa mélancolie. Le roi son père, excédé, déclare publiquement qu'il donnera sa fille en mariage à n'importe quel homme capable de lui tirer un rire. Plusieurs jeunes gens ambitieux tentent leur chance, mais ils échouent pour avoir négligé, au cours des épreuves, d'être obligeants ou polis. C'est le moins déluré, le plus jeune et le moins capable de mots d'esprit, qui finit par obtenir, avec l'aide d'une magicienne, la main de la princesse.

En effet, notre héros a croisé sur le chemin de l'aventure une vieille sorcière qu'il aide à sortir d'un mauvais pas, et celle-ci, pour le remercier, lui donne en talisman un pigeon qu'il ne doit jamais lâcher, en lui enseignant un mot magique : « Tchai ! » Le garçon reprend sa route en direction du palais, le pigeon sous le bras. À sa première halte, dans une auberge ou chez la gouvernante du curé selon les versions, il réclame de dormir avec son animal. Mourant de curiosité, l'hôtesse se glisse la nuit dans sa chambre : elle cherche à attraper le pigeon en glissant son doigt dans le croupion de la bête. Réveillé, le jeune homme crie aussitôt : « Tchai ! » Et voici que l'aubergiste ne peut plus extraire son doigt.

Au petit matin, il décide de repartir avec son pigeon sous le bras, suivi, bon gré mal gré, de l'hôtesse en chemise accrochée à l'animal. Ils croisent sur leur chemin un maçon qui, pour plaisanter, lance une pelletée de mortier sur le derrière de l'aubergiste : la pelle aussitôt se colle au mortier, lui-même collé à la chemise, et la main du maçon collée au tout. Le maçon avait une culotte percée, un ver en sortait mêlé à la terre, en pendant assez bas. C'était le matin ; la poule entrevoit le ver, court pour l'attraper, tandis que le jeune héros crie encore une fois : « Tchai ! » Puis c'est un coq qui avise la poule pour la crêter, et rejoint la ronde. Arrive une fouine qui saute sur le coq, un renard sur la fouine, un loup sur le renard, et tous de hurler, piailler, crier jusqu'à ce que le jeune homme parvienne au palais de la princesse. La jeune fille, déjà levée, est de plus en plus triste, mais en entendant ces bruits de carnaval, elle se rend jusqu'à sa fenêtre, d'où elle aperçoit la loufoque farandole : le garçon, le pigeon, l'aubergiste à moitié nue, la pelle, le maçon paillard au pantalon troué, le ver de terre, la poule, le coq, le renard, la fouine, etc., attachés les uns aux autres par le hasard, la curiosité ou la convoitise, se cognant, tombant et grognant. Alors, elle se met à rire éperdument, d'une joie sans mélange, sans pouvoir s'arrêter, s'esclaffant toujours comme une insensée. Son rire la guérit, elle devient la plus charmante des jeunes filles et le mariage est célébré quelques jours plus tard.

Que pouvait-il donc manquer à cette princesse choyée par son père, en mal de vivre ? Les médecins d'hier auraient parlé de vapeur ou d'hystérie, ceux d'aujourd'hui de refoulement ou de mélancolie dépressive. La jeune fille ne désire rien, repliée sur elle-même, cœur et corps fermés. Ce ne sont ni les mots d'esprit, ni les plaisanteries, ni les récits comiques qui la déridént, mais une situation saugrenue, semblable à un tour de prestidigitation qui ferait sortir d'un chapeau des réalités apparemment étrangères l'une à l'autre, et dont on pourrait voir le pendant linguistique dans l'invention verbale ludique d'un Chicanous rabelaisien, « trépignemampenillorifrizonoufressurant les parties honteuses » d'une jeune mariée, et nous délectant de la sonorité des mots : tout le monde rit, y compris la mariée qui « pleurante riait, riante pleurait ».

Dans l'une et l'autre histoire, le lien entre des mots et des gens hétéroclites est à l'évidence de nature sexuelle. Le conte construit une réalité aberrante, bouffonne, dont les suggestions symboliques ne relèvent d'aucun code et ressemblent aux images décousues d'un rêve, le rêve qui échappe aux inhibitions. Le choc réveille l'imaginaire endormi car il faut, pour vivre, accepter l'irrationnel et briser les conformismes. Comme l'analyse finement Bernadette Bricoud, dans son introduction au conte, le moteur qui entraîne le récit est la curiosité de l'aubergiste, pénétrant par effraction dans la chambre pour surprendre un secret.

Après quoi l'histoire enchaîne malicieusement ses acteurs, mâles-femelles, hommes et bêtes, êtres vivants et instruments inertes, à la queue leu leu, reliés par une même convoitise sexuelle ou alimentaire, spectacle inconvenant et redondant d'individus collés entre eux par ce qu'il y a d'inférieur, le « bas-corporel » que généralement la société réprime ou cache.

N'est-ce pas déjà l'accouplement du mariage que le récit exhibe ? La princesse déridée – débridée – accepte d'être femme : le plaisir qu'elle prend à regarder ce cortège, d'apparence innocente mais potentiellement honteux et régressif, la guérit, voire l'absout, tout comme le rire, la fête, la plaisanterie revêtent une fonction de libération et d'épanouissement, ritualisées dans les joyeuses coutumes populaires relatives au mariage, à condition, bien sûr, d'être canalisées. Le conte *Tous collés ensemble* précise, en conclusion, que la princesse s'est sagement arrêtée de rire follement à la demande de son fiancé…

Une morale voisine ressort d'un très vieux conte napolitain, adapté dans un contexte tout différent par un lettré savant : l'auteur, Basile, héritier de Straparola, puise ses sources dans le folklore de sa région et il mêle une forme littéraire raffinée à un langage populaire et une atmosphère carnavalesque. Le *Conte des contes*, publié de 1634 à 1636, après la mort de l'auteur commence par l'histoire d'une jeune princesse, Zoza, fille du roi de Vallée Velue, qui ne riait jamais. Son père, pour lui ôter son humeur chagrine, appelle à sa cour des jeunes gens de toutes les régions avec mission de la dérider. En vain.

Un jour, passe une vieille paysanne qui recueille dans une bouteille de l'huile s'écoulant d'une fontaine située devant le palais, sous la fenêtre de la jeune fille. Pendant son travail un méchant valet lui jette un caillou qui casse le flacon en mille morceaux, d'où il s'ensuit un échange de jurons malsonnants. La jeune princesse éclate de rire en écoutant ces invectives de charretier, dont on peut deviner la nature scabreuse. Voilà donc Zoza rendue par son rire à la vie.

Mais l'histoire ne s'arrête pas là car la vieille, vexée, lui lance cette malédiction : « Puisses-tu ne point n'avoir jamais de mari, si tu n'obtiens le prince Tadeo ! » Or le malheureux prince victime d'un mauvais sort repose dans une tombe d'où il ne pourra être réveillé et libéré que par une femme qui remplira de ses larmes une cruche suspendue non loin de là. Sans grand espoir, elle se rend sur la tombe et pleure dans la cruche deux jours durant. La cruche est presque pleine lorsqu'elle s'endort. De nombreuses péripéties se succèdent jusqu'à l'heureuse issue, car l'histoire sert de récit cadre à cinquante contes divertissants, qui s'achèvent par les retrouvailles de Zoza et de son fiancé.

LA MORALE DE L'HISTOIRE

Une des morales de l'histoire est que la princesse doit apprendre à rire et à pleurer, à se battre, à laisser s'envoler son imagination pour gagner le droit d'aimer et d'enfanter. C'est le rire qui tient en échec les malédictions des mauvaises fées. Le thème de la princesse rieuse a encore connu bien d'autres variantes, plus sophistiquées, jusqu'à celle de Cazotte au XVIIIe siècle qui prend pour héroïne de ses *Mille et une fadaises* une jeune fille nommée Riante parce qu'un éclat de rire lui est venu dès sa naissance : Riante arbore toute sa vie « un sourire spirituel sans être malin », et sa bonne humeur la fait triompher des épreuves.

Quelle que soit l'hétérogénéité des contextes, on peut rechercher une valeur commune et récurrente à ces récits. Au cœur d'une anthropologie fondée sur le privilège du langage articulé, le logos et la raison efficace, le rire et les larmes proposent le langage de l'affectivité pour surmonter les peurs. La déesse endeuillée et la princesse frigide, toutes deux anorexiques et mélancoliques, s'esclaffent devant l'étrangeté et l'inconvenance apparemment gratuites d'une scène incongrue. Leur émotion réorganise le spectacle ; de nature érotique, le rire ranime et délivre en nous rappelant que nous ne sommes pas seulement des êtres de raison. Une question persiste : le sexe, l'accouplement est-il de nature ridicule ou grotesque, l'objet constant du rire ?

Évoquons cette brève scène de *Belle du Seigneur*, digne pendant baroque d'un récit rabelaisien, lorsque Solal au terme d'une nuit d'amour pousse Ariane hors du lit : « Elle tomba à terre, resta ridiculement assise, les pans de sa robe écartés découvrant ses cuisses entrouvertes[28]. » Albert Cohen se complaît-il dans une forme répandue de misogynie en voulant faire rire des femmes ? Il ramène son lecteur sur terre en ironisant avec un peu de cruauté sur l'idéalisation illusoire du couple. Le sexe grotesque, inattendu, provoque le rire qui constitue la meilleure arme contre l'effroi. L'éros réduit à l'animalité – la séduction frôlant la répulsion – la femme qui s'abandonne à ses pulsions, ridiculisée par sa caricature, le romanesque désenchanté des « babouineries » mué en dérision : le rire frôle toujours le tragique qu'il a mission d'exorciser.

LE RIRE DE L'ÂME

Le rire est-il interdit au Paradis ? Il donne pourtant aussi la voie du Ciel. Bien qu'elle relève de la culture savante et d'un registre proprement littéraire, la figure de Béatrice, dame aimée de Dante, appartient au patrimoine de l'humanité, et c'est une belle audace du poète de *La Divine Comédie* d'avoir imaginé les bienheureux et les bienheureuses riant aux côtés de la Vierge et des Pères de l'Église. L'image de la femme charnelle, pulsionnelle, devient celle d'une spiritualité virginale et désincarnée, dans une symétrie presque parfaite. Car Béatrice ne se contente pas de sourire, de ce sourire enchanteur, indulgent et plein de grâce, propre à la grâce féminine, elle a un corps bien présent et elle rit. Les traducteurs et les commentateurs, étudiant les occurrences et les rimes, ont beaucoup glosé sur les nuances que le poète a mises entre *Sorriso* et *Riso*[29] et ils constatent que le rire, proscrit en Enfer, à peine mentionné et voilé au Purgatoire, triomphe au Paradis.

Béatrice « au saint rire » (Purgatoire XXXII, 5), Béatrice riante (Paradis, XXV, 28), vivante et bien réelle créature, donne courage au pèlerin et lui offre sa compagnie tout au long de sa quête, médiatrice entre le monde terrestre et le monde divin. Elle est signe spirituel et expression de la joie du ciel. À l'encontre de la plupart des théologiens qui font l'éloge du sourire, le poète n'hésite pas à faire rire la Vierge et les élus d'un saint rire mystique (Paradis, III, 42 et XXXI, 133). Le sourire, masque du rire, n'offre encore qu'une trace du bonheur, alors que l'âme délivrée peut rire au ciel d'un rire de plénitude.

C'est donc au paradis que Béatrice manifeste sa joie, réalisant la promesse de « Béatitude » que suggère son nom. Son rire ne survient que progressivement, comme une lente pédagogie destinée à guider le poète à petits pas jusqu'au bonheur éternel. Elle s'en explique elle-même au chapitre XXI, 4 : « Si je riais, commença-t-elle de me dire, il en serait de toi comme de Sémélé quand elle fut réduite en cendres. » Son sourire fait office de passeur car la beauté du rire bienheureux doit se montrer par degrés, de peur que son éclat ne foudroie le pèlerin. Puis Dante, guidé comme un petit enfant, accède au septième ciel, le ciel de Saturne, où la bien-aimée justifie encore sa prudence (XXII, 11) : « Quelles transmutations eussent opérées en toi le chant et mon rire, tu peux le connaître à présent. »

Et c'est enfin, au huitième ciel, le ciel des bienheureux, l'avant avant-dernier cercle, que le rire est permis, et que le poète jouit de tout l'univers comme d'une épiphanie (XXVII, 4) : « Ce que je voyais me semblait un rire de l'univers, et mon ivresse entrait en moi par l'ouïe et le regard – Oh joie ! Oh ineffable allégresse… » Au dixième ciel, où toutes choses et tous êtres sont irradiés de la clarté de Dieu, Dante aperçoit dans une ultime vision Béatrice sur un trône, lointaine et cette fois « souriante », sa mission accomplie et s'éloignant pour reprendre sa place dans la rose céleste. Et c'est saint Bernard le contemplatif qui permet au poète, par l'intercession de Marie, de s'élever jusqu'à la vision dernière de l'Empyrée parmi les anges en fête (XXXI, 133) : « Là je vis à leurs jeux et leurs chants rire une beauté qui de parfaite joie emplissait le regard des saints de tous les ordres. »

Le triomphe du rire est action de grâces, triomphe de l'âme en liesse. Pour Dante, Béatrice représente à la fois la jeune fille lumineuse de son enfance, qui inspira la Vita Nuova, histoire de sa vie intime, et le but de sa contemplation qui le fait naître à la sagesse : l'amour du poète se confond avec l'amour de la philosophie, tout comme la beauté extérieure du visage de la dame reflète sa lumière intérieure. Le rire féminin lui révèle quelque chose d'impalpable, paradoxalement une spiritualité sensible, comme « une couleur derrière une vitre ».

En de denses paragraphes du *Banquet*[30], où il s'inspire des *Quatre Vertus cardinales* de Martin de Braga, Dante explicite les subtiles qualités du rire féminin, « éclair radieux de la délectation de l'âme » qui affleure comme un souffle du dedans au dehors par la bouche et n'a rien à voir avec le rire impudique : « L'âme se montre aussi dans la bouche. » La dame, ici métaphore de la Sagesse, ne doit pas caqueter comme une poule, mais rire doucement, sans excès, silencieusement, sans rompre l'harmonie du visage. Ainsi riait Béatrice, femme de chair et épouse spirituelle : « Ah, l'admirable rire de ma Dame, celui dont je parle, qui jamais ne se percevait par l'oreille mais par l'œil ! » Béatrice, souvenir vivant et brûlant, lui inspire le don poétique en lui offrant aux yeux et aux oreilles des joies ineffables.

Le rire de Béatrice n'est pas seulement le produit de l'imagination poétique d'un homme : il s'apparente au rire jubilatoire des saints et saintes qui se sont unis à Dieu dès ici-bas en renonçant au monde et il s'insère dans une théologie de la joie. Dans la spiritualité chrétienne orientale, le rire de l'âme célèbre la joie venant de l'humilité, de la contrition et de l'espérance. L'*Échelle du Paradis* de saint Jean Climaque fait plusieurs fois mention de ce rire intérieur qui jaillit comme une consolation : « Celui qui a revêtu, telle une robe nuptiale, l'affliction bienheureuse et comblée de grâce, connaît le rire spirituel de l'âme » (7, 44).

En Occident, la « folie » mystique retentit d'un rire d'allégresse tout au long du Moyen Âge, et elle bouleverse l'ordre logique des choses. François d'Assise vante le bon rire à ses frères au point que les franciscains d'Oxford organisent de véritables scènes de fous rires. La jouissance bienheureuse, à défaut de pouvoir trouver une parole appropriée, chante, danse, jubile d'un rire émerveillé qui rompt la dichotomie corps et esprit, fusionne bas et haut.

LE RIRE BIENHEUREUX

Cependant, quoique l'Église fasse place à une joie profane – selon le Psaume, on célèbre Dieu dans la musique et les danses –, le rire des « fous de Dieu » a une tonalité étrange en Occident, et davantage encore le rire mystique féminin sur lequel pèse un interdit qui remonte à loin. Le rire de ravissement s'apparente à un emportement qu'on ne peut maîtriser, et il semble receler tant de passion qu'il est forcément suspect chez une femme dont le silence est la dignité[31]. L'iconographie et la poésie préfèrent désormais illustrer le parfait bonheur par la sérénité d'un visage immobile en laissant au diable les grimaces faciales de la bouche qui rit ou les contorsions du corps déhanché par la danse.

Mais beaucoup d'artistes gardent encore l'empreinte d'un rire bienheureux. La tendre Laure de Pétrarque ouvre les portes du Paradis avec un doux sourire (*dolce riso*) et Léonard de Vinci, lorsqu'il peint la Vierge à l'enfant dite « Madone Benois » (musée de l'Ermitage), la présente avec un rire plein de grâce, dévoilant les dents comme de minuscules perles, tandis que sur ses genoux l'enfant Jésus joue avec une fleur quadrilobe, symbole des clous de la croix ; dans l'atelier de Verrocchio l'artiste avait sculpté plusieurs têtes de femmes riant.

Beaucoup plus audacieuse encore, Marguerite de Navarre offre sous la forme d'une mascarade de Mardi gras[32] une des dernières manifestations d'un rire de l'âme sans retenue (1548). Une jeune bergère scandalise ses trois compagnes, la Mondaine, la Sage et la Superstitieuse, en leur expliquant qu'elle n'a plus peur de la mort et qu'elle en rit librement. « Ravie d'amour », elle se laisse aller sans contrainte à l'hilarité, insouciante de tout ce qui n'est pas Jésus-Christ : « [...] Chanter et rire est ma vie, / Quand mon Amy est près de moi... » Elle passe pour folle ou sotte, et à juste raison : « Je suis trop sotte pour apprendre / Parquoy ne veulx faire ne dire / Rien que ce qui me faict tant rire. » Elle ne sait qu'une chose : aimer, tandis que ses trois compagnes unies contre elles, la sage raisonneuse et pleine d'orgueil, la superstitieuse sotte et bigote, la mondaine qui n'aime que son corps, désertent les lieux.

Progressivement, la méfiance à l'égard du rire, c'est-à-dire à l'égard d'un corps captif du plaisir, l'emporte dans la spiritualité de l'âge classique. La joie doit se faire désormais silencieuse : « Soyez joyeuses et tranquilles », demande Thérèse d'Avila à ses sœurs ou Jeanne de Chantal à ses

Visitandines. Les yeux, avec leur éclat, sont seuls admis à rire et pleurer pour exprimer la source éternelle de la félicité. C'est au regard qui rit et transfigure le visage qu'il incombe de suggérer désormais dans toute la littérature poétique à venir la présence d'une profondeur invisible.

Sara, Déméter, la princesse mélancolique, Béatrice : ces rires singuliers et hétérogènes, tirés d'un patrimoine culturel commun, ont des postérités différentes et la diversité des expériences, saturées d'un sens souvent perdu pour nous, n'a pas fini d'être décryptée. Ces rires au féminin ont en commun un rapport à la gestation, charnelle ou figurée, à la capacité symbolique d'engendrer.

La scène comique qui les produit est d'origine sexuelle, mais l'objet du rire lui-même disparaît. Il n'y a plus une rieuse, un témoin et un objet du rire, mais des rieuses en transe qui ne savent plus toujours ce qui les a fait rire. Rappelons que le comique ressemble à une brève folie et que la folie est traditionnellement représentée par une femme. Or la folie est, depuis les temps anciens, perçue comme une floraison. La *Stultitia* d'Érasme[33], fille de Ploutos et de Juventus, dont le mariage a été organisé par la servante Étourderie, est née dans « les îles Fortunées où les récoltes se font sans semailles et sans labour ». *Stultitia* est semence et source de vie, qui stimule la création et fait la joie de la terre.

Bénédiction passagère, le rire féminin tisse un rapport étroit entre le sexe, la vie, la naissance, la fécondité, la maternité. Il est déjà en soi sa propre récompense parce qu'il allège les tensions, mais cette récompense n'a rien d'illusoire puisque, retournant une situation bloquée, il vient à bout de la stérilité, du deuil, de l'angoisse et de la mélancolie. Le rire intérieur de Sara devant ce qui lui paraît insensé ouvre son cœur et la prépare à la conversion et à la jubilation de la promesse réalisée. Déméter fait reverdir la terre et reverra sa fille. La Sibylle de Panzoust en soulevant ses jupes montre le lieu d'où tout vient et tout part. La petite princesse triste aura beaucoup d'enfants. La resplendissante Béatrice jubile lorsque sa fonction d'engendrement ou d'inspiration est accomplie.

Le rire féminin est peut-être une autre voix des origines et du maternel comblé. En marge des activités sérieuses, il laisse de côté le savoir, le dénigrement ou la parodie et il assume la part d'instinct, de perturbation, de folie qu'il faut réprimer pour se constituer en être social. Le rire n'est pas du côté de la sérénité du philosophe, il ne donne rien à connaître, mais il révèle le plaisir et il donne un surcroît de vie.

Rire et bienséance

Ovide est un maître en stratégie amoureuse. Après avoir donné des armes aux hommes pour séduire, il donne des recettes aux femmes pour se faire aimer, et il leur apprend à rire :

> N'ouvrez pas une bouche démesurée et ne retroussez pas les lèvres qui laisseraient voir vos dents ; que le ventre ne se fatigue pas en un rire perpétuel : le rire doit sonner léger et féminin. Il y a des femmes dont les éclats de rire leur tordent la bouche en grimace déplaisante. En riant aux éclats elles ont l'air de pleurer. Certaines ont un rire rauque et désagréable comme le braiment d'une vieille ânesse qui tourne la meule rugueuse (Ovide, *L'Art d'aimer*, III).

Ces quelques lignes du poète latin ont inspiré pour plusieurs siècles des manuels de savoir-vivre et des traités de beauté. De bonnes raisons interdisent aux femmes de se laisser aller à rire : pulsion incontrôlable, il dévoile une langue rouge, charnue, mobile dans la cavité violacée du palais. Le rire est « corps ouvert », à l'inverse du sourire qui est corps fermé, émanant de l'âme. Le léger sourire, le sourire clos de la Joconde, serait, dans son mystère même, l'expression la plus accomplie d'une harmonie intérieure.

Une honnête femme se trahit par son rire ; trop de rire fait douter de sa raison : l'ignorance est définie allégoriquement comme une demoiselle sotte et riante, lisant « par contenance dans un bréviaire » et qui éclate de rire[1]. Enfin, violente décharge du corps, il ride le front, gonfle les joues et déforme le visage. Le père Le Moyne, poète à ses heures, prend plaisir à détailler ses effets désastreux au nom de la bienséance chrétienne : le rire « ôte la proportion de la bouche, met les joues hors de leur situation naturelle, enfle les veines et les fait saillir hors de leur place, éteint les yeux et les noie, couvre de rides le visage et donne à la personne des grimaces de possédé et des convulsions épileptiques[2] » (1663). Rire comme une ânesse ou rire « comme une hyène », ces images communes traduisent la bêtise, l'indécence et la sauvagerie qui planent sur le rire des femmes.

Crudité du rire et pudeur du sourire. L'histoire du rire féminin est l'histoire d'un méticuleux travail pour contenir le langage du corps au nom de la beauté, de la douceur et de la politesse, selon un archétype millénaire de la féminité. Faute d'un contrôle incessant, la femme qui rit risque toujours de passer pour une folle, ou d'y perdre sa séduction.

POURQUOI LES FEMMES RIENT-ELLES PLUS QUE LES HOMMES ?

Selon un *topos* très ancien, les femmes doivent à leur nature une émotivité qui les porte à rire souvent ; non seulement elles rient plus que les hommes mais elles passent sans transition du rire aux larmes, de la gaîté au chagrin. Affaire d'humeurs et d'organes, disent les médecins qui dissertent depuis l'Antiquité sur les causes de l'hilarité. La complexité du rire tient à sa double nature, à la jonction du physique et du mental, du corps et de l'âme – le Grec Galien, dont on sait qu'il régna sur la médecine jusqu'au XVIIe siècle, disait que « les mœurs de l'âme sont la conséquence des tempéraments des corps ».

La gaîté est une disposition du sang et le rire est favorisé par les tempéraments sanguins et humides, la mélancolie par la complexion froide et sèche. Le mélange de chaud et froid façonne le tempérament ; la température équilibrée donne la santé tandis que les écarts engendrent les sautes d'humeur. Le sexe masculin jouit d'un tempérament chaud et sec, à l'inverse des femmes chez lesquelles il est froid et humide : de la froideur humide découle la déraison féminine, un caractère inconstant et trompeur.

Des considérations théologiques encadrent le discours médical : quelques savants du Moyen Âge expliquent que si l'homme a été créé à partir d'un limon dont les éléments étaient équilibrés, Ève doit son existence à la côte d'Adam, ou encore à un limon voisin, ce qui la rend moins tempérée que l'homme. Ce déséquilibre premier la soumet à l'influence néfaste de l'astre humide, la lune. Autre trait propre à la nature féminine : selon le théologien Albert le Grand (XIIIe siècle), la composition des os de son cerveau, l'organe le plus humide du corps, la prédispose également à l'instabilité, aux sautes d'humeurs : « Un des signes en est que la tête des femmes est sujette à plus de maladies à cause de la plus grande fermeture des sutures crâniennes que chez l'homme », de sorte que les vapeurs qui lui montent à la tête ne peuvent trouver d'issue[3]. Dans ce quadrillage humoral, la configuration des enfants est encore incertaine, ou mixte : d'abord humides comme leur mère, le sang propre à la jeunesse bouillonne en eux. La femme reste plus proche de l'enfant au niveau de sa vie corporelle, dans les proportions du squelette et dans la répartition du tissu graisseux.

D'où procède le rire ? Les réponses ont donné lieu à d'innombrables dissertations philosophiques qui, au Moyen Âge, ne sont pas séparables du discours religieux. Les pères de l'Église, sévères à l'égard du rire – Jésus n'aurait jamais ri –, avaient beaucoup réfléchi sur ce thème pour tenter d'établir un bon usage de la gaîté, usage que Clément d'Alexandrie dans le *Pédagogue* et Grégoire de Nysse ont codifié avec force détails. Selon Grégoire de Nysse, la joie et le plaisir élargissent les tuyaux du corps, attirant l'air vers les profondeurs et le rejetant ensuite par la bouche, avec le concours des viscères et du foie « qui le chassent dans un mouvement tumultueux et bouillonnant[4] ». Le rire expulse la bile.

Tout en admettant qu'il existe un bon rire de détente, l'abbesse Hildegarde de Bingen rattache l'*ineptia laetitia* à la chute originelle et l'enracine, avec des mots très crus, dans le « bas » du corps : c'est un vent (*pneuma*) qui secoue le foie, la rate, les viscères, l'entrejambe et provoque des sons inarticulés et dénués de sens, semblables à des bêlements, bref un écoulement inconvenant de tout le corps et une passion irrationnelle[5]. Les auteurs des règles monastiques associent le plus souvent la source du rire à ces « organes suspects » que sont la rate et le foie, ce qui l'entraîne du côté du sexuel et du scatologique. L'explication prévaut encore dans les conceptions populaires au XVIe siècle : la dix-septième *Sérée* de G. Bouchet présente des demoiselles qui rient si fort qu'elles lâchent un pet, car, commente Bouchet, « les muscles du diaphragme sont agités par le ris et servent aussi au rejet des excréments ». Cette turbulence qui secoue le corps et trouble le cerveau est attisée par le démon : le démon, corrupteur du rire humain après la chute originelle, se sert des phases ascendantes de la lune pour accroître encore l'instabilité des humeurs en provoquant les rires de folie.

Rire et bienséance

UNE HISTOIRE D'HUMEURS

Le discours humaniste de la Renaissance[6] légitime un bon usage du rire, qui sied aux femmes à condition d'être sous surveillance. Selon le médecin Joubert, célèbre par son *Traité du ris* qui marque son temps (1579), « la femme étant plus belle que l'homme, le Ris lui est plus convenable[7] ». Il attribue, après d'autres, le déclenchement du rire à l'abondance du sang, un sang doux et non bilieux, tandis qu'un sang froid et figé rend l'esprit plus prudent, l'âme plus sage. Les jeunes femmes, comme les enfants, sont dotées du même tissu mou et spongieux, aussi « rient-elles plus aisément que les hommes, et les gras plus que les maigres », les uns et les autres produisant beaucoup de sang. Les « mous », femmes et enfants, ne sont pas seulement peu avisés et moins sages, mais émus aisément, ce qui explique leur inconstance.

Jusqu'au XIXe siècle, la plupart des médecins insistent sur la parenté de l'organisme féminin avec celui des enfants, car même « la pulpe cérébrale participe de la mollesse des autres parties[8] ». À l'inverse, la vertu vitale de ceux qui s'adonnent à l'étude est affaiblie par la consomption des esprits, et il leur reste peu de sang : ils sont alors « agélastes, tristes, rudes, sévères[9] ».

Médecins et philosophes hésitent toujours sur les sources du rire. Les uns lui désignent pour siège le cerveau, d'autres le cœur, d'autres la rate. Pour Joubert, le rire précède la raison et il vient d'une affection du cœur. Siège de toutes les affections et des fonctions sensitives, en particulier de la puissance imaginative, le cœur est un organe noble, assurant ainsi sa dignité au rire. Selon Joubert et Ambroise Paré, le rire sort du cœur qui se dilate, produit de la chaleur et actionne le diaphragme. La rate a pour mission de purifier le sang, de le purger d'une « lie crasseuse » (Joubert) et d'en tirer « la cholère superflue » (Rabelais).

Lorsque la rate ne fait pas son travail, le rire, associé à la bile noire, est un rire de mélancolie, ou encore de folie. Le cerveau n'est pas écarté du fonctionnement puisqu'il commande les idées, reçoit les impulsions de l'imagination et met en branle le mouvement du diaphragme. Pour Joubert comme pour l'humaniste Pierre de Dampmartin, « cette impression riarde », donnée par l'imagination, « se répand légèrement dans les veines, artères et cerveau, voire les enfle et presse jusqu'à verser des larmes »[10]. L'effet de surprise fait partie du mécanisme de l'excitation. Le rire est involontaire, irrépressible, contagieux, et par là même inquiétant, même si tous les médecins notent aussi ses bons effets sur la santé et la chaleur du sang.

Alors que les caractères physiques dépendent chez les hommes de leur tempérament, qu'ils parviennent à dominer par leur raison, c'est à la puissance de ses organes génitaux que, selon l'opinion commune, la femme doit son humeur changeante et sa propension à passer instantanément du rire aux pleurs. Dans son corps, le bas règne sur le haut : elle est soumise aux exigences de sa matrice en « collégeance » avec toutes les parties du corps, « par les nerfs, espine du dos, et membranes avec le cerveau, par les veines avec le foie, par les artères avec le cœur » explique le médecin Liébault[11]. Plus encline à rire que l'homme, elle doit se garder des excès en raison même de son imagination qui l'y prédispose.

Joubert mentionne l'histoire de deux filles d'un président de Rouen qu'on laissa rire une heure ou deux si « dissolûment » que « la matrice leur montait en haut » et qu'elles furent menacées de suffocation utérine[12]. Le mot est prononcé :

tandis que l'homme se récrée légitimement, la femme qui se laisse trop aller à rire est guettée par la « fureur utérine » ; le rire ébranle tout son être et touche à sa sexualité. La suffocation utérine est due à la rétention de semence, c'est-à-dire à l'absence de relation sexuelle chez les filles tard mariées, chez les femmes délaissées ou veuves. Elle se manifeste par des symptômes capricieux, par des convulsions, qui vont de l'endormissement aux larmes et du babil immodéré au ris. À des degrés divers, et jusqu'à l'âge de la ménopause, toute femme est menacée par ces dérèglements.

Topos de la littérature et des traités de morale misogynes, elle est décrite par Enea Silvio Piccolomini assoiffée d'amour, lunatique, instable : « En un instant elle meine grand dueil / Puys rit soudain, puys a larme à l'œil / Maintenant folle et maintenant sage[13]. » Le Rondibilis du *Tiers-Livre* de Rabelais en conclut à son inévitable « désordre moral ». Shakespeare, expert en portraits de commères et de jeunes filles espiègles, décrit la femme qui a ses lunes « chagrine, efféminée, changeante, exigeante et capricieuse, arrogante, fantasque, mutine, frivole, inconstante, pleine de larmes et de sourires[14] ». Sous des habillages différents, ces stéréotypes d'une femme girouette, victime de ses humeurs et de ses organes, traversent les siècles.

DOUÉES POUR LE BONHEUR ?

Médecins et moralistes s'entendent pour dessiner à l'âge classique une figure de la femme honorable mais inférieure, dépendante de sa matrice, imaginative, sensible, et qui se laisse gouverner par ses émotions. Une femme est femme de partout, dans son anatomie, dans sa chair tendre, dans son esprit, dans son intelligence, et c'est l'enchaînement du physique au psychologique et au social qui produit cette image d'une féminité aux limites de l'effusion et de l'irrationnel. L'éternel féminin a une explication organique. On prête à Mirabeau ce raccourci : l'homme est un cerveau, la femme est une matrice.

Le discours sur les passions à l'Âge classique ne disqualifie pas la théorie des tempéraments même si des notions plus mécanistes d'esprits animaux remplacent les théories strictement humorales. Il stigmatise toujours le rire féminin dans ce qu'il a naturellement d'outrancier et d'inquiétant. Fénelon, qui fait de l'éducation des filles un impératif d'où dépend la qualité des futures mères chrétiennes, ne peut s'empêcher de pointer chez elles la vivacité et la duplicité de leur imagination : « Elles ont un naturel souple pour jouer facilement toutes sortes de comédies ; les larmes ne leur coûtent rien, leurs passions sont vives[15]... »

Lorsqu'elles sont entre elles, leur rire n'a pas de limite. On se souvient des frasques de Hortense Mancini, la nièce de Mazarin, et de son amie Sidonia de Courcelles, enfermées dans un couvent et s'amusant à faire aux religieuses « quelques plaisanteries » pour se venger de leurs tracasseries : « Nous mettions de l'encre dans le bénitier pour faire barbouiller ces bonnes dames, nous allions courir dans le dortoir... » (*Mémoires*). Fous rires de pensionnaires.

Caustique, le janséniste Nicole se défie même des jeunes religieuses que leur imagination et leurs extases conduisent à des transports de joie : « Elles ont fait une poupée habillée en jésuite et en capucin et jouent avec pendant la récréation [...]. Cela se faisait avec des transports de joie, des éclats de rire, avec des voiles volantes et des guimpes de désordre et avec de riantes fureurs. Cela s'appelait toutefois une honnête récréation de saintes religieuses[16]. »

Le rire féminin ne parvient pas à s'arrêter et l'abbé Morvan de Bellegarde y voit le germe de la folie : « La moindre chose de plaisant qu'on dit devant Lucinde la fait rire avec un emportement ridicule. Elle n'est plus maîtresse d'elle-même. Elle ne peut revenir à son bon sens, son emportement va jusqu'à la convulsion[17]. »

Il y a bien déjà des voix féminines qui s'élèvent contre de telles conceptions. Une Élisabeth-Marie Clément s'efforce de répondre gaiement aux clichés misogynes, en illustrant le débat par un vif *Dialogue* entre une princesse savante et une mère de famille (1664), où elle recense les humeurs des dames, les enjouées, les railleuses et les coquettes d'un côté, contre les mélancoliques et les sérieuses de l'autre. Les premières font les poupées, s'amusent à faire enrager leur mari, rient à tout bout de champ et s'esclaffent de ce qu'elles ne comprennent pas ; elles mériteraient de loger à Saint-Mathurin à cause de leur folie.

Mais les secondes, qui font les savantes et condamnent les jeux, sont sèches et font les esprits forts en se plaignant de n'être pas aimées. La narratrice conclut que l'éducation seule peut corriger les travers et elle fait valoir avec fermeté qu'une femme peut rire de bon cœur sans renoncer à la raison.

Elle n'est pas seule à protester contre des préjugés sans fondement et beaucoup de femmes depuis Christine de Pisan ou Marie de Gournay doivent affronter les railleries antiféministes et hostiles. Gabrielle Suchon (*Traité de la morale et de la politique*, 1693) revendique au nom de toutes les femmes des qualités de constance et de détermination, et si elle reconnaît qu'il lui arrive de rire et pleurer à la fois, elle se place sous la protection de saint Augustin qui rappelle constamment l'égale versatilité de tous les êtres humains. Les allègres comédies de Molière jettent encore des braises sur le feu. Ni Élisabeth Clément, ni Jacquette Guillaume (*Les Dames illustres où par de bonnes et fortes raisons il se prouve que le sexe féminin surpasse en toutes sortes de genres le sexe masculin*, 1665), ni Marguerite Buffet (*Éloge des illustres savantes*, 1668), ni la philosophe Gabrielle Suchon ne sont vraiment entendues malgré la réédition de plusieurs de leurs œuvres.

LA QUERELLE DES FEMMES

Ce n'est que sous l'autorité masculine que la célèbre « querelle des femmes », amplifiée tout au long du XVIIe siècle, commence à s'apaiser. Un courant progressiste émerge. En héritier de Descartes, François Poullain de la Barre lance cette formule heureuse, dans son traité de l'*Égalité des deux sexes* (1673) : « L'esprit n'a pas de sexe. » Non fondée en nature, la différence tient à la seule éducation : dès que les filles commencent à goûter à l'étude, elles surpassent les hommes et elles « parlent d'une manière plus spirituelle et plus agréable. Il y a dans leurs entretiens plus d'enjouement[18] ». Poullain se réfère à des discussions menées avec quelques femmes, il rassemble les données anatomiques et il étudie les textes bibliques ; mais il est sans doute trop en avance sur son siècle pour être vraiment écouté.

En outre, la plupart des femmes elles-mêmes adhèrent à l'image que la tradition donne d'elles, légères, rieuses, coquettes, changeantes : Mme de Pringy, qui pourtant se bat en faveur de l'instruction féminine et écrit avec nuance, reconnaît que si la plupart « se permettent un agrément de vivacité, ce n'est jamais avec la modération nécessaire.

Leur sérieux est outré ou leur joie déréglée[19]. » Encore à la fin du XVIIIe siècle, la conteuse Mme Leprince de Beaumont invoquera leur cerveau « plus mou que celui d'un homme » pour expliquer qu'elles ont « des petitesses »[20].

Le statut de la femme ne change donc guère, mais du thème de l'inégalité, on passe à celui de la différence. Cette inclination au rire et à la belle humeur a aussi sa face positive : elle témoigne d'une disposition naturelle au bonheur, à une allégresse contagieuse. Le sage Érasme faisant l'éloge de la folie reconnaissait aux femmes une force particulière qui leur permettait d'être, à de nombreux égards, plus heureuses que les hommes. La princesse Palatine se vante volontiers de sa gaîté : la nature l'a affligée d'un physique ingrat, un visage avec de grandes joues pendantes, mais, avoue-t-elle, « j'ai pris le parti de rire la première de ma laideur, cela m'a très bien réussi ». « Si le bon Dieu avait voulu que nous fussions autrement, il nous aurait fait des corps plus forts et des esprits plus éclairés. »

L'âge venant, il arrive à la princesse d'être mélancolique et d'éprouver de la tristesse, mais le rire la soulage et exorcise ses peurs ; sans la vertu des amusements, combien de personnes ici-bas feraient « une pause aux Petites-Maisons[21] » ! Selon le médecin Roussel, l'émotivité féminine peut même devenir un avantage : plus enclines à une infinité de nuances, qui échappent à l'homme le plus éclairé, « leurs larmes elles-mêmes ne sont pas exemptes de plaisir[22] », et comme leurs idées n'arrivent pas à maturation faute de concentration, « leur esprit n'est pas étouffé par un savoir indigeste[23] ». Ainsi « leur conversation, toujours vive et animée peut se passer de la science » et les femmes seraient donc supérieures aux hommes dans l'ordre du plaisir. Douées de sensibilité et d'imagination, elles triomphent dans le registre des sentiments et dans la relation sociale où elles « pétillent par mille saillies[24] ».

Caraccioli, dans son *Traité sur la gaîté*, où il classifie les différentes formes de joie, fait une large place au rire féminin qui est encouragé par tout un aspect de leur éducation : « Accoutumées presque en naissant à dire des choses agréables, elles contractent une gaîté naturelle et rient de meilleure foi que nous ; leur colère plus prompte et bien moins opiniâtre que la nôtre passe comme une giboulée et fait place à la sérénité[25]. » Leur faiblesse fait donc aussi leur force.

Ces qualités restent cependant fragiles... et contestables : leur imagination est plus vive que soutenue, et si toutes choses les affectent, elles ne les affectent que légèrement. Comme les enfants et comme le menu peuple auxquels elles ressemblent, elles s'émerveillent facilement et rient de peu de chose, leur sensibilité ingénue se livrant à toutes les impressions. Pour Louis-Sébastien Mercier, l'ébranlement du diaphragme se produit très naturellement chez les jeunes femmes qui réfléchissent peu : « Elles rient toutes d'imitation, presque involontairement, et c'est ainsi qu'un peu de vin porte l'ivresse dans un cerveau faible[26]. » Faiblesse du sexe : « Il n'est pas rare de les voir rire et pleurer plusieurs fois dans la même heure[27] ».

Le rire instinctif éclate, parfois à tort et à travers : les hommages qui leur sont rendus leur donnent confiance en elles ; leur liberté de ton les dispose à la facétie, tandis que les hommes réfléchis retiennent leurs saillies « dans la crainte d'une mauvaise affaire » ; elles se laissent aller aux bons mots avec d'autant plus d'aisance que « leurs propos sont ordinairement sans conséquence ». Aussi, conclut Caraccioli, « le sexe hasarde ce qu'il veut... cette gaîté n'est point assez constante pour être citée comme exemple et enviée comme bonheur ». Elle ressemble bien souvent à un enfantillage.

UN TRAVAIL D'ÉDUCATION : LES MANUELS DE CIVILITÉ

Un enfantillage qui peut devenir intempestif, déplacé, moqueur ou simplement sot ; les honnêtes gens craignent le rire des femmes dans la mesure où il conteste quelque chose de l'ordre social ou du jugement moral : la vérité se trouve souvent là où s'absente l'autosurveillance. Le rire est donc à civiliser. Et le modèle de la vie de cour, tout en louant la sincérité et le naturel, invite à la « dissimulation honnête », ou au moins à un contrôle constant des expressions ; par son rire, la femme avoue des sentiments troubles, des émotions, une moquerie qu'il conviendrait de tenir cachées.

Les premiers manuels de civilités adressés aux femmes de la haute société s'inscrivent dans un vaste mouvement littéraire et philosophique, qui voit dans l'éducation de la « Dame » et dans les manières courtoises un ferment de civilisation, propice à l'élévation spirituelle de l'homme. Étouffé par les milieux monastiques qui le prennent très au sérieux, le rire est perçu tantôt comme une détente licite, mais plus souvent comme un relâchement suspect, sournoisement érotique. Modèle de savoir-vivre venu d'Italie, le traité de Francisco di Neri di Ranuccio, composé en 1318, à l'intention d'une jeune princesse, *Reggimento e costume di donna*[28], passe en revue tous les comportements convenables de la femme en diverses situations.

Dans sa conduite publique, la jeune fille doit apprendre à ne rien livrer d'elle-même, à n'exciter ni l'envie, ni le désir, ni la pitié : son visage exprimera la *vergogna*, mélange de crainte, de honte et de pudeur ; elle se tiendra les yeux baissés et elle proscrira le rire, à moins que celui-ci soit totalement silencieux, « *sanza alcun romore* ». Son visage peut se relâcher dans la sphère privée, mais en aucun cas elle ne dévoilera ses dents en raison de la haute charge symbolique de vie et de fertilité qu'elles contiennent – dans nombre de pays, l'exhibition des dents est considérée comme un signal de séduction. Cette exigence devient un interdit le jour du mariage, où la jeune fille ne doit toucher en public ni sa bouche ni ses dents. Les mêmes prescriptions apparaissent chez Boccace ; elles sont communes à tous les codes de bienséance et elles s'étendent à tous les milieux.

Deux siècles plus tard, Stefano Guazzo[29] recommande aux femmes – il s'agit ici de classes bourgeoises et non plus aristocratiques – de cacher leur gaîté sous « un voile pensif ». En France, les demoiselles de l'abbaye Thélème que Rabelais propose en modèle se tiennent sans rire, avec pudeur et retenue. La Bibliothèque bleue qui colporte largement ses ouvrages à la campagne au XVIIIe siècle enseigne à la jeune fille qu'elle doit « prendre garde de ne pas rire le long des rues avec beaucoup d'éclat car cela fait voir qu'elle est une évaporée » ; et pendant les noces, « il lui faut prendre garde de ne pas rire si elle entend quelque parole lascive, mais elle doit être de bonne humeur devant la compagnie » (*Instruction à l'usage des grandes filles*, 1735).

Une mauvaise réputation se fait vite : malice, effronterie, paillardise, paresse. « Soleil qui se lève trop matin et jeune fille portée trop à rire vont le plus souvent à mauvaise fin » dit un proverbe populaire. Luis Vivès, auteur de *Trois Livres de l'instruction de la femme chrétienne*, n'hésite pas à ranger les filles qui rient fort avec celles « qui mangent, boivent et vomissent assez souvent[30] ». Au XVIIe siècle, Cureau de la Chambre, dans son analyse des passions, choisit également une expression très imagée pour faire saisir l'inconvenance du rire chez la femme : « La bouche qui est contrainte de s'ouvrir fait voir la langue qui trémousse et se tient suspendue[31]. »

Paradoxalement, ce sont les courtisanes, expertes en roueries, qui étudient de plus près le « doux rire des dames honnêtes » dans le but de les imiter : la vieille mégère du *Roman de la rose* apprend à la jeune coquette à retenir son rire en gardant ses lèvres serrées :

> Et si l'envie de rire la prend, qu'elle rie si habilement et si joliment qu'elle découvre deux fossettes, des deux côtés, sur chaque joue et qu'elle évite autant de trop enfler ses joues en riant que de les contracter en minaudant ; que jamais le rire ne lui fasse ouvrir ses lèvres mais qu'elles dissimulent et recouvrent les dents[32].

Des conseils aussi détaillés sont donnés par la Pippa de l'Arétin à sa pupille Nana, pour qu'elle apprenne à rire comme une vraie dame : « S'il te plaît à rire, ne va pas élever comme une pute la voix en élargissant les machoires de façon à montrer ce que tu as au fond de la gorge. Ris de telle sorte qu'aucun des traits de ton visage ne s'enlaidisse ; bien mieux, embellis-les d'un sourire et d'un clignement de l'œil[33]. »

Les contraintes des civilités ont un objectif : le contrôle des passions et des expressions. Pour l'historienne Mona Ozouf[34], le rire devient un « signe distinctif du sexe faible et manque de sagesse ». Dans les *Avis d'une mère à sa fille* Mme de Lambert recommande d'éviter de montrer un caractère trop gai, car « rarement en faisant rire se fait-on estimer » ; Mme Necker de Saussure, excellente éducatrice, prêche un autocontrôle sévère : « On ne saurait trop veiller sur soi lorsque l'esprit est monté à l'enjouement. »

Car la rieuse en fait toujours trop : L'abbé Morvan de Bellegarde la décrit comme une écervelée : « Elle parle, elle rit, elle chante, elle danse tout à la fois parce qu'on lui a dit qu'une jeune fille ne saurait être trop vive. » Mlle de Scudéry, en arbitre des bienséances, critique avec force ces femmes au tempérament souvent froid, qui affectent une gaîté constante pour faire croire à leur esprit : « Elle s'est fait un rire artificiel qui est la plus ridicule chose du monde, car elle a toujours la bouche ouverte pour rire, sans qu'il paraisse dans ses yeux ni en tout le reste de son visage nulle marque d'enjouement[35]. »

Les artifices, les mimiques ne peuvent effacer le naturel. Les physiognomonistes qui étudient les formes des visages se vantent de déchiffrer un indice du caractère sur un simple trait physique. Saint-Simon peut décrire rien qu'à son rire la bêtise de Mme de Montchevreuil, l'austère surveillante des dames de la cour, en la présentant comme « une grande créature maigre et jaune, qui riait niais et montrait de longues vilaines dents, dévote à outrance[36] » !

Un savant italien, Prospero Aldorisio le bien-nommé, a concocté un curieux livre de divination fondé sur le rire, la *Gelotoscopia* (1611), à partir des oppositions ouvert/fermé, impudique/chaste, relié à la quantité d'air expulsé par les poumons et à la force des timbres *a*, *e*, *i*, *o*, *u* déployés ; les impudiques utiliseraient la voyelle *a*, la voyelle la plus ouverte, tandis que les plus chastes se serviraient de la voyelle *i* fermée, les nuances s'échelonnant entre les voyelles intermédiaires[37]. Selon d'autres physiognomonistes, c'est la lèvre inférieure, épaisse et rouge, qui traduit la « charnalité » des femmes, alors que l'homme se trahit par son nez – ce nez si cher aux caricaturistes.

L'affectation a fait son temps et le procès commence à l'encontre des « fades courtisans » qui ont érigé la dissimulation mondaine en règle de vie sociale. La gaîté peut être dans les manières, mais la joie est dans le cœur. Les écrivains comme les savants s'efforcent de percer le secret des âmes, et ils disputent de l'importance respective des mouvements du visage où s'exprime la joie : selon les uns, « c'est surtout dans les yeux que se peignent nos agitations secrètes » (Buffon), et selon les autres c'est la bouche, avec ses muscles mobiles, qui offre des expressions suspectes et révélatrices (Diderot). Le rire n'échappe pas aux études.

Mme de Genlis guette ces signes. Après avoir rencontré le célèbre physiognomoniste Lavater à Zurich, elle prétend qu'elle peut déchiffrer le caractère et la nature morale d'une personne à travers son rire, car le rire laisse son empreinte sur un visage : « Les sourires de politesse sont très insignifiants, mais le vrai sourire, le sourire bien naturel montre l'esprit, décèle la bêtise et la fatuité, et dévoile les inclinations[38]. » Tout est signe, cheveux, couleur des yeux, cou, bouche, dents : les dents, ces dents qui, petites et courtes, souvent négligées, indiquent de la force et parfois des mauvais sentiments. La mangeuse d'hommes se tapit sous un rire carnassier.

Cachez ces dents que je ne saurais voir

La Nature a sagement caché les dents sous des lèvres pulpeuses, car elles peuvent détruire l'harmonie d'un visage : « Otez une dent à la belle Hélène et la guerre de Troie n'a plus lieu », ironise Louis-Sébastien Mercier. Argument sérieux pour apprendre aux femmes à contenir leurs rires, lorsque la bouche dévoile une dentition noire et trouée : « Il n'y a dame ni demoiselle / De qui la bouche en riant semble belle, / Si les dents sont noires, et mal apoint. / Et puis, hélas, ceux-là qui n'en ont point / Quel desplaisir et quelle fascherie[1] ! »

LE DOUX SOURIS

Selon les canons de la Renaissance, la bouche figure en première place dans la séduction d'un visage et le « doux ris » fait partie de la beauté de l'aimée, à condition que les dents soient minuscules et blanches, toujours soignées, « jointes et bien unies ». Nombre de « blasons du corps » exaltent le « ris honnête », le « ris au doux son », le ris léger, le « ris plus doux que l'œuvre d'une abeille », et même le rire « follastre » des femmes ; le « ris creus » des fossettes semblables à « deux petites vallées » sur les joues couleur de lis. Maclou de la Haye se réjouit que la bouche laisse entrevoir un rang de perles d'ivoire, tandis que Maurice Scève célèbre le « doulx soubris », clos et chaste de Délie. Ronsard chante le « petit ris » d'Hélène ramenant la paix après la dispute et Du Bellay orne celui de sa dame d'une « sainte gravité » qui le fait songer au paradis. Jusqu'où va l'imagination du poète lorsqu'il s'agit d'honorer une dame ?

Peu de panégyristes rivalisent avec Cornelius Agrippa, poète et médecin, lorsqu'il traite de la supériorité physique et morale des femmes sur la gente masculine. Le visage d'une femme est lisse et pur ; ses longs cheveux servent sa pudeur en voilant son corps ; d'un rose discret, ses lèvres dessinent « en toute tendresse » un arc fin sur des dents d'ivoire minuscules et bien rangées ; emporté par son enthousiasme, Agrippa ajoute que le nombre de dents est moins élevé chez les femmes que chez les hommes parce qu'elles « répugnent par nature à mastiquer ou déchirer[2] ». L'opuscule écrit en 1509, en l'honneur de Marguerite d'Autriche, lui vaut la hargne moqueuse d'un Rabelais misogyne, mais aussi une grande popularité dans toute l'Europe. La courbe gracieuse des lèvres a cependant un sérieux rival : selon les poètes platoniciens, c'est à l'œil, le plus noble des sens, qu'il revient d'exprimer la gaîté tendre et pudique de la bien-aimée, car l'œil « s'accordant au ris de la fossette » donne de l'espoir à l'adorateur tout en maintenant une infranchissable distance ; et selon Maurice Scève, la première femme, Ève, riait pudiquement par les yeux[3].

Les lèvres souriantes inspirent aux poètes de la Renaissance ces blasons courtois qu'ils offrent en hommage à leur dame ; mais parfois les mêmes poètes éconduits se vengent en ironisant sur la beauté qui s'enfuit, les mâchoires trouées, le menton qui s'effondre, la vieillesse. À ces femmes, le rire est défendu : « Ne vous mêlez plus du métier de rieuse/ Fréquentez les convois et devenez pleureuse » (Scarron).

Le thème ne se tarit pas pendant plusieurs siècles : Louis-Sébastien Mercier, dans un bref chapitre des *Tableaux de Paris* (CCCLXXXII), adresse des remerciements bien sentis à ces habiles praticiens qui proposent enfin des traitements en douceur pour réparer une dentition défaillante. Il reste toujours à celles que la nature a moins bien dotées à rire derrière l'éventail... La charmante et jolie Joséphine de Beauharnais, future impératrice, devait protéger sa bouche par une étole pour cacher une dent manquante.

« SOURIEZ, S'IL VOUS PLAÎT »

Le même strict contrôle du visage recommandé par les manuels de civilité inspire les règles imposées aux peintres qui s'adonnent aux portraits. Un petit scandale éclate dans le microcosme des peintres parisiens et résonne jusqu'à Versailles, lorsque Mme Vigée Le Brun, en août 1787, présente au salon du Louvre un autoportrait où elle tient sa petite fille sur les genoux, rendant à l'enfant les sourires qu'elle en reçoit. Les critiques s'abattent sur cette scène mignarde et provocante dont « il n'y a point d'exemple chez les Anciens » et que réprouvent tous les amateurs d'art, parmi lesquels un journaliste, Mouffle d'Angerville, qui rapporte la scène dans ses mémoires secrets[4].

De quelle audace Mme Vigée Le Brun s'est-elle rendue coupable ? Elle a peint son bonheur de mère comblée en se représentant la bouche entrouverte dévoilant des dents bien visibles, spectacle presque totalement inédit en peinture depuis le Moyen Âge, contraire à la bienséance d'une dame qui ne doit rire et sourire que bouche close, et encore plus déplacé dans le cas d'une mère qui « se livre sans mesure à tout l'excès de son tendre enthousiasme » !

Selon le *Cours de peinture* de Roger de Piles (1708), la règle ne souffre pas d'exception : le visage d'une femme doit être sérieux ou légèrement souriant, « d'une simplicité noble et d'un enjouement modeste. » L'article « Portrait » de l'*Encyclopédie*, rapportant l'art à la nature, renvoie le même écho : « Le sourire serait désagréable dans la nature s'il était perpétuel ; il dégénérerait en idiotisme, en fadeur et en imbécillité. » Et Diderot exprime sa réprobation avec force : « Un portrait qui rit est sans noblesse, sans caractère, souvent même sans vérité et par conséquent une sottise. Le ris est passager. On rit par occasion, mais on n'est pas rieur par état[5]. » La seule expression admise de la joie en peinture sera rendue par la touche dominante de la couleur rouge, car la joie accélère le rythme de l'écoulement du sang dans les veines.

L'incident dépasse la simple transgression d'une convention plastique ou d'une règle de savoir vivre. La ritualisation de gestes infimes et la maîtrise du visage servent à garantir la sécurité des relations sociales et, comme le rire est un exutoire, il est important de le réglementer. D'ailleurs, la provocante Mme Vigée Le Brun est une récidiviste ! Elle se peint à plusieurs reprises en souriant avec la bouche ouverte et c'est ainsi qu'elle représente également la joie démonstrative de la célèbre chanteuse Mme du Gazon : « On ne peut s'imaginer qu'elle se soit occupée du soin de n'entrouvrir que ses lèvres pour faire admirer son beau râtelier », grince encore Mouffle d'Angerville. Dans cette infraction si sévèrement blâmée par la critique, un enjeu d'une autre importance se profile, qui touche à la place de la femme dans la société. Le rire ouvert, les dents exhibées trahissent une coquetterie de mauvais aloi, et peut-être plus encore la prétention d'une artiste à se hausser au rang des hommes.

On cherchera vainement dans les collections le portrait ou l'autoportrait de belles qui rient franchement d'une bouche bien fendue. Vers 1670, Bartolomé Estéban Murillo peint deux jeunes *Femmes à la fenêtre*, peut-être des femmes de mauvaise vie ; la rieuse couvre sa bouche d'un fichu pour cacher ses dents. Chez les peintres flamands du XVIIe siècle, quelques villageoises attablées ou s'apprêtant à danser, visage rougeaud, ébauchent une grimace de plaisir ; mais ce rire rustique ne met pas en cause un modèle féminin issu des classes élevées. La joueuse de guitare, la jeune fille riant devant un soldat de Vermeer laissent juste entrevoir une bordure de petites dents blanches entre les lèvres entrouvertes, signe de séduction, tout comme Judith Leyster se peignant souriante (1630) : légers rires de femmes que leur métier ou leur vie modeste place en marge de leurs congénères.

Quant au sujet que traite Judith Leyster dans son « autoportrait », il est précisément le rire : elle se représente, dans le tableau, en train de peindre un joyeux saltimbanque violoniste qui rit la gorge déployée, toutes dents dehors et joues déformées, tandis qu'elle n'ébauche elle-même qu'un demi-rire décent : le contraste des deux figures se passe de commentaire. Les joyeuses jeunes dames de Franz Hals se contentent de retrousser leurs lèvres fermées. Il n'y a guère que les fillettes et les petits garçons pour rire sans retenue, parce qu'ils n'ont pas encore atteint l'« âge de raison » : la marchande de crevettes de Hogarth a encore l'innocence, ou l'audace, d'une enfant, et la petite dessinatrice de Carotto, qui présente son buste dans la position de la Joconde en riant de toutes ses dents, n'a pas 10 ans.

À moins que l'artiste ne veuille mettre en scène l'ivresse, comme la statue de bacchante de Carpeaux, ou la laideur, comme cette pittoresque sorcière bohémienne, à moitié folle, *Malle Babbe*, recopiée par Courbet et par tant de peintres anonymes, dont on ne sait en fin de compte si elle rit ou si elle hurle. Le rire féminin n'a pas meilleure presse dans les siècles suivants : une caricature féroce de l'anglais Thomas Rowdlanson présente une énorme trogne dc bourgeoise avec la gueule fendue, qui rit de toutes ses dents (1811) : dévorante, carnassière, elle est tout simplement obscène !

Quant à la photographie, elle se montrera circonspecte à ses débuts, aussi respectueuse des conventions que la peinture officielle dans l'art du portrait. Sur l'ordre magique du « Souriez s'il-vous-plaît », les visages crispés par le temps de pause arborent une expression figée : avec ce sourire sur commande disparaît de presque toutes les photographies le dernier contenu individuel qui ne soit pas une pose figée[6].

Selon les frères Goncourt, ce n'est qu'à la fin du XIXe siècle que les femmes oseront montrer leur bouche, dévoilant leurs dents claires et bien rangées, et il attribue cette exhibition dentaire sans complexe, cette beauté nouvelle du rire féminin que les peintres et photographes commencent alors à représenter, à la grande place prise par les dentistes américains dans le Paris contemporain[7]. Le sourire hollywoodien avant l'heure. Il s'agit des danseuses des *Folies Bergère*.

RIRE ET BONHEUR

Avec le siècle des philosophes, le goût esthétique est cependant en train de changer. La femme des Lumières prend une place grandissante dans la société ; elle ne cherche plus à « piquer », à railler et briller pour plaire, elle veut toucher, troubler et attendrir. L'air est à la langueur et aux soupirs plus qu'à l'impertinence. Si la bienséance lui impose toujours de maîtriser « le rire convulsif de la bruyante gaîté[8] », son sourire doit dire quelque chose de son cœur et exprimer cette tension de l'âme propre aux gens profonds.

Les signes morphologiques ne se décryptent plus selon la grille des correspondances que Lebrun avait formulée dans ses *Conférences*, à la fin du XVIIe siècle. On cherche ce qu'il y a derrière l'image, une complexité psychique où les passions et les secrets cachés d'une conscience effleurent sous la maîtrise de soi. Une noble figure comme celle de Mme Necker, malgré ses qualités évidentes de sagesse et de bonté, ne saurait tout à fait plaire au goût français, car il lui manque les expressions du sentiment ou des passions : « Pour tout dire en un mot, elle ne sait ni pleurer ni sourire[9]. »

Beaucoup plus chaleureuse et naturelle qu'au siècle précédent, la sociabilité du XVIIIe siècle réclame une douce bienveillance et une sincérité sans affectation. La promotion de la vie familiale, l'intimité des relations, l'exaltation de la maternité suscitent un nouveau sentiment de repos et de plénitude, loin des artifices des salons et des académies. On rit moins qu'avant, tous les observateurs le remarquent, même si les encyclopédistes légitiment toujours la valeur thérapeutique du rire grâce auquel le sang circule mieux et « toute la machine retire des avantages ». L'éclat de rire, ce premier degré de la joie, n'exprime que le plaisir de l'instant, alors qu'une conscience heureuse se vit dans la durée. On réfléchit sur le bonheur.

Comme le répète à l'envi l'« ami des femmes », Boudier de Villemert, le rire féminin a presque toujours quelque chose de forcé. Or la vie n'est pas une farce où les dames chercheraient des divertissements frivoles et les conversations légères : « Les joies intermittentes appartiennent aux folies et aux caprices... On n'est point la dupe de leur rire inconsidéré et on ne les en juge pas plus heureuses[10]... »

Les salons parisiens sont encore emplis de femmes primesautières et excentriques à qui les critiques acerbes ne sont pas épargnées, si l'on en croit ce mot peu enthousiaste d'Horace Walpole, rapporté par Mme de Genlis à propos des fous rires de Mme de Fleury : « Elle est fort drôle ici, mais que fait-on de cela à la maison[11] ? » C'est la facticité de la vie de salon qui est critiquée parce qu'elle dénature la vocation féminine : la femme y apprend à feindre des sentiments, « à composer des ris et à verser des larmes[12] ». La femme expressive et sensible s'oppose à la coquette mondaine et au bel esprit.

Désormais, une culture de l'émotion, fondée sur une exigence d'authenticité et de douceur, dévalue ces femmes excitées, presque masculines à force de piques et de saillies. L'esprit refroidit le cœur et une femme d'esprit n'est jamais qu'« un honnête homme » selon Rousseau. Pour une Mme de Tourvel qui rit naturellement et sans afféterie « quoi qu'elle ait les plus belles dents du monde », combien de coquettes et de « petites-maîtresses » s'esclaffent bruyamment, seulement pour se faire remarquer ! Elles s'abandonnent au goût des épigrammes, « oubliant toute morale et rougissant ensuite d'avoir été applaudies »[13]. Balzac fera une remarque identique dans les *Illusions perdues* : « Revenue de chez elle la duchesse de Langeais rougissait souvent de ce dont elle avait ri. »

LE RIRE MÉLANCOLIQUE

Or l'amour, où réside le bonheur d'une femme sensible, porte aux soupirs et à la mélancolie : la mode est aux visages baignés de douces larmes qui purifient le sentiment, tandis que le rire est du côté du sarcasme. Mme de Genlis, qui déteste la sensiblerie, note les changements intervenus en quelques générations : l'amour doit aujourd'hui se montrer mélancolique, sombre ou furieux[14]. Les portraits des grandes héroïnes des romans psychologiques des XVIIIe et XIXe siècles peuvent encore avoir un air mutin et les yeux vifs, mais c'est la tristesse qui fait leur grâce, sur le modèle des jeunes filles nonchalantes et pensives de Greuze.

Dans les yeux désenchantés des héroïnes de Mme Riccoboni brille la flamme de l'intelligence, qui fait clairement voir les précipices, mais le cœur l'emporte toujours sur le cerveau. La sensible Péruvienne de Mme de Graffigny, confrontée à l'hostilité du monde, reste stupéfaite devant les grimaces des jeunes Parisiennes des salons. Goethe oppose la railleuse Lucienne des *Affinités électives* à la timide et tendre Odile tremblante d'émotion lorsqu'elle découvre des figures de singes utilisées pour d'avilissantes caricatures destinées à provoquer le rire. Et combien d'autres modèles encore, Julie, Paméla, Caliste, Azaïs, Delphine, âmes sensibles et aimantes pour lesquelles « le bonheur n'est jamais sans quelque mélange de mélancolie[15] ».

Il faut regarder Julie de Wolmar, l'héroïne de *La Nouvelle Héloïse* de Rousseau, sourire avec ses fossettes qui creusent des « nichées d'amour aux deux coins de sa bouche », pour comprendre ces nuances de la sensibilité féminine où s'expriment les aspirations de tout un siècle. Lorsqu'il éduque Sophie, la petite fiancée d'Émile, pétulante et folâtre, Rousseau justifie volontiers les jeux de l'enfance, les gambades, les rires et la danse ; mais, devenue jeune fille, Sophie doit apprendre la modestie et la réserve tout en conservant quelques élans de vivacité qui font encore sa grâce et sa fraîcheur. Ce sont les railleries à la mode des mondaines de Paris qui infectent les sentiments et corrompent le rire : de ce rire-là à l'affût des applaudissements, Rousseau se défie comme d'une friponnerie[16].

Car il y a rire et rire, comme il y a bonheur et bonheur. Tandis que le bonheur pastoral de la Nouvelle Héloïse s'exprime par de douces larmes ou un timide sourire, la joyeuse Claire fait la folle et rit franchement, primesautière, badine, prompte aux saillies, écrivant gaiement et dansant comme un lutin. Les cousines, toutes deux tendres et sensibles, composent deux versants de la féminité ; l'une a l'esprit plus pénétrant, l'autre est plus vive ; mais c'est surtout leur situation qui diverge : l'une est mariée tandis que l'autre, veuve, ne l'est plus.

Le rire, selon Rousseau, n'est pas compatible avec le mariage dont le mystère est fait de gravité : « Pense, toi qui me connais, ce que peut être à mes yeux un lien dans lequel je n'ai pas ri durant sept ans sept petite fois à mon aise », s'exclame Claire évoquant sa brève union dans une lettre à Julie[17]. L'irruption du rire au milieu de l'amour ne peut être qu'incongrue et dissonante : il brise le rêve, entame la compassion ou éclate aux dépens de l'innocence. Et s'il sauve Claire de bien des périls, c'est à l'évidence qu'elle vit son destin de femme moins intensément que Julie : Claire préférera son état de veuve paisible et gaie à l'état du mariage, tandis que Julie en mourra.

Julie a influencé de façon décisive les héroïnes romantiques du nouveau siècle. La fiction romanesque française propose un modèle unique de la vraie femme, faite pour le bonheur de l'homme et la quiétude du foyer, douce, aimante, souriante. Les romancières adhèrent à cette loi et dosent exactement la part d'innocence, de sentiment et de sourire de leurs héroïnes.

Trente ans après la *Nouvelle Héloïse* et inspirée par Rousseau, Sophie Cottin dénonce le rire malin, en faisant dire à Frédéric, l'amoureux épris de l'espiègle héroïne de *Claire d'Albe* : « Vous êtes trop bonne pour être moqueuse, Claire. Mais vos rires inattendus qui contrastent avec votre caractère habituel vous en donnent l'air. [...] Un sourire fin, j'ai presque dit malin qui effleure souvent vos lèvres me faisait douter de l'excellence de votre cœur » (1791). Madame Bovary se délectera de ce roman.

Le sourire, ou le rire discret, ne doit point venir de l'extérieur mais répondre à une joie intérieure, faute de quoi il est une offense à la sensibilité. Mme de Souza, romancière à succès des premières années du XIXe siècle, en fait également la marque de la qualité de cœur de ses héroïnes : héros de *Charles et Marie*, Charles est présenté aux trois filles de Lord Seymour, parmi lesquelles il doit choisir sa future épouse. Il écarte l'aînée, Eudoxie, parce que trop sérieuse et trop savante. Il se laisse promptement séduire par la deuxième, Sarah, une jeune fille vive, piquante, légère, mobile dont la bonne humeur et les éclats de rire fusent à tout moment, y compris dans les situations malencontreuses telles qu'une chute de cheval. Mais Charles se lasse bientôt d'une gaîté qu'il juge alors « bruyante et inconsidérée » et il finit par s'éprendre de la dernière fille, Marie, la douce, timide, délicate Marie, dont le rire angélique et silencieux annonce toutes les qualités futures de grâce et de bonté[18].

Le sourire « spiritualise » l'héroïne tandis que le rire espiègle rappelle les pulsions basses ou suggère les mensonges de l'esprit. Candeur, tendresse, abandon, bonté, ces traits féminins de « sentimanie » (Sénancour) pénètrent l'imaginaire et les femmes qui n'ont pas lu Rousseau le respirent dans l'air du temps.

LA RÉVOLTE DES PETITES FILLES MODÈLES

De tels stéréotypes traversent les révolutions et vivifiés par les succès de la bourgeoisie, ils se fortifient tandis que les femmes « comme il faut », selon l'expression ironique de Balzac, sont confinées au foyer. Les épouses ont pour mission d'égayer le mari fatigué par la vie professionnelle et elles apprennent à leurs filles les règles d'une modestie aimable qui feront d'elles plus tard, une souriante maîtresse de maison, une tendre mère. La pression se resserre encore au XIXe siècle, malgré les débuts de l'émancipation féminine.

Une forme de politesse mondaine régule les relations conjugales tandis que le sentiment s'introduit jusque dans les usages de la civilité, telle une règle morale : l'effacement physique traduit la pureté du cœur et promet les qualités de l'âme. Rougissantes, pâlissantes, sensibles, naïves, certes, enjouées peut-être, mais ironiques et drôles non, et surtout pas bavardes comme ces garçons manqués qui font des plaisanteries ou des calembours. En 1832, le manuel de savoir-vivre de Mme Celnart recommande pour la conversation une certaine position de la langue et une petite ouverture de la bouche. La baronne Staffe s'inquiète de ces jeunes filles ou jeunes femmes portées au rire, qui jouent la comédie et chantent des choses bouffonnes : « Quand elle a chanté une chose drôle ou gaie, les hommes la traitent de bon garçon, lui parlent avec moins de retenue, la considèrent comme une camarade[19]. »

Dans une rubrique du *Journal des demoiselles* (1882), un prétendant au mariage renonce à un parti parce que la jeune fille se permet quelques plaisanteries ; c'est donc qu'elle manque de sérieux : « Mademoiselle Paule rit à chaque instant. Cette gaîté manque de poésie[20]. » Pour la comtesse de Gencé en 1909, la demoiselle ne rit pas sans raison ; son sourire ne doit être ni entendu ni pincé, mais mesuré et modeste. Cette méfiance à l'égard de la bouche et des expressions du visage a pour contrepoint le rôle accordé à la voix : qu'importe la beauté ou la laideur d'une femme si la voix est douce et mélodieuse.

Le parcours qui mène une fillette au statut de femme est jalonné d'embûches. Illustrant les traités de savoir-vivre, les petites filles modèles de la comtesse de Ségur sont plutôt réservées, elles préfèrent les occupations calmes aux jeux remuants, leurs jeux sont interrompus ou différés pour qu'elles aident à la maison et elles sont réprimandées lorsqu'elles se laissent aller à « des paroles piquantes », à des gambades et des rires incongrus – Mme de Ségur, nous dit Émile Faguet, possédait quant à elle ce sens « si rare du comique »[21]. À travers des enquêtes concernant le vocabulaire normatif adopté par la petite bourgeoisie de la IIIe et de la IVe République, Anne-Marie Sohn montre que les qualités premières d'une gentille enfant, à l'instar des héroïnes de la *Semaine de Suzette*, valorisent le sérieux et la bonté : elles se montreront « dociles », serviables, ignorantes de la sexualité, ni « effrontées », ni « garçonnières », ni trop « espiègles »[22].

Les éducateurs se résignent aux fous rires, qui font partie des troubles de l'adolescence, mais ils luttent comme ils peuvent contre les pitreries et les grimaces, incompatibles avec l'image d'une jeune fille bien élevée. Les journaux intimes des demoiselles[23] nous livrent avec bonheur les accès d'hilarité et la vitalité de ces adolescentes corsetées par les règles de bienséance, qui gambadent dès que les mères ont le dos tourné. Lucile Le Verrier se sent parfois saisie de crise de folie : « En me déshabillant et comme je n'avais plus que mon caleçon, je me suis mise à sauter, à gambader éperdument, à crier à tue-tête [...]. J'ai éclaté de rire. » Caroline Brame se rappelle les fous rires incontrôlables qu'elle prenait à l'église avec ses amies : « Pourvu que nous riions, le reste importe peu[24]. » La timide et délicate Anna de Noailles voit jaillir les sources du rire de son « désert mélancolique[25] ».

Colette évoque les contorsions clownesques de la « Petite » à la récréation, proférant des jurons, tirant la langue, louchant et essayant les plus hideuses grimaces au milieu de ses compagnes de jeux[26]. Jusque dans les textes sombres de Marguerite Duras, où les femmes sont marquées par les épreuves, les rires partagés et les chahuts d'écolières font le bonheur de Tatiana Karl et de Lola V Stein, qui se souviennent de leur adolescence. Complices, ces jeunes personnes comme il faut chuchotent ensemble, jouent à dire des bêtises, s'embrassent, se caressent.

Naturellement l'autre sexe est au rendez-vous de beaucoup de leurs confidences et plaisanteries. Thyde Monnier raconte qu'elle a fait le serment avec quelques amies de regarder comment est fait un homme et de le raconter aux autres : « Cela ressemble à un manche de gigot... Je fis un dessin, j'en fis même trois, et chacune emporta le sien caché dans son corsage, et de temps en temps pouffa de rire[27]. » L'innocence des petites oies blanches étant érigée en principe d'éducation, les parents ne parlent jamais de ces choses-là, réduisant les fillettes à cacher leur inquiétude et à inventer un vocabulaire moqueur, carottes, barreau de chaise, verre de lampe pour désigner le mystère masculin[28]. Les grands frères heureusement sont là, avec leurs « drôles de mots ». Les mères voudraient des filles douces, tranquilles et désincarnées dans leur robe blanche empesée, attendant l'heure du premier bal et du prince charmant. Mais elles rêvent de se livrer aux jeux casse-cou, aux aventures et passions fortes, tignasses hirsutes et genoux couronnés. Elles raffolent aussi de comédie pour y changer de vêtement et intervertir les rôles.

LE RIRE DES ADOLESCENTES

Toute la pédagogie du XIXe siècle consiste à canaliser les pulsions des adolescentes, à retenir leur imagination, à effacer leurs grimaces. Mais les personnalités les plus passionnées et les plus rebelles apprennent à maîtriser leur destin par l'étude et la réflexion, et le rire peut faire aussi partie de leur volonté de contestation. C'est la jeune Catherine Pozzi, violente et volontaire, qui décortique ses pensées dans le silence du journal intime, et qui s'invente mille rôles pour séduire son entourage.

Bien qu'elle voie la « vie triste », elle s'essaye tous les soirs à faire le clown en souriant devant la glace et s'emploie constamment à faire rire les autres, à la fois pour maîtriser son anxiété et s'assurer de son pouvoir : « Il faut amuser ses amis, et je les amuse, que diable ! J'ai remarqué que les gens qui disent des bêtises étaient plus écoutés que les sages. Et j'en dis ! Plus c'est inconvenant plus on rira[29] ! »

Marie Bashkirtseff, artiste jeune, belle et douée, a l'audace de peindre en 1883 des *Études de rire*, avec cinq ou six têtes de femmes toutes riant, car écrit-elle dans son journal au 11 décembre, « cela pourrait donner quelque chose de drôle ». Son talent est déjà reconnu malgré son jeune âge, mais les critiques aussitôt s'offusquent : « N'était-il pas possible de faire rire un plus joli visage ? », dit l'un ; « dépenser tant d'art pour de pareils laiderons » se désole l'autre. Rire enlaidit, et faire l'esprit fort reste un privilège d'homme.

Les guerres du XXe siècle vont modifier radicalement la condition des femmes en demande d'égalité. La discrétion et la pudeur ne figurent plus parmi les premières valeurs d'une société fondée sur l'image. Après les années noires et avec l'enrichissement des sociétés bourgeoises, un devoir de bonheur, de séduction et de santé impose ses lois aux femmes. Le sourire de la femme vertueuse ressemble désormais trait pour trait à celui de la star ou de la présentatrice de télévision, qui mobilise son charme pour fidéliser ses spectateurs.

« Ritualisation de la féminité », manifestation suggestive d'aspirations hédonistes et généreuses, la bouche riante, largement ouverte et peinte, inscrit sur le visage la marque de la réussite, et l'inscrit d'autant mieux que l'art du dentiste et la chirurgie esthétique savent désormais fabriquer des mâchoires parfaites : l'exhibition de deux rangées de petites dents très blanches entre des lèvres rouges un peu gonflées artificiellement exprime une santé éclatante, une autosatisfaction et un appétit à croquer la vie.

Banalisé, frivole, aguichant, ouvert à toutes les convoitises et toutes les consommations, le rire a perdu a perdu de vue sa valeur d'accueil, comme sa force de contestation. Philippe Roth a joliment caricaturé ce rire pimpant, cet hymne aux dents de l'érotisme publicitaire, qui n'exprime rien d'autre qu'une excellente hygiène – en l'occurrence le rire d'une infirmière :

> Elle avait à peu près trente-cinq ans et cet air si voluptueusement sain d'une femelle de l'espèce, qu'il n'aurait pas été déplacé d'accrocher à son cou rose la médaille du premier prix du comice agricole – biologiquement c'était une réussite, quelqu'un qui était bien. Ses cheveux blond-blanc étaient négligemment rassemblés au-dessus de sa nuque en un petit chignon légèrement défait, et elle avait une bouche large dont elle vous montrait l'intérieur à la manière d'un chiot pantelant de joie, même lorsqu'elle ne disait rien, comme si elle absorbait ce que vous disiez par la bouche, comme si les mots de l'autre n'étaient pas reçus par le cerveau mais traités – une fois franchies les petites dents régulières, si merveilleusement blanches, et les gencives roses si parfaites – par l'ensemble de cet être radieux et insouciant. On avait l'impression que son attention, sa vivacité et ses facultés de concentration venaient de la région de sa mâchoire[30].

Le rire féminin a triomphé des obstacles et fait son entrée victorieuse dans nos sociétés contemporaines, porte-drapeau du bonheur. Le sourire clos n'a pourtant pas perdu la partie et il continue de figurer parmi les meilleures valeurs commerciales, sourire « glamour » ou façon Joconde, qui promet des plaisirs mystérieux et semble pouvoir ne jamais vieillir.

Le rire amoureux

Le rire est aussi peu maîtrisable que le désir sexuel, il s'excite sous l'aiguillon de l'imagination ou le chatouillement. En deçà du social, en deçà de la pensée, il n'obéit pas non plus aux décisions du cœur ; il cherche le plaisir par tous les chemins et impose sa loi aveugle aux hommes comme aux femmes, aussi tyrannique et aussi narquois que le petit dieu Éros. Casanova raconte dans ses *Mémoires* qu'il est resté quinze jours de plus à Parme pour la seule raison qu'il avait entendu le rire sensuel d'une inconnue dans la rue et qu'il en est tombé amoureux. Et qui n'a en mémoire la sonorité du rire d'Albertine, un rire pénétrant, tentateur, « indécent à la façon d'un roucoulement ou de certains cris[1] » ?

Proust nous fait humer et même palper la consistance de ce rire de femme qui évoque pour lui « les roses carnations, les parois parfumées contre lesquelles il semblait qu'il vînt à se frotter[2] »… Albertine rit ainsi lorsqu'elle déguste voluptueusement un sorbet. Au narrateur, ce rire révèle un univers d'émotions tendres, de plaisirs imaginaires et secrets, mais aussi de souffrance morale puisqu'il peut s'adresser à d'autres que lui et qu'il est éphémère.

Prosaïquement, le médecin Cottard n'y voit que sa plate traduction sexuelle : Albertine danse avec Andrée, leurs seins se touchent, elles rient et, conclut Cottard, « elles sont certainement au comble de la jouissance ». La bouche qui rit est un organe de séduction et le rire, un signe contagieux de plaisir. Comme la bouche et le sourire de sa mère « s'exhaussaient » pour embrasser le petit Marcel, les lèvres, la langue rouge d'Albertine à l'odeur de géranium, lui donnent le goût du baiser. Rire, c'est déjà consentir.

Malgré des siècles de polissage et de répression des mœurs, le rire débride le corps et applaudit aux plaisanteries obscènes en narguant la censure ; mouvement de « l'appétit sensuel », il éclate devant ce que nous voyons de peu convenable, de déshonnête, devant le dévoilement des « parties honteuses ». Le désir féminin s'affiche dans le rire tout aussi publiquement que dans une parade amoureuse : ses spasmes, ses notes tremblantes, ses résonances veloutées irritent les nerfs. La rieuse s'y livre sans défense, ouverte aux émotions que « Vénus elle-même lui inspire » et le rire contagieux donne sa qualité sonore au plaisir et à l'union. Sexe, amour et rire, Aristophane est des tout premiers à tisser ensemble ces trois mots[3].

Phallus tumescents, gorges ouvertes, femmes bouffonnes et obscènes, hommes proches de la bestialité : ils boivent, rient et s'embrassent sans pudeur ; le rire a toutes les audaces de l'ivresse et renvoie les bégueules à leur morosité. La nouvelle mariée des *Acharniens* veut « garder à la maison le membre de son mari » ; dans *Lysistrata* et dans l'*Assemblée des femmes*, les femmes qui prennent le pouvoir mettent les hommes en commun, les aguichent pour les dominer et les plus vieilles, encore vigoureuses, se servent les premières en défendant leur proie bec et ongles, dans une sorte de logique burlesque qui mêle la vérité d'un fantasme à l'extrême irréalité des situations – les personnages de femmes sont joués par les hommes. Le rire libre, triomphal, désinhibé, cathartique, réconcilie les rieurs avec leurs instincts, les rieurs entre eux, les acteurs et les spectateurs.

KICHLISMOS

Pour ce bruyant et sensuel rire aux éclats, les Grecs ont forgé un mot spécial différent du rire et du sourire de la bonne gaîté (*gelân* et *meidiân*), que reprend Clément d'Alexandrie dans le livre II du *Pédagogue* : *kichlismos*, le rire des prostituées qui relâche le corps, montre largement les dents et modifie les traits du visage jusqu'à en détruire l'harmonie en lui donnant un aspect grotesque – le rire masculin, *kanchasmos*, est le rire outrageant des proxénètes. À travers deux millénaires de culture, ce rire impudique est interdit aux femmes par la morale comme par la bienséance, car l'extérieur renvoie à l'intérieur : rire, c'est déjà consentir au plaisir. La tradition hippocratique dédouble le corps féminin en un haut et un bas symétriques ; à la bouche de la parole et de la nourriture répond en bas la bouche utérine, et l'une et l'autre doivent garder le silence. Une femme honnête ne parle pas : Phidias a représenté Aphrodite posant le pied sur la carapace d'une tortue, animal muet qui devient un instrument musical dans les mains de l'homme. Ces deux bouches, la bouche secrète et la bouche visible, demeurent closes et ne s'ouvrent que pour l'époux dans l'intimité conjugale, pour manger, faire l'amour, accoucher.

Pour rire aussi car, selon Plutarque, la femme est un miroir pour son mari – elle n'a aucun *pathos* propre – et elle doit se prêter de bon cœur aux divertissements et éclats de joie en sa compagnie si l'heure et l'humeur sont à la gaîté

(*Préceptes conjugaux*, 142 A-B) : le rire fait partie de tout ce qui compose l'harmonie du couple. Mais une femme qui partage la table d'autres hommes, une femme qui parlerait, rirait et festoierait avec des étrangers, ne peut que partager leur lit, telle une femme publique et béante, dont l'âme est dépravée.

Aristote, citant Sophocle, en fait une loi : « Pour une femme, le silence est une parure[4]. » Ainsi la bonne épouse est-elle contrainte à un équilibre délicat entre une austérité revêche et la séduction ostentatoire de la courtisane. Écartée de la parole articulée et rationnelle, elle se bouche les oreilles et s'écarte pour ne pas entendre les propos licencieux des banquets. Et elle apprend à étouffer son rire de femme parce qu'il révèle sa sexualité et son désir.

LES RIS ET LES JEUX

Depuis Homère, Aphrodite, mère d'Éros, est l'amie du sourire (*philomeidès*). Le sourire dispose au rire dans une échelle de plaisir qui va du simple mouvement des lèvres jusqu'aux spasmes de la convulsion. Il illumine le visage de la déesse et laisse voir des dents blanches, resplendissantes, les « dents rieuses », que le grammairien Pollux, au IIe siècle de notre ère, identifie aux dents du milieu, les quatre incisives blanches et brillantes faites pour goûter, croquer ou mordre[5]. Les poètes de la Grèce ancienne inventent un grand nombre de métaphores pour définir cet état épanoui mais précaire de l'euphorie : le rire est comparé aux vaguelettes de la mer qui gonflent doucement sa surface, ou encore aux scintillements blancs et rayons lumineux irradiant l'air.

Allié à la détente et à la joie sereine, ce rire ne se rapporte pas, chez Homère, à la satisfaction d'un bien matériel ; il appartient plus particulièrement aux femmes parce qu'il sert à qualifier la grâce suave de certaines déesses et qu'il rehausse leur charme, leur goût et leur pouvoir de séduire. Pour le qualifier, Hésiode joue par une fausse étymologie du rapprochement entre les sonorités *meidéma* et *médea*, sourire et testicules[6]. Un rire qui n'est pourtant pas sans danger, car Homère l'associe également aux piperies, passions et mystifications d'Éros aveugle. Insinuant, sexué, le rire enflamme les cœurs, et il est difficile à déchiffrer, tantôt moqueur et sournois, tantôt tendre et aimable ; il exprime toujours l'émotion, se mêlant parfois aux larmes. Éros est joueur comme un enfant impatient et dépourvu de raison.

Éros et Aphrodite, Cupidon et Vénus, l'amour et la beauté : entre eux, le rire noue un lien générique dans la promesse du plaisir. Dans le *Yonec* de Marie de France, l'expression « unt... ris et jüe » (v. 193) veut dire qu'ils ont ri et joué, en clair qu'ils ont fait l'amour. Le *Roman de la Rose* campe une Vénus « qui n'arrêtait pas de rire et ne pouvait rester tranquille parce qu'elle était d'une extrême gaieté et joie » (v. 19488-19490).

« Rire, jouer, mignonner et baisier » composent ensemble les plaisirs de Villon pour qui le ludique et le voluptueux ne sont qu'une seule réalité. C'est encore ce rire d'amour que célèbre la tradition courtoise du *Roman de Tristan*, lorsque Iseult, oubliant le tragique de la situation, « ressent une grande joie, rit et se divertit » au moment de passer la rivière à califourchon sur le dos de son amant revêtu de l'habit du lépreux[7].

Rire devient l'expression métaphorique employée pour aimer. Bonaventure des Périers donne un sens équivalent aux deux mots, « rire et prendre le déduit avec sa femme », image joyeuse et gage de leur complicité. L'amour passe par le rire comme le sang par le cœur. Quant aux « agélastes » de Rabelais, adversaires du rire, ils font figure de misanthropes et de cannibales, inaptes à aimer.

La Renaissance fait une belle place au rire amoureux, mais une place ambiguë parce qu'il est à la fois le rire fantaisiste et fécond des muses, le rire engageant et folâtre des nymphes, mais aussi le rire bouffon de la folie et le rire débridé des courtisanes. Le « beau rire amoureux » naît dans l'île d'Alcine la magicienne ; il tient du charme ou du filtre au même titre que la musique et le chant.

Le royaume merveilleux que décrit l'Arioste dans le *Roland furieux* rassemble les délices dont rêvent tous les hommes, royaume de volupté où le rire enjôleur d'Alcine fait oublier toute autre réalité que l'amour : « C'est de cette bouche que sortent des paroles si douces, si flatteuses qu'elles amollissent les cœurs les plus durs et les plus rebelles ; c'est là que se forme ce rire enchanteur, qui ouvre quand il lui plaît le paradis sur la terre[8]. » Mouvement du visage et du corps, le rire d'Alcine s'accompagne de douces et flatteuses paroles, et ce rire vient de très loin : « L'ode à l'aimée » de Sapho, interprétée par Catulle, évoque déjà le doux rire troublant, plus fort que toute parole, qui éveille le désir de l'amant[9].

Et c'est ce rire de gorge, exhalant le goût des plaisirs charnels qu'enseigne Ovide aux jeunes filles, au troisième livre de son *Art d'aimer* : « Par un charme secret certain ris nous attire » (v. 280). La gaieté du cœur, la suavité des mots et le rire amoureux des filles chatouillées passent par les lèvres qui s'entrouvrent pour donner le baiser, dont Marot célèbre la douce séduction dans son *Ris de Madame d'Albret* :

Elle a très bien cette gorge d'albâtre,
Ce doux parler, ce clair teint, ces beaux yeux :
Mais en effet ce petit ris folâtre
C'est à mon gré ce qui lui sied le mieux
Elle en pourrait les chemins et les lieux,
Où elle passe, à plaisir inciter ;
Et si ennui me venait contrister
Tant que par mort fût ma vie abattue,
Il ne faudrait pour me ressusciter,
Que ce ris là duquel elle me tue.

Le portrait pétrarquisant de la belle dame, idole immobile et inaccessible, est soudain animé par le rire de gorge et il a son contrepoint dans la topographie érotique de certains Blasons qui morcellent les attraits du corps féminin. Le rire y est associé au baiser : « la bouche riant, plaisante bouche / Qui baise devant qu'on la touche ». La poésie amoureuse survalorise le visage, mais le haut doit servir de rempart au bas sans toutefois rendre le bastion imprenable, et la femme qui a ri est déjà une femme qui a baissé la garde.

La nymphe de Du Bellay surgit « en riant » : le poète entend le « ryz » de la dame qui lui ouvre les portes du paradis, et il se « pasme » dans le « basme » de sa bouche[10]. Plus cru dans ses stances, le poète C. Binet évoque avec sensualité ce prélude au commerce charnel :

Cà, ces deux lèvres ? Cà, ce ris !
Cà, cette langue gloutonne,
Qui se courbe en faux et moissonne
Toute la fleur de mes esprits.

Le rire partagé crée l'intimité. Alberti le recommande dans toute entreprise de conquête amoureuse : « Attendez qu'il y ait lieu propice pour gaudir ensemble et rire à qui mieux pourra » (*L'Hécatomphile*), et Marguerite de Navarre juge que, lorsque l'amour s'use, il calme le jeu conjugal en procurant un évident bien-être physique (66e et 69e nouvelles). L'amour a besoin du rire pour ne point devenir passion tragique.

Cependant, ce rire amoureux, s'il se montre intempérant, confine au rire de la folie, avec ses illusions, ses retournements, sa gaieté irrépressible et incontrôlable, à qui la tradition donne des nourrices et des compagnes douteuses, Ivresse, Ignorance, Amour-propre, Oubli, Flatterie, Paresse. Érasme narre la joyeuse naissance de Dame Folie[11], fille du vigoureux et puissant dieu Plutus qui gouverne comme il lui plaît les affaires publiques et privées des hommes, et de Néotète, « la Jeunesse, la plus jolie, la plus gaie, la plus égrillarde de toutes les nymphes ».

Folie n'est donc pas le fruit d'un triste mariage ; elle naît au milieu des transports les plus délicieux de l'amour aux îles Fortunées, ce séjour enchanteur d'où sont écartés les gens maigres et chagrins, où n'approche aucun germe de maladie, où ne pousse aucune mauvaise plante, où les sens sont remplis de délicieux parfums et de belles formes.

Folie a pour suivantes Volupté couronnée de guirlandes de roses, Démence aux regards effrontés, Délices avec son corps potelé, tandis que le petit dieu Cupidon joue gaiement parmi elles et que Momus fait tinter ses grelots en disant à chacun et chacune ses quatre vérités. Folie a donné à l'homme une compagne pour qu'elle égaye son humeur chagrine. Folie n'a rien de méchant, rien de diabolique ; encore toute païenne, son rire est peut-être un poison, mais nul ne s'en passe pour vivre. Folie aime indifféremment l'amour, la jeunesse, le rire et, après tout, pourquoi distinguer entre sagesse et folie ?

Amour et Folie poursuivent un dialogue éternel ; complices et inséparables, ils se disputent sans cesse, et même se fâchent sous la plume de Louise Labé qui les convoque au tribunal de Jupiter[12]. Il faut que Jupiter mette un peu d'ordre dans leurs débats pour qu'ils se découvrent complémentaires : le premier, aveugle, tire au cœur, la seconde jette sa poudre aux yeux ; l'un est secret, fâcheux et exclusif, l'autre expansive, allègre et bavarde ; Amour pleure si Folie ne le fait rire par ses caprices, car le plaisir que Folie accorde n'a pas de bornes : « D'un même passe-temps, elle fera rire une grande compagnie. Une autre fois, elle fera rire un homme seul de quelque pensée, qui sera venue donner à la traverse. [...] Tous autres actes de Folie sont tels que l'on ne peut en parler sans sentir au cœur quelque allégresse, qui défâche un homme et le provoque à rire. »

Les jeunes dames aiment beaucoup plus la Folie que la Sagesse et elles la veulent pour compagne : « Et quand ce viendra à faire comparaison des deux, le sage sera loué d'elles, mais le fol jouira de leurs privautés. » Et de conclure que Folie doit guider l'aveugle Amour partout où bon lui semblera. Folie est d'aimer, mais plus grande folie est de ne pas aimer.

De l'exacerbation du désir masculin naît l'image érotique de la luronne qui rit pour exciter le désir. À la Renaissance, les médecins pétris des préceptes de Galien enseignent que les femmes sont dotées d'un insatiable appétit sexuel et que la conjonction charnelle a pour but de soulager leur fureur utérine : ce stéréotype véhiculé par la littérature alimente les propos misogynes qui font de toute femme une courtisane potentielle, légère, gloutonne, incapable de maîtriser ses émotions et instable. Lorsqu'elle se laisse entraîner par Folie, elle devient vite une joyeuse « garce » qui vend ses charmes.

À en croire la tradition de la littérature gaillarde, les jeunes dames « mignonnes et poupinettes » des villes sont guettées par folie et leur rire invite les hommes aux mignardises. Les poètes émoustillés, Jean Divry, Guillaume Crétin, Maximien, Jehan Marot, André de la Vigne leur offrent des « étrennes » ou des « défenses » toutes pleines de leurs fantasmes[13]. Épicières, couturières, lingères, cordonnières, tripières, elles n'aiment que s'amuser et passer du bon temps, elles se bichonnent, chantent des chansons lubriques, montrent leur poitrine blanche et leurs belles jambes, dansent, font bombance, cocufient gaîment leur mari et se livrent à de joyeux ébats sens dessus dessous. Ainsi les voient les poètes. Quelles sont les plus délurées, les dames de Paris, ou celles de Lyon, de Rouen ou de Milan ?

Une « guerre comique » les oppose, relatée par de facétieux petits livrets composés lors des entrées royales au début du XVIe siècle. On récite leurs hauts faits en sermons joyeux à la fin des banquets. Dans cette surenchère de la guerre des charmes, elles se lancent les unes les autres des brocards, arpentent les rues du bourg, se vendent pour des pantoufles. Certes, elles se rendent en pèlerinage, mais elles honorent saint Baiser et saint Caquet plutôt que saint Marcel ou saint Éloi. Les injures pleuvent : les Italiennes sont « plus froides que le col de l'Aignel / N'est en Noël et plus molles que tripes » !

Les Parisiennes ne font pas des cocus pour l'argent, mais bien pour le plaisir et elles ont un corps plus ferme : « Tétons avons, elles tétasses / Pendant comme vieilles besaces / Dessus leurs jambes de héron. » La guerre se prolonge tout le siècle, où se mêlent les propos misogynes et les désirs érotiques des hommes – la femme, convoitée ou détestée, n'est jamais en position de sujet.

Les ménagères des villes ne sont pas les seules cibles : les bonnes bourgeoises peuvent aussi être « gausseuses ». D'autres textes dénoncent les dames mignardes de la cour aux douces paroles. Leurs bouches sucrées font illusion, mais leurs rires trahissent leurs mœurs[14] et la servile cour des Valois fait de Bouffonnerie sa princesse, « prête, béante à tout, qui rit et ne rit point[15] ».

Lorsque les guerres civiles du XVIe siècle s'apaisent, l'érotique bouffonne s'épanouit et se complaît dans l'évocation des bons tours des marchandes de plaisir, riant à gorge déployée, bouche béante et secouées par les hoquets. Vénus la rieuse « fait aimer naturellement le rire » : selon Le Gorlier, auteur du *Juvénal français*, l'emblème de la volupté est le rire « déréglé, entrecoupé comme celui des femmes »[16] et les romanciers de la veine burlesque, Béroalde de Verville, Scarron ou Sorel, distribuent ces rires égrillards à toutes les « badines », à toutes les dévergondées de leurs romans, et surtout aux plus âgées de leurs héroïnes : Laurette est une courtisane qui « se gausse » constamment ; Frémonde la prostituée est « bouffonnante selon sa coutume » ; les « brillements des yeux » trahissent sa lascivité et les pensées langoureuses s'accompagnent d'un « rire d'un certain biais »[17].

Mme Bouvillon, commère enflammée de désir, se pare, se coiffe, se poudre, « étale dix livres de tétins » et affiche un rire séducteur pour appâter un joli garçon, tandis que la comédienne La Caverne s'esclaffe sans pouvoir se retenir[18]. Le rire ne suggère pas le sentiment mais la trivialité des propos de table ou l'obscénité du désir. Il trouve sa traduction plastique dans la peinture de genre hollandaise qui affiche sans fausse pudeur la joie des corps et la connaissance des plaisirs qu'il donne. Jan Steen peint une prostituée riant de bon cœur avec un client, *La Ribaude*, et une servante hilare sautant sur le lit de son maître, *Le Songe*, tandis que Nicolas Maes fait d'une soubrette coquine, à la bouche bien fendue, une voyeuse libertine désignant par la porte ouverte les ébats des amants, *Les Amants*.

Beaucoup plus mystérieux, le doux sourire de la jeune fille de Vermeer recevant les compliments d'un galant ferait croire à une réserve pleine de grâce, si la coupe de vin qu'elle tient dans la main, évocation de Bacchus, le feu des yeux et les petites dents bien visibles entre les lèvres ouvertes ne venaient démentir son apparente décence (*Jeune fille au verre de vin*). En France, le genre érotique s'épanouit dans une floraison de petites gravures licencieuses qui préparent, au début du XVIIIe siècle, le règne de cette séduisante peinture des fêtes galantes où sont frôlées les limites permises de la décence.

L'expression mutine des femmes, leurs fossettes, la bouche friande, leur corps potelé, leur gorge blanche et leurs jambes charnues s'échappant de draps froissés : tout parle d'amour dans les tableaux de Watteau, de Boucher ou de Fragonard, et l'artiste ajoute encore au décor beaucoup d'autres accessoires non moins suggestifs, tels que les oiselets en cage, les petits chiens, les chats, les miroirs, la tasse de chocolat, les cerises et les raisins, la cornemuse, les putti hilares dont la connotation sensuelle ne fait pas de doute. L'ingénuité narquoise, le feu des yeux et la gaieté des dames disent clairement leur intention de céder.

Le rire libertin

Le nouveau siècle cherche avidement le plaisir. Tout comme les peintres nous montrent volontiers ces tendres oiselles s'arrachant aux douceurs d'un songe et surprises dans leur demi-nudité, les romanciers des Lumières s'attardent sur les grâces de leurs héroïnes, parées de charmes naturels, dont le moindre n'est pas la curiosité. Romanciers, plutôt que romancières, même si le narrateur masculin s'emploie à retranscrire de son mieux, en écriture féminine, les scènes érotiques et l'apologie des plaisirs. L'audace des femmes, leur fureur « tempéramenteuse », leur effronterie s'y accordent fort bien avec leurs éclats de rire coquins, signes de liberté, de volupté et de triomphe, plutôt que de transgression ou de victoire sur une société phallocrate.

FANTASMES D'HOMMES

Le portrait stéréotypé de la jeune courtisane, fille des villes, nonne ou paysanne pervertie, ressemble à celui de Manon Lescaut : « Les yeux grands et vifs. La bouche petite, les lèvres vermeilles, les dents admirables, et la gorge charmante. » Le rire jaillit en brefs éclats, et il sert à identifier un caractère dissipé et ardent : « Manon, qui était badine, fut sur le point de gâter tout par ses éclats de rire. » Le visage aguichant annonce le reste du corps et une bouche qui rit promet un corps qui s'ouvre. La badinerie, l'enjouement, l'air fin et vif peints sur les visages garantissent pétulance et promptitude – point de durée ni d'avenir dans l'amour libertin mais le plaisir de l'instant. Parfois l'auteur en dit un peu plus.

Ainsi de Laure (*Histoire de Mlle Laure ou de la fille devenue raisonnable*, 1764) : « J'avais les yeux fort beaux, le nez retroussé, la bouche un peu grande mais les plus belles dents du monde : mon rire était de ceux qui déconcertent la raison, joignez-y la folie répandue sur toute la figure, un air d'effronterie. » Les Rozette et Argentine de *Thémidore* (1745), avec leur robe détroussée, leurs petites mules et leurs boucles follettes, chantonnent et tiennent des propos polissons tout en riant et en buvant. Le rire remplace la parole inutile, la conversation qui retarderait le plaisir ; il est le signe que le corps de la jeune friponne saura répondre aux avances et qu'elle ne sera point une beauté avare et passive.

La courtisane, souvent présentée comme nymphomane, est toujours folle de son corps ; la « Bourbonnaise », maquillée par ses compagnes, contemple avec bonheur au miroir ses cils noirs et ses pommettes roses de fard : « À l'aspect de ma métamorphose, je me mis à rire de tout mon cœur » (*Vie de la Bourbonnaise écrite par elle-même*, 1768). Un rire plein de coquetterie et de santé, des lèvres couleur de sang dévoilant des dents bien blanches prêtes à mordre dans le fruit : la traditionnelle comparaison entre l'appétit, la gourmandise et la succulence de l'amour fait toujours intervenir la bouche et l'excitation des sens. Peu importe que la fille entretenue soit ou non sincère : son visage fardé est un petit théâtre et elle sait commander à ses muscles.

Le rire des courtisanes, donnée constante de cette abondante littérature libertine, accompagne le mythe d'une sexualité jubilatoire et repose sur les fantasmes d'un plaisir sexuel féminin inépuisable, vorace et supérieur à celui des hommes : « Je veux obtenir tout et sans réserve, malheur à celui qui s'épuise[1]. » Le rire consacre le plaisir partagé : « À la fin, je sentis quelque plaisir. Il en fut absorbé et nous nous regardâmes en riant[2]. » Mais il exprime aussi le triomphe de la fille effrontée et sûre d'elle qui prend de la distance face aux demandes de l'amant et qui, au besoin, se fait professeur de désir.

Le libertinage et le rire complice n'excluent pas la guerre des sexes. Qu'il s'agisse de fictions anonymes ou de « romans mémoires » prétendument écrits par de jeunes narratrices, les héroïnes répondent aux fantasmes érotiques masculins et exercent un pouvoir de domination capable de soumettre les hommes jusqu'à les épuiser. La courtisane sait faire prévaloir son désir. Si elle ne recherche pas exactement l'égalité, elle mène le bal[3]. Certaines font les esprits forts et distillent des piques ironiques. D'autres, incapables de se refréner, sont atteintes de « fureur utérine ».

Presque toutes choisissent leurs amants en fonction de leurs goûts, indépendamment de tout sentiment. Aussi l'échec amoureux masculin fait-il partie des grands moments du rire, un rire presque toujours à double sens. *La Vraie Histoire comique de Francion* de Charles Sorel (1623) avait déjà mis en scène cette situation burlesque où les velléités érotiques du séducteur tournent court :

En disant cela, je la voulus baiser, mais elle s'évanouit entre mes bras. Un ris démesuré que j'ouis alors me fit tourner alors vers

> un autre endroit où j'aperçus toutes les femmes que j'avais vues premièrement, lesquelles se moquaient de l'aventure qui m'était arrivée et me disaient qu'au défaut de Laurette, il fallait bien que je me passasse de l'une d'elles. J'en suis content ce dis-je, ça que celle qui a encore son pucelage s'en vienne jouer avec moi sur ce lit de roses. Ces paroles-ci causèrent encore de plus gros éclats de risées, de sorte que je demeurai confus sans leur répondre[4].

Le rire féminin, unilatéral, peut s'avérer menaçant en tournant en dérision la déconfiture masculine. Il ne suggère aucune complicité et il sous-entend la supériorité de la rieuse. La pitié que ressent Henriette-Sylvie de Molière devant la contre-performance d'Englesac ajoute plutôt à l'humiliation de l'amant malgré la volonté de dédramatiser l'instant (*Mémoires d'Henriette-Sylvie de Molière*, 1674).

Loin de signifier l'adhésion et d'alléger la tension, le rire vient souligner la distance et le retournement des rôles. Margot la ravaudeuse se contente d'une ironie caustique : « Après un badinage de trois quarts d'heure, je fus ratée comme une reine. [...] Il ne manqua de me rater régulièrement deux fois la semaine[5]. »

CONTRE LE PHALLOCENTRISME

Plus significatif encore, le célèbre rire de la Bois-Laurier dans *Thérèse philosophe* (1748) subvertit la logique libertine en se moquant des prétentions de l'homme, non seulement à dominer, mais à connaître les femmes[6]. La Bois-Laurier se complaît à raconter à Thérèse des anecdotes de sa vie de prostituée, où les hommes se sont trouvés dans des situations humiliantes et ridicules : le sexe du Président chargé de la déflorer est un « vieil outil rouillé, ridé et usé ». Un autre est comme un chiffon, ou une misérable lavette.

À chaque épisode qu'elle raconte, la Bois-Laurier éclate de rire. Qu'il s'agisse des laborieux efforts de défloration de ses compagnes ou des viscères malades de vieux amants dérangés, elle ne cesse de rire, et le scatologique rejoint le sexuel : « Ici Mme Bois-Laurier fut obligée de cesser sa narration par les ris immodérés qu'excita en moi cette dernière aventure. Par compagnie, elle riait aussi de tout son cœur. »

Distante et voyeuse, elle n'éprouve pas d'autre émotion, d'autre plaisir que celui que lui dispense son rire irrépressible, un rire persifleur et jubilatoire qui discrédite le phallocentrisme masculin – les clients sont des hommes de pouvoir ou de nobles censeurs devenus impuissants – et qui banalise ou aplatit tous les plaisirs d'Éros en mettant en cause l'authenticité même du désir. Le rire du récit pornographique, partagé entre les deux filles complices, rend inutile tout commentaire, et il explicite les goûts saphiques : la menace de castration est souvent présente, mais dissimulée, dans le rire féminin.

L'art du plaisir ne saurait se passer de règles. Il exige des dons mais aussi de l'apprentissage, et le métier de courtisane a des ressemblances avec celui de comédienne. Fille galante et comédienne partagent le statut de femme publique, avec ses coquetteries et complaisances, et elles passent parfois d'un rôle à l'autre en menant une vie dissipée : pour être une bonne actrice il faut être un peu libertine. Les aventures de Mlle Clairon ont donné lieu à un pastiche qui fait d'elle une joyeuse fille galante nommée Frétillon, utilisant ses appâts pour réussir.

Dans le boudoir, la libertine se plie aux demandes de ses hôtes et joue de divers masques ; en représentation, la comédienne doit aussi séduire son public ; sa fonction est de transmettre chaleur, vitalité et plaisir. Pour Lesage, si le monde est une scène de théâtre risible, en rire ensemble rassure et réchauffe. La comédienne fait circuler la bonne humeur et son rire ricoche de la scène au parterre, gagnant rangée après rangée. Didon pâmée roule des yeux, enfle la voix, capte son public, tandis que l'illusion théâtrale d'une femme consumée d'amour porte le rire à son comble :

> Avec quelle grâce elle occupe la scène ! A-t-elle quelque bon mot à débiter, elle l'assaisonne d'un sourire malin et plein de charmes, qui lui donne un nouveau prix. On pourrait lui reprocher qu'elle se livre quelquefois trop à son feu et passe les bornes d'une honnête hardiesse, mais il ne faut pas être si sévère. Je voudrais seulement qu'elle se corrigeât d'une mauvaise habitude. Souvent, au milieu d'une scène, dans un endroit sérieux, elle interrompt tout à coup l'action pour céder à une envie folle de rire qui lui prend. Vous me direz que le parterre l'applaudit dans ces moments mêmes, cela est heureux[7].

Laure, la partenaire endiablée et galante de Gil Blas de Santillane (1715), joue autant dans la vie que sur la scène ; son rire éclatant est le signe d'un tempérament généreux qui saisit le plaisir comme il vient. Comédiennes et courtisanes, aventurières provocantes, tentatrices et folâtres, elles ne cessent de tromper, de provoquer et de rire, jusqu'au dénouement. La fin n'est pas toujours aussi gaie et les conduit parfois à Saint-Lazare. Mais l'engouement du public en fait des reines et leur vitalité console les femmes de la réserve qui leur est imposée.

RIRE DESSOUS LA MANCHE

Pour ces mercenaires du plaisir, le récit joyeux et obscène de leurs aventures constitue un de leurs plus grands délices.

Point d'autres jouissances pour celles qui vieillissent que d'initier les plus jeunes à leur savoir en se gaussant ensemble des détours comiques de la sexualité humaine. La mère de toutes les séductrices, l'entremetteuse, la Célestine, le dit sans ambages :

> Le plaisir dans les choses sensuelles a besoin d'amis pour se raconter les choses de l'amour et les partager ; j'ai fait ci, elle m'a dit ça, je l'ai embrassée, elle m'a mordu… Oh ! Parler de ces jeux, de ces étreintes, quelles délices ![…] Comprends-tu, Parmeno, pourquoi sans compagnie, il n'y a pas de plaisir ? Ah ! La ! La ! La ! Celle qui sait peut en parler. Ca c'est jouir, le reste les ânes le font aussi bien dans un pré[8] !

Le rire passe de corps en corps ; les railleries indécentes, les mots d'amour soulagent et rapprochent ; mais la pudeur les honnit parce qu'ils se muent en pensées honteuses et représentations lascives. Et les femmes, plus que quiconque, doivent se méfier de ce rire incontrôlable qui les trahit, tandis que les hommes se plaisent à le provoquer en profitant de leur position de réserve obligée. Comment parler d'amour aux femmes, comment les séduire sinon en provoquant leur rire complice, ou comme dit malicieusement Bonaventure des Périers, en leur mettant l'« eau à la bouche » ? Les jeunes filles sont surveillées, certes, du moins peuvent-elles écouter ou lire en cachette les récits écrits pour les émoustiller :

> Lisez hardiment, dames et damoiselles, il n'y a rien qui ne soit honnête ; mais si d'aventure il y en a quelques-unes d'entre vous qui ne soient trop tendrettes et qui aient peur de tomber en quelques passages trop gaillards, je leur conseille qu'elles se fassent échansonner par leurs frères ou leurs cousins, afin qu'elles mangent peu de ce qui est trop appétissant. – Mon cousin, cestuy-cy est-il bon ? – Oui. – Et cestuy-cy ? – Oui. Ah ! mes

fillettes, ne vous y fiez pas ; ils vous tromperont, ils vous feront lire un Quid pro quod[9] !

Car c'est ainsi que l'esprit vient aux filles, par les lectures clandestines, les rêveries nocturnes tandis que nul ne les voit. Béroalde de Verville les y incite plus clairement encore : « Dames qui avez les oreilles chatouilleuses, de peur de rire, lisez ceci tout bas ou de nuit, durant laquelle la honte dort. » La bienséance leur dit sans doute qu'il vaudrait mieux pleurer, mais les voici crûment démasquées : « Ah que vous êtes sage. Vous vous gardez bien de rire. Fille à qui la bouche pleure, le con lui rit[10]. » L'hypocrisie de la pruderie est dénoncée, même les plus sages sont enclines à rire face aux inconvenances, bien qu'elles semblent fuir la compagnie des gens déshonnêtes.

Marguerite de Navarre feint la perplexité dans sa 52e nouvelle, en susurrant par la bouche de deux interlocuteurs masculins, Simontaut et Saffredent : « Pourquoi c'est, puisqu'elles n'en osent parler, qu'elles rient si volontiers quand on en parle devant elles ? » Si elles blâment publiquement les plaisanteries grivoises, les dames cachent bien leur rire derrière leur touret de nez, et les hommes qui racontent leurs farces ont besoin du public féminin pour donner son efficacité à la plaisanterie grivoise.

Le comportement grivois n'échappe pas à l'histoire et à l'évolution des mœurs ; les frontières de la décence fluctuent en même temps que la notion d'un « corps honteux » progresse. On a beaucoup disserté sur les variations des seuils de pudeur en opposant la langue verte et les farces du Moyen Âge à un XVIIe siècle de plus en plus prude et policé. Les fabliaux ne reculent certes pas devant l'obscénité bien que les études de Nykrog et de Philippe Ménard sur le comique et le rire[11] aient montré que la proportion de fables et de contes à rire à connotation sexuelle graveleuse y est faible. Lorsque la paillardise s'y manifeste, on n'y trouve ni perversité, ni raffinement, ni déviation érotique, ni volonté de transgression, et la moralité est toujours sauve – en revanche « le lecteur doit se préparer à un bon nombre de surprises désagréables dans le domaine du scatologique ».

Certains « arts d'aimer », à l'encontre du code courtois, frôlent également l'obscène et le conteur qui emploie avec franchise des mots orduriers pour le seul plaisir gourmand de les prononcer, les débite volontiers devant les commères en s'en prenant aux prudes qui ne rient pas : l'hypocrite s'évanouit lorsqu'elle entend parler de sexe, ce qui ne l'empêche pas de glisser dans son lit le premier valet qu'elle rencontre à condition qu'il partage sa pudeur verbale. Les fabliaux, souvent misogynes, visent les jeunes filles niaises ou hautaines et les matrones insatiables, en sous-entendant que les femmes ne s'intéressent et n'aiment rire qu'à propos de sexe, aussi les conteurs ne ménagent-ils pas leurs oreilles en jouant volontiers du calembour et des syllabes aux résonances douteuses (« La demoiselle qui ne pouvait ouïr parler de foutre », « La Pucele qui abevra le polain », « La Dame qui aveine demandait pour Morel sa provende avoir »)[12]. Si les indécences calculées fonctionnent parfois comme une agression sexuelle, elles ont aussi leurs limites car l'auditoire ne peut pas rire s'il est vraiment choqué.

Les euphémismes et les périphrases de la poésie courtoise produisent d'ailleurs des effets non moins comiques que les grivoiseries des goliards ; directement ou par l'allusion, il s'agit d'exciter l'imagination. Et comme l'a montré abondamment Nykrog, il est impossible de séparer le fabliau des milieux courtois, l'auditoire vulgaire de la société raffinée, le public des dames de celui des hommes, l'amour indécent de l'érotisme caché : tous les conteurs sont amateurs d'art d'aimer et d'épicurisme littéraire ; certains choisissent d'honorer l'amour chevaleresque en se rangeant ouvertement du côté des dames, tandis que d'autres se moquent et privilégient la gaillardise.

La femme, arbitre des bienséances, censeur des écarts langagiers : cette notion se développe au XVIe siècle et culmine au siècle suivant. Les « saletés langagières » ont toujours été un privilège du sexe fort pour qui la conversation est une forme de libertinage. Le débat du *Roman de la Rose* est relancé, où Raison revendique le droit d'utiliser le mot « coilles » parce que l'inconvenance ne résidant pas dans la chose, elle ne saurait affecter le mot.

L'Allemand Bebel s'excuse de ses plaisanteries licencieuses en affirmant qu'il les a entendues raconter par d'honnêtes gens dans des banquets et devant des matrones (*Recueil de facéties*), Pontano relate beaucoup d'obscénités, les recueils de bons mots font la joie des réunions masculines, la littérature romanesque abonde d'aventures licencieuses et Érasme lui-même ose écrire quelques dialogues salés où les femmes ne sont pas absentes[13]. Dans la première moitié du XVIIe siècle, de nombreux florilèges truffés de petits textes grivois ou obscènes et de chansons à danser circulent dans les salons, dédiés à des dames « pour désennuyer [leurs] beaux esprits ».

LE VOILE DE LA PUDEUR

Mais de plus en plus nettement, un discours sur la pudeur se met en place, dans les cours, dans les traités de civilité et même devant les tribunaux ; la censure condamne « les farces lascives et mômeries d'où sont advenus adultères et fornications infinies, scandales, dérision et moqueries » : le juriste Jean Duret juge qu'une parole obscène équivaut à une injure et qu'elle porte atteinte à la réputation de celle qui l'écoute[14]. Toutefois, comment se défendre contre la métaphore qui voile l'indécence et permet d'échapper aux critiques tout en multipliant les figures osées pour la plus grande joie du conteur ? Bonaventure des Périers par exemple, qui aborde dans plusieurs contes (31 et 32) des sujets scabreux, s'adresse à un auditoire féminin, en utilisant la périphrase ou la non moins amusante litote.

La relation sexuelle est masquée par des euphémismes, par des mots neutres, par des références à la chasse, par le vocabulaire de la nourriture ou du travail, et le langage, piégé, produit un rire complice entre initiés. Face à cette virtuosité linguistique, les éducateurs comme J. Luis Vivès recommandent aux dames de se retirer ou de se taire, mais la société nouvelle exige leur présence et elles ne sont point maîtresses des mouvements de leur corps. Rire ou rougir, c'est entre ces deux expressions non verbales qu'il leur faut choisir. Leur silence lui-même ne fait pas illusion : à défaut de la chose, les femmes goûtent l'équivoque des mots. Par la bouche de Francion qui feint hautement de réprouver l'emploi incessant du mot « foutre », Sorel prétend savoir combien il en coûte aux « belles dames qui ne [peuvent] sans rougir ouïr les choses qu'[elles aiment] le mieux ». Elles rient « en tapinois », « derrière l'éventail », « sous leur caperon » ou « dessous la manche ».

Rire ou rougir

La pudeur, simulée ou non, trahit le for intérieur ; elle dévoile la honte et fait obstacle au rire, mais la véritable innocence ne sait même pas ce que c'est que rougir. Les mots, pour l'ingénue, n'ont d'autre sens que ce qu'ils disent. Agnès est cette ignorante naïve qui ne soupçonne pas, durant trois actes, la duplicité du langage ; elle se tait ou répond à Arnolphe en quelques mots directs, elle ne rougit point lorsqu'on la questionne ni lorsqu'on lui suggère des pensées équivoques. Naïvement, elle admet que la douceur du discours d'Horace la « chatouille » et que « le dedans remue » (*L'École des femmes*, acte II, scène III).

Même son émotion n'a pas entamé son innocence. Il faut les insinuations grossières et le regard déconfit d'Arnolphe pour qu'elle devine que les enfants ne se font pas par l'oreille et que le mariage est une source de plaisir ; et ses silences sont désormais chargés d'une ambiguïté piquante. Les prudes précieuses retiennent leur rire au nom de la pudeur et s'offusquent.

CONTRAINDRE LE RIRE

Du point de vue de la stricte bienséance, elles n'ont pas tort : sous prétexte de ménager leur sensibilité, on sollicite leur imagination et on les contraint à lever le masque. Molière s'en amuse dans *La Critique de l'École des femmes*, où il oppose deux dames de qualité qui disputent de l'honnêteté de la pièce et du douteux « ruban » qu'Agnès a donné. L'une joue l'innocente en feignant de ne pas comprendre, l'autre renonce à feindre mais n'ose rire, « plus chaste de l'oreille que de tout le reste du corps ». La dissimulation est à l'œuvre chez l'une et l'autre, et toutes deux respectent à leur façon les règles de bienséance.

Si Pierre Bayle, critiqué pour certains articles jugés scandaleux de son *Dictionnaire historique*, se fait le défenseur d'une langue crue et « grasse », c'est qu'il la juge moins pernicieuse pour les mœurs que les pièges de l'indécence voilée : « une saleté grossière est moins dangereuse qu'une saleté exprimée délicatement. » Et tant pis si elles rient. Les femmes sont les meilleurs juges en l'affaire parce que la société réclame d'elles plus de pudeur et que leur modestie est plus menacée. Si elles se fâchent aisément contre les grossièretés, combien il est plus difficile de se protéger de ces coups obliques en se surveillant à tout instant :

> Il n'y a point de père qui n'aimât mieux que ses filles fussent obligées de rougir de quelque conte que l'on ferait en présence que si elles en riaient. Si elles en rougissent, les voilà sauvées, la honte rompt le coup de l'obscénité. Mais si elles en rient le coup pénètre. Or qui doute que si elles en rient, ce ne soit à cause que l'obscénité a été adroitement voilée, assaisonnée d'une finesse apparente. [...] La présence du beau sexe est bien cause que les obscénités n'y

entrent pas à visage découvert, mais non pas qu'elles n'y aillent en masque[1].

Rire et rougir sont étroitement liés, comme le feu et la braise. La rougeur trahit le rire intérieur, par où se dédommagent les filles les plus sages. Il en ressort qu'une femme qui écoute, empourprée, des plaisanteries scabreuses est elle-même indécente, blessée dans sa pudeur et sa chasteté ; d'où son exclusion des théâtres – à moins d'une loge grillée –, de l'opéra, des banquets, des salons de peinture, voire de la conversation scabreuse des salons où règnent les galants petits-maîtres ; l'« Ami des filles », Graillard de Graville, trouve là l'occasion de faire le procès de la civilité moderne qui se sert de gazes pour camoufler ses plaisanteries salaces (1761) :

> Rien ne m'a paru plus difficile pour une jeune personne que de conserver un maintien honnête dans les conversations. Aujourd'hui, l'homme aimable est celui qui sait débiter agréablement une polissonnerie ou voiler ingénieusement une indécence. C'est par une suite de cet abus d'esprit que l'on souffre dans les maisons, j'oserais dire les meilleures, des gens qui, sans égard pour des oreilles délicates, se plaisent à jouer sur les mots et à leur donner un tour équivoque. Si par hasard une jeune fille laisse échapper un sourire en entendant un propos libre, on soupçonne ses mœurs[2].

L'« ami des femmes », Boudier de Villemert, tient le même langage : « Les femmes ne doivent jouer, pour ainsi dire, que derrière la toile » (1758). Mariées ou non, les unes et les autres doivent se défendre jusque dans leur vie privée de trop de gaîté. Ce que Mme d'Épinay apprend à ses dépens lorsque déborde sur son visage le plaisir qu'elle prend à rire aux côtés de son époux : « Nous fûmes très gais au souper. Nous fîmes rire mon beau-père et la mère.

Mon beau-frère de Jully me plaisanta beaucoup sur la gaîté ; il m'embarrassa d'abord presque autant que je n'eusse été mariée. (Ma mère me regarda sévèrement.) Est-ce donc un crime, une indécence de regarder tendrement son mari[3] ? » La reconnaissance sociale et mondaine de la femme se fait au prix d'une aliénante rétention.

Quelle que soit l'époque, contraindre le rire relève d'un pari aussi impossible que s'interdire de rougir. La rougeur peut devenir elle-même l'objet du rire si l'on en croit le *Menagiana* qui rapporte que la reine Christine de Suède obligeait sa favorite un peu prude à lui lire à haute voix les passages les plus scabreux de Béroalde de Verville pour se divertir à ses dépens et en tirer ainsi un double plaisir : « La belle demoiselle n'eut pas lu trois lignes qu'arrêtée par les gros mots, elle se tut en rougissant ; mais la reine, qui se tenait les côtes de rire, lui ayant ordonné de continuer, il n'y eut pudeur qui tînt, il fallut que la pauvre fille lût tout[4]. »

Il s'agit là des caprices d'une reine, mais Montaigne se moquait déjà de ces éducations étriquées et pudibondes qui attirent l'attention sur ce qu'elles veulent cacher, comme celle que sa propre fille reçoit d'une vieille gouvernante scrupuleuse, embarrassée de prononcer le mot de « fouteau » désignant simplement un arbre[5] ! En fait, par tous les temps, la femme honnête et plus encore la mondaine savent rire quand il faut, avec goût et discrétion. En régnant sur l'imaginaire de tout un siècle, la piquante Ninon de Lenclos, avec sa verve spirituelle et ses « contes à crever de rire » figure encore pour l'esprit des Lumières le modèle enchanteur de la femme presque masculine par son pouvoir, capable de rire, de faire rire et de poser des limites aux jeux de l'esprit.

Rire et converser contribuent aux joies de la galanterie autant que l'amour lui-même. L'esprit fait tout pardonner. Mme de Sévigné ne craint pas de s'aventurer dans ces parages ambigus en laissant deviner comment la Brinvilliers s'est voulu tuer : « Elle s'est fiché un bâton, devinez où ; ce n'est point dans l'œil, ce n'est point dans la bouche ; ce n'est pont dans l'oreille ; ce n'est point dans le nez ; ce n'est point à la turque, devinez où c'est... » Et Tallemant des Réaux raconte qu'on l'entendit rire du bout de la rue pendant que se déroulait à deux portes de là l'inspection de Mme de Langey chez le lieutenant civil, pour motif de l'impuissance de son mari. Seules dans leur boudoir, à deux sur le sofa ou sur une ottomane, mais aussi en voiture ou à la promenade, beaucoup de Parisiennes excitent leur imagination en dévorant de petits romans sentimentaux ou galants : une fille de Louis XV, a-t-on dit, abrégeait la longueur des offices en lisant *Le Portier des Chartreux* de J. Ch. Gervaise de Latouche dissimulé sous la reliure d'un livre d'heures[6]. Mme du Deffand avoue bien à D'Alembert qu'elle a lu *Thérèse philosophe*, mais elle le prie de n'en point parler ! Et la Félicia d'Andréa de Nerciat (1775) encourage ainsi ses lectrices à lire et rire sans rougir :

> Voici mon très cher ouvrage,
> Tout ce qui t'arrivera :
> La plus catin (c'est l'usage),
> Au feu te condamnera ;
> Mais la plus sage... rira[7].

RIRES MASQUÉS

Lire pour rire sans doute, se délecter des récits galants peut-être, mais écrire ? Écrire des histoires lestes, c'est déjà se livrer au libertinage, aussi ne faut-il pas s'étonner que les femmes soient peu présentes dans un genre tout masculin susceptible de nuire à leur réputation. Les femmes de lettres de la Renaissance, souvent masquées, ont encore des audaces que n'auront plus les siècles suivants et, à moins d'être reine, l'opinion malveillante les traite volontiers de courtisanes. Louise Labé admet sans peine que « le plus grand plaisir qui soit après amour, c'est d'en parler[8] ». Mais il s'agit là plus que d'un passe-temps : en écrivant, elle redonne plaisir et consistance à des sentiments fugitifs ou perdus et gagne avec l'étude « contentement de soi ».

Les mots usés retrouvent leur vitalité sous sa plume. *Le Débat de Folie et d'Amour* (1555) est l'occasion d'un burlesque dialogue digne de la meilleure littérature facétieuse où les dieux frôlent le ridicule, où les allusions satiriques visent la société contemporaine et les sous-entendus gaillards percent continûment sous les échanges vifs. Derrière le portrait savoureux des censeurs chagrins qui ne connaissent rien à l'amour, on devine que la « belle Cordière » s'amuse à régler quelques comptes : « Quand ils entrent en leur maison, ils craignent que quelqu'un les regarde. Incontinent qu'ils sont entrés, barrent leur porte, serrent les fenêtres, mangent salement sans compagnie, la maison mal en ordre : se couchent en chapon le morceau au bec. Et lors à beaux gros bonnets gras de deux doigts épais, la camisole attachée avec des épingles enrouillées jusques au-dessus du nombril, grandes chausses de laine venant à mi-cuisse, un oreiller bien chauffé et sentant sa graisse fondue : le dormir accompagné de toux, et autres tels excréments dont ils remplissent les courtines... » (V^e^ discours). L'étude des bouleversements de la passion est conduite en phrases rapides et efficaces, le point de vue féminin se déclare ouvertement, expert en détails, jusqu'à proposer aux femmes quelques amusantes recettes de séduction, y compris des conseils vestimentaires.

Avouer le désir, parler de la jouissance physique, s'emparer des rôles masculins, se moquer allègrement des hommes ont toujours un parfum de délicieuse transgression sous une plume féminine, comme une brèche dans le réel par où se vide la querelle des sexes. Aussi les rares auteures femmes se cachent-elles souvent derrière un pseudonyme ou sous l'anonymat, à moins qu'elles n'empruntent leur code aux hommes pour jouer avec les stéréotypes. Tout comme il y a un plaisir masculin à se travestir et éprouver les émotions d'une narratrice féminine, il y a une malice féminine symétrique à décaler et retourner les règles masculines en présentant des portraits d'amoureuses à la fois conformes et subtilement contraires aux conventions.

Madame Jeanne Flore, auteur de *Comptes amoureux* composés entre 1530 et 1540, a su si bien protéger son mystère qu'on ne sait toujours pas aujourd'hui qui se cache derrière le pseudonyme : une femme, peut-être d'origine lyonnaise comme Louise Labé et très au fait de la production italienne, un homme érudit, un groupe de lettrés, hommes et femmes mêlés compilant et remaniant plusieurs histoires ? G. A. Pérouse[9] qui étudie le recueil, un recueil sans doute lacunaire, n'exclut aucune hypothèse et, selon qu'on voudra croire en un auteur féminin, masculin ou collectif, on y verra un manifeste féministe légitimant les demandes amoureuses de femmes assumant leur sexualité, une parodie à l'égard de ces mêmes revendications, ou encore une satire ironique de la « Querelle des femmes » alors très vive, qui grossirait ses traits pour mieux en rire.

Il s'agit peut-être, au sens strict du titre choisi, de régler des « comptes ». Si l'on a volontiers remarqué que les héroïnes, réputées hautaines et coquettes, sont affectées par les défauts ordinaires d'une misogynie latente, bien des thèmes tels que la jouissance physique, l'éloge de la jeunesse, la beauté des corps et l'art de la séduction relèvent autant des fantasmes masculins que des aspirations féminines. L'auteur, quel qu'il soit, a joué facétieusement de ces deux registres en se présentant délibérément comme une femme[10].

Selon le cliché d'usage, la conteuse présente modestement ses excuses d'user d'un langage « rude et mal agencé » : « c'est œuvre de femme. » Dans l'épître liminaire elle s'adresse à sa cousine, Madame Minerve, et mentionne, à côté de huit auditrices amies, un public plus large de jeunes dames qu'il convient, au moment des vendanges, de délecter par de joyeux récits. Le propos général, d'inspiration « boccacienne », prend pour cible principale les mariages mal assortis ; il incite « les amoureuses dames » à répondre aux invitations de leurs serviteurs et à écouter l'appel de la nature, c'est-à-dire leurs instincts, en se débarrassant au besoin de leur vieux et répugnant mari. Pour tenir en haleine cousines et amies, l'auteur puise à de multiples sources, récits mythologiques, nouvelles italiennes parfois traduites littéralement, merveilleux médiéval, pastorale, farce triviale, contes d'horreur.

L'ensemble dénote une vaste érudition, plein d'archaïsmes voulus et de traits forcés jusqu'à la caricature, comme autant de clins d'œil au lecteur averti qui doit déceler l'ironie cachée derrière le processus de réécriture des grands mythes. Les situations stéréotypées mettent en scène la loi du plaisir – une jeune femme est mariée à un vieillard jaloux, une demoiselle trop fière repousse son amoureux, un prétentieux Narcisse rejette une Écho éplorée, une jeune fille à force d'écarter les prétendants doit se contenter d'un barbon – tandis que la langue savoureuse joue avec les expressions imagées, les mots crus, les détails concrets et souvent érotiques.

Priorité est donnée à la gaîté, à l'amour, à la jeunesse, aux beaux jardins et aux bons repas : ici Jeanne Flore nous décrit la robe moulante de Rosemonde qui laisse entrevoir toutes ses formes, là elle évoque « les actes que font les jeunes amoureuses couchées avec leurs jeunes amis » et les efforts des épousées pour parvenir à « exciter les membres prosternés et endormis de sa vieillesse énorme et sans vigueur », là encore Zéphir soulève une chemise et fait voir une chair blanche et ferme, haut de la cuisse et la rondeur du ventre ; là, le puant vieillard est ridiculisé avec ses dents pourries de vieux bouc et ses baisers baveux qui laissent leurs traces comme les limaces. Les méchants sont les barbons tandis que les jeunes gens, « poitrine forte et pleine de chaleur, bras non rudes au délicieux exercice d'amour », sont pleins d'ardeur.

INVERSION DES RÔLES

Tout à l'inverse de la tradition courtoise, il arrive aux filles de faire les avances et d'avoir l'initiative de la déclaration. Le rire de liesse récompense leur foi en l'amant, « les dames tant gaies par l'instinct amoureux » ne sont jamais déçues, tandis que la fille restée vierge se contient difficilement et périt de langueur. Les auditrices rient entre elles, indifférentes à toute autre morale que les lois de la nature et la finalité du plaisir ; à mesure que les contes avancent, on assiste aux activités festives de la petite société, danse et banquets : les devisantes invitent les jeunes gens à leur faire visite et les prient de rester à leurs côtés durant la nuit ! Avec des maladresses feintes ou réelles, l'auteur revendique une parole féminine. Peut-être cette parole reflète-t-elle les fantasmes d'un auteur masculin travesti, mais elle est destinée aux femmes pour qu'elles rient, et nul doute qu'elle ne contribue à leur allégresse en créant un climat enjoué et libre.

Si le mystère demeure épais quant à l'identité de Jeanne Flore, les suppositions variées entourent également l'auteur de cette piquante petite nouvelle intitulée « La Ruelle mal assortie, dialogue d'amour entre Marguerite de Valois et sa bête de somme[11] ». En raison de son titre, la Ruelle a été, dès sa publication au début du XVIIe siècle, attribuée à la reine Margot, et même si cette attribution est aujourd'hui contestée, elle n'en demeure pas moins révélatrice quant à l'écriture du rire et du désir féminins.

En fait de dialogue, il s'agit plutôt d'un monologue aux effets comiques, qui renverse le discours amoureux et retourne les rôles, car la reine ne laisse jamais la parole à son soupirant Peton, transi d'amour et incapable de s'exprimer autrement que par monosyllabes ou bégaiements : « Je viens quand vous me mandez venir... Je suis captif et dépends de vos volontés... Je prendrai patience en mon tourment. »

La voix féminine du discours érotique assume le statut dominant dévolu à la voix masculine, réduite ici à acquiescer : Margot prend l'initiative, elle dit ouvertement son désir, un désir émancipé de tout sentiment et que ne sauraient suffire à satisfaire les paroles les plus soumises et les plus galantes ; lorsque Peton veut s'expliquer, elle lui coupe la parole ou le parodie ; à coup sûr elle ne croit guère aux vertus de la conversation, et elle en rit, sûre de son pouvoir de femme et de son pouvoir de reine : « Approchez-vous donc, mon Peton, car vous êtes mieux près que loin. Et puisque vous êtes plus propre à satisfaire au goût qu'à l'ouïe, recherchons d'entre un nombre infini de baisers diversifiés, lequel sera le plus savoureux pour continuer. Oh ! Qu'ils sont doux et tout maintenant assaisonnés pour mon goût ! »

La libre expression du plaisir est, dans le code amoureux, un attribut viril : monde renversé où la femme – ici une reine – revendique l'initiative pour les femmes, puisque l'amant, Peton, n'est rien d'autre qu'un reflet de son discours et de son désir tandis qu'elle incarne l'envers de la puissance masculine.

L'ARME OU LA PLUME

Prendre la plume serait-il un complément, ou au moins un substitut de l'activité sexuelle, une affirmation de l'égalité des sexes ? Plus souvent masquées qu'à visage découvert, les femmes auteurs réclament leur autonomie sur ce double registre. Les hommes leur concèdent le droit d'écrire de jolis madrigaux ou des romans sentimentaux. Mais ils leur contestent la capacité intellectuelle et surtout la puissance nécessaire pour parler d'amour et atteindre le tempo de la vraie passion. L'abbé de Choisy parle de leurs « petites façons » et d'« une certaine mollesse naturelle[12] ».

Rousseau, qui préfère les voir pleurer avec Julie, juge que la plupart de leurs écrits sont « jolis et froids comme elles » « plus sensés que passionnés », dignes des petits-maîtres qu'elles côtoient. Leur exubérance n'est qu'une agitation de surface : « Elles peuvent réussir aux petits ouvrages qui ne demandent que de la légèreté d'esprit, du goût, de la grâce, quelquefois même de la philosophie et du raisonnement. Elles peuvent acquérir de la science, de l'érudition, des talents et tout ce qui s'acquiert à force de travail, mais ce feu céleste qui échauffe et embrase l'âme, ce génie qui consume et dévore, cette brûlante éloquence, ces transports sublimes qui portent leurs ravissements jusqu'au fond des cœurs manqueront toujours aux écrits des femmes[13]. »

Et les romancières souscrivent elles-mêmes à ce jugement en se faisant passer pour de modestes dilettantes, selon leurs caprices et sans prétendre à être lues. L'écriture-femme, pour reprendre l'expression de Béatrice Didier, est une sorte d'écriture-babillage, semée de mots vifs et de jolies saillies. Ainsi Mme Riccoboni, dont les analyses fines n'ont rien à envier à Marivaux, fait-elle dire à Marianne dès les premières lignes :

> J'écris pour vous, je vous ai promis la suite de mes aventures, je veux vous tenir parole ; si cela déplait à quelqu'un, il n'y a qu'à me laisser là. Au fond j'écris pour m'amuser, j'aime à parler, à causer, à babiller même : je réfléchis tantôt bien, tantôt mal ; j'ai de l'esprit, de la finesse, une espèce de naturel, une sorte de naïf ; il n'est peut-être pas du goût de tout le monde, mais je ne l'en estime pas moins ; il fait le brillant de mon caractère...

Mais tout en leur refusant une compétence intellectuelle, les hommes leur attribuent paradoxalement un savoir inné du libertinage et, par la même occasion, des mœurs corrompues ; ils s'offusquent de leurs audaces, ou font semblant : Tallemant des Réaux se dit choqué par les vers de Mlle Desjardins (Mme de Villedieu)[14]. De Madame Deshoulières, André Baillet écrit : « On dit qu'elle a une facilité merveilleuse ; mais que la bienséance devrait la porter à mettre des bornes plus étroites à certaines libertés qu'elle a prises, et qui ne s'accordent pas parfaitement avec la pudeur du sexe[15]. » À Mme de Murat on reproche « Des chansons dissolues chantées pendant la nuit et à toutes les heures / L'insolence de pisser par la fenêtre après une longue débauche[16] ».

Pour désamorcer les critiques, certaines romancières se couvrent parfois du masque de lettrée érudite et, sous couvert d'histoire, elles font l'éloge, comme Mlle de la Roche Guilhem avec son *Histoire des Favorites* (1697), ou Mme Bédacier et ses *Belles Grecques* (1712), des courtisanes du temps passé en se défendant de toute « expression qui puisse alarmer la plus sévère pudeur ». Mme Méheust, quant à elle, ose inscrire bravement sa signature sous l'*Histoire d'Émilie ou les amours de Mademoiselle de* (1732), en jouant d'un effet de scandale qu'elle feint d'atténuer dans une préface pleine de modestie : « Un jour, par un caprice assez naturel à mon sexe, je m'amusai à tracer quelques lignes sans dessein, sans plan et dans la seule vue de m'occuper… ».

L'auteur n'instaure pas de distance entre elle et sa narratrice Émilie, de sorte que la part qui revient à chacun des deux sujets reste floue[17]. Or Émilie est un don Juan en jupons, espiègle et sans tragédie : « Je n'ai ressenti que deux passions dans ma vie pour plus de cent que j'ai inspirées ; ce n'est pas trop et je me trouve raisonnable[18]. » Elle renvoie l'amant dont elle ne veut plus, l'oublie tout à fait lorsqu'il meurt dans un naufrage et triomphe de tous les chagrins grâce à une gaîté de petite fille folâtre ; car elle rit beaucoup en jouant des tours aux nonnes ou à ses galants.

L'amour gai et cynique au féminin évacue le sentiment et se suffit à lui-même, fidèle aux règles du genre libertin, mais il conserve une sorte d'innocence et dans toutes ses aventures, Émilie n'est jamais une calculatrice, seulement une femme qui réclame un peu d'indépendance. Le roman s'en tient à la vraisemblance en proposant une image crédible, nuancée, allègre, plaisamment immorale de la féminité – les personnages masculins n'ont par ailleurs aucune épaisseur. Mme Méheust évacue de son style les obscénités et s'attache à un ton élégant ; elle propose une sorte de contrat de lecture fait de séduction et de divertissement, ponctuée de rire léger. En définitive c'est le plaisir de l'écriture, le plaisir de parler du plaisir que défend la romancière dans la démarche libertine, beaucoup plus que le plaisir de transgression.

Elle se démarque de ses homologues masculins par une pudeur évidente, pudeur qu'elle agrémente par le détour d'une grâce ironique. Une gaîté légère, euphorique, serait-elle le caractère du roman galant écrit par une femme ? Les pseudos mémoires de Mlle de Charolais, *La Grivoise du temps*, dont on ne sait s'ils ont été écrits par la petite-fille de Louis XIV elle-même ou par un homme déguisé[19], ont ce caractère désinvolte et parodique qui donnc une large place au rire, un rire proche de la farce.

Mlle de Charolais, accouchant à la campagne pour cacher à la cour ses grossesses, éclate d'un rire gargantuesque, plein de vitalité, lorsque le médecin qui accompagne son travail la « chatouille où il n'avait que faire ». La drôlerie des situations, fêtes et beuveries, écarte toute perversité. Maurice Lever qui étudie le texte note l'historicité de nombreux détails mais ne croit guère à l'authenticité de la confession : les femmes, fussent-elles princesses, s'aventurent rarement dans la littérature directement licencieuse.

Rire amoureusement : un poncif romanesque de la littérature érotique ou galante à travers les siècles. Watteau a étudié par dizaines les rires et sourires de femmes qu'il dessinait à trois crayons et disséminait à toutes les places et dans tous les sens de son papier bistre. Ces rires longtemps interdits par la bienséance font la séduction des portraits dont ils animent les traits, comme la Bacchante aux roses de Carpeaux ou la charmante Mademoiselle Mayer de Prudhon, mais ils sont encore rares au XIXe siècle. Proust, renouant avec d'antiques images de la poésie grecque, évoque ainsi le long rire de Gilberte, « glissant comme une ondine », émergeant de la profondeur marine, illuminant soudain son visage, rire mystérieux et ambigu qui se substitue au langage et parfois le brouille ; le rire est toujours un mystère, une langue à déchiffrer : « Alors je sentis ce qu'il y avait de douloureux pour moi à ne pouvoir atteindre cet autre plan, plus insaisissable, de sa pensée que décrivait son rire[20]. »

Rires enchanteurs, rires candides, sourires de coquettes qui s'offrent et se dérobent, qui promettent la joie du corps mais aussi qui se moquent. Rires crépitants nés de la chaleur du sang et du plaisir, rires sincères du bonheur de l'instant, cris aigus des filles chatouillées. Rires gras et franches rigolades complices. Rires avides et menteurs des courtisanes jouissant de leur fortune et leur pouvoir. Les rires et sourires de l'amour s'étalent sur les visages des femmes à travers les arts ; ils sont inséparables du plaisir et ils appellent les hommes à les partager. « Princesses, nommez-nous bergers de vos sourires »...

Rires d'élites et rires populaires

« Je suis bien fâchée que vous ne vouliez plus rire de rien d'inconvenant, car cela entretient la gaîté, et la gaîté entretient la santé et la vie » (Lettre de la princesse Palatine à sa tante la duchesse de Hanovre, 9 mars 1710). Quelles qu'aient été les prescriptions des manuels de savoir-vivre, les femmes ne craignent pas de faire entendre leurs éclats de rire lorsqu'elles se retrouvent entre elles, au lavoir, au marché, à l'atelier, au réfectoire et jusque dans la cour de prison, partout où leur bavardage échappe aux oreilles masculines, et où elles peuvent se gausser sans risque devant le spectacle d'un monde fait par et pour les hommes.

Guindée dans un salon, l'honnête bourgeoise elle-même, la « femme comme il faut » renonce à la pruderie pour pouffer avec l'amie de cœur. Les reparties promptes et coquines pétillent, le rire contagieux ricoche de proche en proche au point d'oublier ce qui en fut la cause. Veut-on les faire taire, les plier à la raison ? Leur imagination les entraîne, elles parlent et rient de tout, se racontent des potins, des histoires scabreuses : assemblées des femmes aux langues bien pendues, qui effarouchent les hommes et dont les observateurs ont fait remarquer qu'à côté d'elles, les réunions masculines mériteraient un certificat de bonnes mœurs[1].

LE CAQUET DES FEMMES

Le corps ne perd jamais ses droits et dans un contexte où la vie est pleine de menaces, le rire est une soupape à la violence, à la précarité économique, à l'avenir incertain, aux accouchements périlleux, à la mort enfin. Beaucoup de disputes criardes s'achèvent dans la maisonnée en chansons et en fous rires irrépressibles. Les solidarités, l'entraide dans le quartier font les complicités. Si l'on connaît mieux les injures et les coups recensés par les tribunaux que les réconciliations autour du pot, on sait aussi, grâce aux fabliaux, que beaucoup de querelles conjugales s'achèvent sur l'oreiller !

Quel homme vengerait son honneur au risque de devenir l'objet des quolibets de la communauté villageoise qui ne perd jamais une occasion de s'amuser ? Ils ne l'ignorent pas : les caquets des femmes ont vite fait de ridiculiser les jaloux. L'*Heptaméron* de Marguerite de Navarre, les *Récréations* de Bonaventure des Périers, les facéties de Cholières, de Bouchet ou du Fail et tous les contes à rire des XVe et XVIe siècles, écrits pour la plupart par des hommes, sont truffés de ces fous rires de bonnes femmes qui s'esclaffent autour d'inévitables histoires de cornes et de cocuages, et qui pouffent jusque dans l'église sous le nez du curé…

Rien de diabolique dans ce rire spontané et plein de bonne santé. Il n'est pas là pour corriger les mœurs, il ne cherche pas de résultat, même s'il est parfois insolent. La santé mentale et la santé physique sont du côté du rire, un rire salutaire dont les médecins Laurent Joubert et Ambroise Paré disent qu'il « recueille les esprits et aide à la digestion » et qu'il a raison de la mélancolie.

Les bons pères jésuites eux-mêmes, François Garasse, Étienne Binet, Pierre-Juste Sautel, auteur d'une pittoresque *Marche funèbre d'une puce* (écrite, il est vrai, en latin), n'hésitent à pas à faire du rire le plus excellent des médicaments pour lutter contre l'acédie et consoler les malades qu'ils accompagnent dans la direction spirituelle[2]. Les petites histoires de fous rires thérapeutiques, le rire du médecin, ou du singe mimant le médecin, circulent dans les recueils de nouvelles du XVIe siècle et trouvent également leur place dans de sérieux traités du XVIIIe siècle, chez Poinsinet de Sivry par exemple[3].

Le médecin Gatti s'en est fait une méthode : « Il ne connaît que deux points essentiels : de tenir le malade gai et de l'exposer le plus possible au froid. » Il guérit ainsi de la vérole Mme Helvétius, en se livrant à des « cabrioles » et à « mille polissonneries » pour la faire rire[4]. La thérapie du chatouillement régulant les humeurs est une invention des Lumières, que recommande le célèbre médecin Tissot pour les constitutions faibles comme celle des enfants, ou des femmes[5]. Le corps entier retire des fruits de ce rire spontané : le « fluide sensitif » à la source de la joie active toutes les fonctions, polit la peau, rosit les joues, affermit les muscles, répand sa chaleur, de sorte que « la vie brille dans la machine[6] ».

Au-delà du discours, que peut-on savoir du rire quotidien des femmes et comment ses échos nous parviennent-ils ? Comme les « paroles envolées », il se laisse difficilement saisir. Il trouve son terrain de prédilection dans certaines formes de sociabilité, fêtes, assemblées féminines, réjouissances privées et bals publics. Les bourrées, la goignarde font fureur en Auvergne et dès le printemps, « l'on se dégogne extrêmement », note Mme de Sévigné en cure à Vichy fin mai 1676 : « Il y avait même un grand garçon déguisé en femme qui me divertit fort car sa jupe était toujours en l'air, et l'on voyait en dessous de fort belles jambes. » Les cabarets sont surtout fréquentés par les hommes mais certains y amènent aussi leur femme. Tout est occasion de rire et chanter[7].

LES LIEUX DU RIRE

Ces fêtes joyeuses de village où s'amusent ensemble filles et garçons peuvent parfois dériver en bagarres ou en étreintes défendues, par excès de boisson : ire et rire ne sont pas toujours très éloignés. Les prélats rigoristes, les curés en chaire mènent alors l'offensive contre la fréquence et les désordres des fêtes, dont beaucoup disparaîtront au cours du XVIIe siècle.

L'individu existe d'abord à travers un groupe. Les récits, les représentations variées de rieuses, matrones, servantes, viragos bouffonnes ou grenadières femelles, nous sont majoritairement parvenues par des voix d'hommes, aussi faut-il s'interroger sur cette charge comique, souvent sarcastique, qui pèse sur elles et qui révèle surtout les frustrations masculines : peurs d'hommes et caquets de femmes, la pelote est difficile à démêler. On doit également se demander comment le rire féminin s'inscrit au cœur de la confrontation entre culture populaire et culture des élites, cadre traditionnel de l'historiographie du rire depuis les thèses novatrices de Bakhtine, qui voyait dans le rire carnavalesque du Moyen Âge à la fois une victoire sur la peur et une force de subversion proprement populaire face aux discours acculturants et aux usages répressifs de la bienséance[8].

Les complicités entre femmes traversent les milieux sociaux parce que la solidarité de sexe l'emporte sur l'antagonisme de classes. La maîtresse rit volontiers avec sa soubrette : la servante qui habille, lave, range, écoute les confidences n'ignore rien des petits secrets de la maison et met ses ruses au service de celle qui la nourrit[9].

Le rire brouille les frontières et les conditions : le voyageur suisse Béat de Muralt note avec surprise en 1725 que les élites françaises partagent volontiers la joie du peuple[10]. Question d'époque. Il est probable que la vigoureuse constitution des femmes du XVIe siècle goûtant l'âpre saveur de la vie se prêtait mieux aux farces que les minauderies des précieuses ou les vapeurs des salonnières : à mesure que le modèle aristocratique a étendu son empire, les élites se sont repliées sur elles-mêmes en se coupant des forces truculentes du peuple, et le rire, réfugié dans la culture populaire, s'est à l'évidence progressivement écarté des sphères officielles. Avec Béat de Muralt, on peut toutefois se demander si la femme n'a pas servi plus longtemps de « passeur » en endossant une part de spontanéité, de légèreté impudente et d'irresponsabilité. En fait, le rire demeure un lien essentiel de la sociabilité. Les couches cultivées de la société, hommes et femmes, ont participé plus longtemps qu'il n'y paraît aux fêtes populaires et le dialogue n'a jamais cessé entre le grotesque facétieux et régénérateur, qui célèbre le corps à travers ses fonctions vitales, et une conception plus spirituelle, plus distanciée du rire.

JOYEUSES COMMÈRES

Le rire renvoie à une manière d'être ensemble. Deux personnes qui rient de concert ne peuvent être des ennemies. Contagieux, le rire jette un pont entre les sexes dans une brève folie collective qui renforce le sentiment d'appartenir à une communauté. Il peut s'exercer à l'encontre d'un membre du village – pas dc groupe sans « pâtiras », notera Balzac – ou spontanément à l'occasion d'une situation incongrue : rire d'exclusion ou rire d'accueil.

Il a ses rituels festifs et ses bouffées quotidiennes selon les diverses instances de sociabilité. Ses formes multiples s'inventent à partir de traditions de bons mots, chansons à boire, sermons joyeux, farces, arlequinades, recueils de facéties, comédies, littérature de colportage, livrets carnavalesques, œuvres poissardes, jeux sur la place publique. Puisant dans un matériel oral ou s'alimentant aux sources littéraires, il fabrique et transmet des stéréotypes comiques qui perdurent à travers les siècles, mais qui ne seront pas perçus de façon identique selon les situations et les époques[11].

Les deux sexes rient probablement des mêmes histoires et des mêmes plaisanteries, fussent-elles grivoises. P. Nykrog[12] a montré, pour le fabliau du Moyen Âge, que le rire devant le comique obscène ne sépare pas les classes entre elles, ni les sexes l'un de l'autre : des femmes de forgerons et de pêcheurs ou des filles de vilains peuvent s'offusquer de mots bas dont s'accommodent très bien les oreilles féminines aristocratiques – les contes obscènes sont surtout destinés à l'élite sociale – et dans la plupart des cas, la pudeur des femmes se révèle de pure forme ; paysannes ou grandes dames, elles rient sous cape et les effets bénéfiques du plaisir sont partagés par tous.

Le succès des farces et des comédies qui traitent de mésaventures conjugales et de la vie quotidienne s'explique en partie parce que, tout en s'adonnant à une satire vengeresse à l'endroit des femmes, les deux sexes en prennent également pour leur grade, maris cocus et contents, épouses acariâtres, paillardes et menteuses ; et si les femmes ont le plus souvent le dernier mot, les maris réussissent en fin de compte à se venger discrètement. La vie est une farce où hommes et femmes sont tour à tour joués, l'art du fabliau résidant dans le respect de l'équilibre entre les sexes.

À côté d'une culture orale largement partagée, des différences et décalages sont toutefois perceptibles, mais les témoignages oraux ou écrits sont minces. Les représentations littéraires qui décrivent les « assemblées des femmes », sont des constructions issues de l'imagination masculine qui en grossit délibérément les traits satiriques. Représentation et réalité se mêlent étroitement. Écarté du gynécée, l'homme a une certaine idée de la sociabilité féminine et c'est à travers ses propres inquiétudes, ses répulsions et ses désirs, qu'il forge le personnage de la rieuse, une babillarde impénitente, curieuse, se moquant des règles et surtout impudique.

La place du marché, l'église, le lavoir d'où il est exclu et au voisinage duquel il risque même d'être injurié, sont des lieux de rencontre chaleureux où les ménagères chantent et rient, mais aussi des lieux de revanche, des « laboratoires » de rumeurs et de ragots. La littérature du XIXe siècle fournira en abondance ces clichés de femmes fortes en gueule s'esclaffant entre elles, lavandières normandes glapissantes que peint par exemple Stendhal dans *Lamiel* et qui ne manquent pas une occasion d'apostropher le passant ou de ridiculiser le bourgeois, ou vigoureuses blanchisseuses professionnelles de l'*Assommoir* qui gloussent au spectacle des fessées qu'échangent deux d'entre elles. La scène ne change guère pendant des siècles même si la ségrégation sexuelle, plus forte sous l'Ancien Régime, souligne davantage les différences.

Exclues des confréries masculines, professionnelles ou ludiques, les femmes prennent possession de la maison et se réunissent entre elles tandis que les hommes trinquent au cabaret. Le maniement du fil et des aiguilles ne suffit pas à brider la langue. À la faveur dc la promiscuité et de l'obscurité, le caquet des commères est une flèche redoutable trempée dans la médisance et la moquerie. Les vieilles édentées des *Évangiles des quenouilles* ne se contentent pas d'échanger quelques recettes d'herbes magiques, elles parlent du bon vieux temps, du mariage et de leurs amours : à leurs noms, Belote la Cornue, Perrette du Trou-punais, on devine que certaines furent autrefois des marchandes de luxure, et qu'elles connaissent encore tous les secrets du village. Moins exposées au changement et à la mobilité que les hommes, elles sont des « conservatoires » de traditions.

La parole des femmes garde la trace de ce qu'on voudrait taire ou oublier, et leur rire, gros d'irrespect mais aussi de bon sens, dévoile ce qui se cache derrière la façade officielle. Les ouvroirs, les soirées de tissage, filage ou cardage, les « escraignes » comme on dit en Bourgogne c'est-à-dire les assemblées de femmes au travail, sont souvent considérés par le curé du village comme pernicieuses en raison des commérages, farces et obscénités que les filles entendent.

LES VEILLÉES

Aux veillées, cadre de prédilection des conteurs, les espaces masculins et féminins sont assez peu étanches. Noël du Fail a décrit une de ces soirées champenoises qui rassemblent les gens du village chez un notable, Robin Chevet[13]. Tandis que les femmes filent ou raccommodent et que les hommes affûtent leurs outils, le bonhomme Robin, « le ventre tendu comme un tambourin, saoul comme Pataut, jasait le dos tourné au feu ». On chantonne, on écoute le récit d'une bonne histoire, et il y a fort à parier que le vin aidant, pendant que les uns s'endorment, les autres rient bruyamment…

Tabourot des Accords évoque également ces joyeuses soirées dijonnaises où les belles filles des vignerons, filant leur quenouille, reçoivent la visite de « varlots » amoureux : « quand l'escraigne est pleine, l'on dit une infinité de bons mots et contes gracieux », farces scatologiques et facéties sexuelles où il est beaucoup question de pets et dont le style ne ménage pas la vergogne des demoiselles : « Qu'est-ce qu'il faut faire pour ne pas sentir le froid – il faut porter un peu de merde dans un mouchoir près de son nez, car lors l'on ne sentira pas le froid mais la merde (*Contenu de l'assemblée des dames de la confrairie du grand Habitavit*). »

Les filles ne sont pas les dernières à s'esclaffer : « Chacun se prit à rire, spécialement les filles, les unes à gorge déployée, les autres plus resserrées couvraient leur râtelier[14]. » Des rires et un baiser récompensent le meilleur conteur[15]. Les classes d'âge sont mélangées. Les plus vieilles jouent volontiers avec les plus petits dont elles ont la charge, par une sorte de pacte entre leurs deux faiblesses : dans *La Peau de chagrin*, Balzac décrira cette gaîté immuable d'un village Bourbonnais, comme une « routine du bonheur » où « les petits enfants se rigolaient et les vieilles femmes parlaient en riant ». Les jeunes filles, curieuses, glanent des recettes et recueillent des confidences auprès des aînées : « Bouche jeune rit d'elle-même. » Mais l'évêque se méfie de la « veillée des jeunes » parce qu'elle lui paraît une ébauche de lupanar.

Selon leur caractère, les hommes craignent ces potins de mégères ou ils s'en amusent. Les premiers y puisent des arguments sur la mauvaiseté des femmes pleines de malices, les seconds sont complices de leurs petits secrets et se plaisent à raconter tout haut quelques bouffonneries : « Je suis content que devant les gens elles facent semblant de couldre ou de filer, pourvu qu'en destournant les yeux elles ouvrent les oreilles et qu'elles se réservent à rire quand elles seront à part elles. Eh mon Dieu, que vous en comptez de bonnes quand il n'y a qu'entre vous, femmes, ou qu'entre vous fillettes ! » commente Bonaventure des Périers, récréant lecteurs et lectrices avec de lestes histoires d'amour[16].

Les filles ne manquent d'ailleurs pas d'invention pour échapper à la surveillance maternelle. Bien que le folkloriste Van Gennep signale divers exemples d'associations féminines placées sous l'égide de sainte Catherine ou de sainte Agathe en Savoie, on n'a pas beaucoup de traces d'organisations et d'abbayes de jeunesse qui soient réservées aux filles dans le monde rural ancien. Rieuses et coquettes, elles se distraient en déambulant la main dans la main à la promenade.

Dans le Midi par exemple, exclues des tumultes de la jeunesse, elles se rassemblent en petites troupes pour danser et chantonner sous les ormes, tout en observant l'entourage. En Bourgogne, on signale des bandes de garçons, filles et jeunes mariés qui courent les veillées en se déguisant[17]. Les rues des bourgs, avec leurs joyeux spectacles de bouffons et leurs troupes ambulantes qui jouent des farces sans aucune censure, prodiguent à leur façon un enseignement vivant ; les « cris » des petits métiers ont des relents de grivoiserie joyeuse qui ne choquent personne : « Artichaut, artichaut, pour avoir le cul plus chaud ! » L'opinion bon enfant approuve cette gaîté naturelle, signe de santé et de bon caractère : « À chanter, rire, danser, on ne peut mal penser », dit un proverbe.

Comme les *Évangiles des quenouilles*, les *Caquets de l'accouchée* ne sont pas une simple figure littéraire inventée par un esprit misogyne ; selon une vieille tradition facétieuse, ils composent une satire assez fidèle, entre fiction et réalité, roman et reportage, de ces assemblées de femmes oisives à la langue bien pendue réunies dans la ruelle de la nouvelle accouchée. Le récit est prétendument rapporté par le cousin, un homme qui s'est caché derrière un rideau dans le cabinet attenant à la ruelle, et qui soigne sa mélancolie en écoutant les joyeux devis des commères. La mère de l'accouchée se tient au chevet de sa fille, laquelle vient de mettre au monde son septième enfant, et toutes deux reçoivent dans leur logis de la rue Quincampoix, la « rue des mauvaises paroles », les femmes du quartier, femmes de tous âges et de toutes classes sociales : soixante-seize interlocutrices différentes, dont sept appartiennent à l'aristocratie, treize sont mariées à des officiers du roi et gens de robe, deux sont désignées comme bourgeoises, une douzaine vient des milieux du commerce ou de l'artisanat.

Chacune des visiteuses parle le langage de sa condition et égratigne ses proches. Rien ne leur échappe des rumeurs locales, mariages, carrières des maris, argent, politique, insécurité. L'une se plaint de ce que de la fortune de son père, il n'est pas resté « du fil à lier un boudin » ; une autre se moque d'un prélat qui passe des heures à arranger sa barbe ; une vieille édentée fait de l'esprit sur les saints que l'on canonne au lieu de les canoniser ; la prévarication des officiers du roi et la cherté des vivres font l'unanimité des quolibets. On frôle souvent le propos licencieux par glissements sémantiques et ces dames éclatent d'un si grand rire « qu'il semblerait, à les entendre, que ce fussent des ânesses dans un pré qui brayassent pour être couvertes. »

Une abondante collation est apportée par la servante, ce qui ajoute au plaisir partagé, et tous ces joyeux devis s'égrènent huit jours de suite, dans la plus absolue liberté : « Ça ! Ça, beuvons ! Le temps le permet, et puis nos maris n'y sont pas ! » Après quoi les amies se séparent et l'accouchée rit à gorge déployée sur les travers de chacune de ses visiteuses en compagnie du cousin sorti de sa cachette. L'auteur, avec un peu d'envie, se délecte de ces caquetages, et son antiféminisme n'épargne aucune catégorie sociale : « Aprestez vos gorges pour rire / de ce que j'ai voulu descrire / La matière est si triviale / Qu'il n'y a sujet qui l'egale / Pour prendre son contentement. » Publiée en feuilles volantes en 1622, la satire eut beaucoup de succès : *La Seconde Après-dînée du caquet de l'accouchée* constitue un deuxième volet auquel d'autres succèdent. Le recueil complet porte un sous-titre de réconciliation : « Au temps de ne plus se fâcher ». Plusieurs fois réédités, les caquets furent également souvent imités.

POUR DE RIRE : LE CARNAVAL

De cette sociabilité féminine, gouailleuse et insolente, les écrivains ont toujours été friands, et ils s'en servent volontiers comme ressort comique pour dénoncer explicitement l'ordre établi. Les assemblées de commères ne peuvent qu'incarner un « envers » de la société. Depuis qu'Aristophane a représenté des femmes du peuple s'emparant du pouvoir ou décidant la grève des sexes, les assemblées féminines fournissent un contre-modèle à l'univers hiérarchisé, masculin, des dirigeants, gentilshommes et courtisans ; et comme elles gouvernent par leurs rires et par leur corps, leur autorité n'est jamais qu'une parodie. Contagieux, explosif et souvent extravagant, le rire donne la preuve de leur faiblesse de cerveau, et du coup il légitime leur assujettissement. Mieux : le « bon rire féminin », capable de résister à la violence exercée par les hommes, a aussi l'utilité d'interdire toute victimisation et en dernier ressort de cautionner l'ordre établi. Le rire, potentiellement anarchique, ménage, au cœur des rapports de force, récréation et plaisir.

Dans les villes, la période du carnaval qui réunit la com munauté du bourg officialise ce monde à l'envers où les sociétés joyeuses, tout en brocardant le pouvoir officiel, obéissent en fait à des règles destinées à perpétuer les valeurs de la communauté : de nombreuses études ont montré que la fonction du rire n'est pas de contester la subordination hiérarchique, mais plutôt, par un rituel d'inversion, d'en dire l'unité et la continuité. Pendant quelques jours, le corps a tous les droits, on se gave à s'en rendre malade, on se jette des ordures à la figure, on barbouille les vêtements d'excréments, on danse jusqu'à l'épuisement. La hiérarchie est nivelée, le seigneur s'habille en manant et l'homme se déguise en femme – mais l'inverse est une exception. Les compagnies joyeuses, avec leur cour de gardes et d'officiers, miment les instances du pouvoir en portant des masques et des bonnets d'âne à grelots.

Quelle place les femmes tiennent-elles officiellement dans cette frénésie de jeux, de désordres et de mangeaille ? On sait que la Mère Sotte, la Mère Folle, la Mère d'Enfance, les principaux « dignitaires » des fêtes et les bandes de « fous », étaient au moins dans les temps anciens, joués par de jeunes gens travestis – on a même le cas d'un curé se déguisant en femme pour participer aux fêtes du carnaval[18]. Les femmes marchent et paradent dans les cortèges, prennent part aux bombances et aux bals, assistent aux charivaris ; les ordonnances municipales qui règlent les mascarades s'adressent généralement aux deux sexes, ce qui indiquerait leur participation, au moins comme spectatrices. Dans certaines villes du nord, référence est faite à une journée qui leur est spécialement réservée, par exemple le jeudi précédant le mardi gras. À d'autres moments de l'année, fêtes de mai ou fêtes patronales de la ville, les quartiers élisent leur reine, une reine qui a tous les pouvoirs pour un jour, y compris celui de choisir son cavalier.

LA SANCTION DU RIDICULE

Dans beaucoup de spectacles carnavalesques, les femmes sont physiquement absentes, car il n'y a que des hommes sur les tréteaux ; en même temps, elles sont symboliquement omniprésentes dans la mesure où la plupart des jeux et travestissements reposent sur les conflits conjugaux. Les farces et sotties que jouent les jeunes gens en passant de taverne en taverne tournent en ridicule les patronnes, les jeunes filles, les épouses qui portent la culotte et qui plantent des cornes au front des maris cocus. Le public rit lorsque le corps féminin est moqué à travers les déguisements bouffons, les accouchements grotesques de petits monstres, les femmes virilisées et ridicules, les filles assimilées à des animaux.

Un jeu de Nuremberg représente des jeunes filles qui ne se sont pas mariées avant le carême et qui sont victimes d'un charivari : elles sont alors attelées à une charrue, ou encore couvertes de saumure comme des harengs pour les garder au frais[19]. « Le Mari subjugué ou le lai d'Aristote » brode sur le thème banal selon lequel même un philosophe très sage ne peut résister aux caprices d'une femme. La violence n'est pas loin du rire libérateur dès qu'il s'agit de montrer les femmes en folie, géantes et amazones déchaînées, créatures menteuses, clabaudeuses, querelleuses, qui cherchent des excuses pour ne pas accomplir le devoir conjugal mais qui sont insatiables dès qu'un garçon du village leur plaît. Les problèmes sexuels et d'autorité sont au cœur de ces saynètes, courte revanche où les hommes, souvent humiliés, retournent la situation en leur faveur en soumettant les récalcitrantes à grand renfort d'insultes et d'obscénités.

Le carnaval ne représente pas le désir féminin parce que celui-ci serait trop subversif. Alors que l'homme déguisé en femme fait toujours rire par ses gesticulations et imitations impudiques, le comportement inverse, la femme masquée et travestie, renferme un dangereux ferment de révolte, sa forme comique pouvant dériver, par-delà les symboles d'énergie et de fertilité, en lubricité, en désordre, et provoquer des réactions de misogynie : de joyeuses reines du carnaval, elles deviennent alors la cible de violentes critiques[20].

Le rire carnavalesque, pris en charge par le pouvoir officiel, introduit symboliquement, pour quelques heures, une égalité entre les membres de la collectivité et célèbre le renouveau de la vie et du printemps. Le but de tous ces jeunes gens est de se marier convenablement ; ils profitent des licences carnavalesques pour exorciser les dangers et faire savoir aux femmes qu'ils comptent bien tenir les rênes du foyer. Car malgré le rapport de domination, tel qu'il est légitimé par les discours juridique, clérical ou médical, le pouvoir masculin est constamment battu en brèche et détourné par les femmes. Exclues de l'espace public, elles exercent leur pouvoir de façon informelle ; elles règnent sur la nourriture, sur le foyer et elles possèdent des savoirs mystérieux que les hommes n'ont pas, si bien que pour beaucoup de décisions, les maris sont obligés d'en passer par elles.

UN RIRE QUI S'ESSOUFFLE

Décapantes et sans doute proches de la pratique quotidienne, les comédies de Shakespeare mettent en scène des rires féminins qui n'ont pas besoin de fête carnavalesque pour bousculer efficacement un certain ordre hiérarchique et écorner les idées reçues. Certes, Petruchio met au pas Catharina dans *La Mégère apprivoisée*, mais ce sont plus souvent de jeunes héroïnes pleines d'entrain qui mènent la danse : la Rosalinde de *Comme il vous plaira* ou la Viola de *La Nuit des rois* déguisées en garçon, la Rosaline de *Peines d'amour perdues* se gaussant des discours amoureux, la Béatrice de *Beaucoup de bruit pour rien* maniant sarcasmes et ironie, tout une galerie de filles futées et pleines d'allégresse, portant parfois crânement le costume masculin, se jouent des conventions et démasquent les préjugés sociaux.

Elles rient par envie de rire plus que pour faire la leçon : dans *Troilus et Cressida*, c'est la belle Hélène, responsable malgré elle de la guerre de Troie qui, en chatouillant le menton imberbe de Troilus et en découvrant un poil blanc incongru, ne peut s'empêcher de pouffer de rire : elle entraîne avec elle la tragique Hécube et tous les protagonistes du drame (I, 2). *Les Joyeuses Commères de Windsor* penchent franchement du côté de la farce carnavalesque et renversent les lois selon lesquelles ce sont les hommes qui disposent de l'autorité et les nobles qui commandent aux classes populaires.

Le malin et vaniteux Sir John Falstaff veut-il faire les yeux doux à d'honnêtes bourgeoises mariées depuis belle lurette, en espérant profiter du lit et de la bourse du mari ? Les deux objets de sa convoitise, Mistress Ford et Mistress Page, ne se laissent pas impressionner par ses rodomontades concupiscentes et complotent leur vengeance : le fanfaron tombe dans leurs pièges, achevant sa première tentative galante dans un panier à linge sale que des domestiques vont jeter dans la Tamise. Puis sa seconde aventure, assailli et rossé dans une forêt par de pseudo-fées : corps de courtisan, ventru comme une baleine et vaniteux comme un coq, devenu corps burlesque ridiculisé et humilié par la roture.

Ce sont donc les femmes, avec leurs solides vertus de ménagères, leurs boniments, leur truculence, leur goût de la plaisanterie qui prennent les initiatives dans l'univers domestique et trouvent une issue à la guerre des sexes ; si elles mettent à mal les prérogatives du mari elles prouvent aussi que les épouses peuvent vivre joyeuses tout en demeurant vertueuses : « Nous ne faisons pas le mal, nous qui rions et plaisantons » (IV, 2).

Joyeux caquets, fêtes populaires, processions bouffonnes : partout où « l'étincelle carnavalesque » brille et où la tradition gauloise écarte l'ombre moralisante de la pécheresse chrétienne et l'image idéale de la noble Dame, la femme est présente pour assumer le rire dans ce qu'il a « de bas, de trivial, de corporel, de matériel dans l'humanité »[21]. Parce qu'elles sont écartées du discours rationnel, leur voix « pour de rire » assume une parole qu'on n'ose pas dire, revendicatrice et gaillarde ; le ridicule ne les atteint pas car elles échappent aux règles sérieuses.

Confinées aux tâches ménagères, on ne les voit plus guère figurer en « participantes actives » dans les spectacles comiques. Lorsqu'elles apparaissent dans des troupes de théâtre itinérantes, elles font office de jongleuses, chanteuses ou acrobates, tandis que les rôles comiques féminins sont interprétés par des travestis ; elles ont d'ailleurs mauvaise réputation, souvent assimilées à des prostituées. Mis à part quelques rares actrices qui ont laissé un nom, ce n'est vraiment qu'à partir de 1630 que les femmes peuvent endosser les rôles de nourrices ou de servantes. L'Égyptienne chantante et dansante de la *Pastorale comique* de Molière est encore interprétée par un homme, Noblet l'aîné, en 1663.

Une exception cependant à ces généralités : la femme peut faire partie de ces fous ou folles « à gages » qui tiennent la marotte pour égayer le roi et ont mission de rappeler aux puissants la déraison du monde et l'incertitude du destin ; mais elles ont été rares et n'ont laissé que peu des traces dans l'histoire, telles « Madame de toutes couleurs » ou « Margot la Musette ».

À la charnière du XVIIe siècle, la folle Mathurine est restée célèbre : montée sur sa haquenée blanche et habillée en amazone d'un pourpoint velours vert, ce « troupier en jupons » court les rues de Paris, armée d'une épée. Mathurine représente beaucoup plus qu'une ribaude comique qui entretient les ragots : sous sa défroque burlesque, elle vend sur le Pont-Neuf, avec son compère Maître Guillaume, des petits libelles satiriques sur l'actualité, qu'elle compose elle-même ou que rédigent des personnages désireux de rester anonymes ; ses « mathurinades », parfois féroces, font rire le bon peuple de Paris dont elle incarne l'opinion.

Henri IV, qui apprécie ses grimaces malgré ses impertinences, la traite avec familiarité, il lui accorde places et cadeaux, en retour de quoi elle a largement contribué à établir sa légende[22]. La femme est trompeuse ? La Folle dit la vérité. Mais son métier ne lui survivra pas longtemps ; elle figure encore dans les comptes de Louis XIII et quitte la scène avant 1627. La compagnie de la Mère folle est dissoute en 1630. Des règlements de plus en plus sévères accablent les saltimbanques. L'heure n'est plus aux bouffons et à leurs loufoqueries, jugées contraires aux règles de l'honnêteté.

COLOMBINE, TOINETTE, NICOLE, DORINE, L'EMPLOI DE RIEUSE

Il faut cependant toujours des histrions pour dégorger la vérité crue. Lorsque la fête s'anémie, lorsque les fous professionnels disparaissent et que les personnages stéréotypés de la farce, matamores, naines et bouffons, s'effacent de la scène, d'autres voix comiques s'élèvent : l'emploi de rieuse est assuré par une figure montante, en marge des normes morales, médiatrice entre les couches sociales : la servante au parler vrai. Le stéréotype littéraire remonte à la comédie latine, aux farces médiévales et aux *zagna* du théâtre italien.

Ce sont en quelque sorte des rieuses professionnelles, éclatant d'un rire franc et spontané, ce rire inconvenant que les sociétés remises en ordre par la réforme tridentine ont renoncé à assimiler. Les servantes vivent sans interdit, elles jouissent d'une confortable sécurité au sein d'une famille qui leur témoigne confiance en échange de leur fidélité. Elles ne lisent pas, ce qui leur évite de devenir pédantes, sentimentales ou mélancoliques, et pour la plupart, elles n'ont pas d'intérêt propre à défendre, de sorte que leur fou rire est tout à fait libre. Jean Emelina a montré avec justesse que valets et servantes de comédie fonctionnent comme des figures de « double », assumant les pulsions inhibées de la maîtresse ou du maître[23].

Ces doubles incarnent « le principe de plaisir de la conscience infantile » avec ses appétits et sa joie de vivre, tandis que les maîtres sont accaparés par la vie mondaine et la gestion de leurs biens. Les valets et servantes « purgent » la classe supérieure de ses instincts bas et revendiquent les droits du ventre, rire, manger, boire, aimer.

Ce modèle général de la servante de comédie recouvre une grande variété de types et de situations, exploités par la comédie italienne alternant avec la troupe de Molière et l'hôtel de Bourgogne. Chambrières, dariolettes (du nom des suivantes du célèbre roman d'Amadis), domestiques, soubrettes, leur rôle évolue avec les changements de la société et les goûts du public. Un règlement de la Dauphine, Marie-Anne de Bavière, fixe en 1684 le nombre et les emplois des comédiens italiens, répartis par couples en douze acteurs, dont « deux femmes pour le sérieux et deux pour le comique », les premières ayant le rôle d'amoureuses et les secondes de servantes destinées à mettre leur ruse et leur hardiesse au service de leur maîtresse ; mais en pratique, le cadre n'est pas strictement respecté, les emplois s'entremêlent selon la personnalité des acteurs et le canevas des histoires.

Une des toutes premières, Catherine Biancolelli, brunette fine et délurée, triomphe dans le rôle d'une Colombine « follette » ou « folâtre », et une ribambelle d'interprètes égrillardes lui succède jusqu'en 1697, date du renvoi de la troupe italienne. La troupe de Molière a ses célébrités : la piquante Madeleine Béjart, la première de toutes, incarne une Dorine (*Tartuffe*) autoritaire et forte en gueule, et on sait ce que Mlle Beauval et Mme Bellecour ont ajouté de bonne humeur et de malice aux textes de Molière, en particulier au rôle de Toinette lorsque celle-ci vide les chaises percées (*Le Malade imaginaire*).

Tantôt les servantes tirent les ficelles de l'intrigue comique, tantôt elles ne sont là que pour désigner les ridicules en servant de contrepoint parodique aux conventions de leurs maîtres. Les unes sont plus espiègles, plus fraîches, plus désintéressées, les autres plus ambitieuses, plus galantes, plus cupides et rouées, stéréotypes de base sur lesquels ont brodé les auteurs. Les sujets comiques sont presque toujours l'argent et l'amour et leur rire est une bouffée de liberté : la jeune Colombine, présente dans les comédies françaises de Régnard ou Fatouville, a une expérience au-dessus de son âge[24] ; servante ou aventurière, elle a toujours la langue bien pendue ; le bon sens parle par sa bouche, celui d'une fille du peuple ingénue et pleine de santé qui plaide pour les droits du cœur et condamne les mariages arbitraires.

Les servantes de Molière attirent la sympathie par leur fonds de sagesse ; les irrépressibles « hi, hi, hi » de Nicole dans *Le Bourgeois gentilhomme,* le parler dru de Martine dans *Les Femmes savantes,* l'hilarité de Zerbinette lorsqu'un vieillard est rossé dans le fameux sac de Scapin, les rires sous capes des unes et des autres renvoient à une feinte simplicité d'esprit et à un conservatisme qui n'est point bêtise régressive mais bon sens devant les folies du monde. Leur hilarité, contagieuse, se communique au public et l'on rit d'autant plus librement qu'elles confirment le spectateur dans son sentiment de supériorité.

C'est par leurs mimiques, leurs pirouettes et cabrioles que les servantes font rire. Colombine émoustille le spectateur en soulevant ses jupes, elle fait la coquette, singe les démarches des protagonistes, se déguise, joue successivement plusieurs personnages ; elle tousse, crache, chante, éclate de rire en montrant largement ses dents, et accompagne ses répliques de bruits et de gestes effrontés. Dorine écoute aux portes, la Toinette du *Malade imaginaire* jette un oreiller à Argan, la Nicole du *Bourgeois gentilhomme*, la plus rieuse de toutes, s'est emparée de la maison, et sans se soucier des conséquences, elle pouffe au nez de M. Jourdain ; forte de l'appui discret de sa femme, elle redouble de sarcasmes jusqu'à l'insolence, de sorte que M. Jourdain doit faire front à ce double assaut. Martine régente la vie de Chrysale et fait la leçon aux filles prétendument savantes ; quelques-unes se battent sur scène[25]. La plupart, comme Toinette, sont présentes tout au long de l'intrigue et leur exubérance est communicative : l'avilissement joyeux du corps, l'évocation des fonctions digestives et sexuelles, les pitreries et acrobaties soulignent la distance avec le code des civilités, mais ce corps anarchique, épanoui et d'une imperturbable bonne santé, plaide pour la chaleur du rapprochement entre les êtres.

LES DÉLURÉES

L'excès même des clowneries garantit l'innocuité du message. Non moins efficace que les gesticulations, la charge comique réside aussi dans un franc-parler impertinent qui mêle les bravades aux railleries et sornettes. Tandis que dans le monde de la cour l'art de la conversation consiste à retrancher les mots bas et à cacher ce que l'on pense, au royaume des servantes les conversations triviales constituent l'échange ordinaire : Colombine évoque les coliques, lance des jurons et s'exprime en fille du peuple ; Dorine parle de « roter » et l'une ou l'autre lâche quelque plaisanterie graveleuse sur les clystères.

Des solécismes incongrus, des tournures grammaticales incorrectes, des patois, des jargons, des néologismes et des archaïsmes ridiculisent le beau langage, soulignant le fossé entre l'univers des valets et celui des maîtres, le premier tout de franchise et le second tout d'artifices. Une évolution est cependant sensible d'un auteur à l'autre : les grivoiseries et les sous-entendus érotiques font partie des ressorts comiques du théâtre italien jusqu'à l'indécence ; ils s'atténuent ou disparaissent chez Molière.

La Colombine de Régnard a le mot décapant pour se moquer des « hoquets de tendresse » de son soupirant, des avances d'un « chapon » de mari impuissant, ou encore des prétentions amoureuses de militaires au « cœur tout persillé de poudre à canon » qui ne sait que manier son pistolet ; les plaisanteries sont souvent d'un goût plus que douteux, ainsi lorsque la femme savante de l'*Académie des dames*, Mme Pindaret bien nommée, compose un madrigal « sur l'inconstance d'une maîtresse qui changea d'amant parce qu'il avait soupiré par le derrière »[26]. Les servantes glissent leurs commentaires tout au long de l'action. On ne peut ni les faire taire ni les abuser et leur rire leur vaut l'adhésion d'un public qui, sans y croire tout à fait, applaudit à leur bon sens.

L'univers des servantes et des valets fonctionne comme le monde à l'envers. La plupart des comédies sont une parodie de la vie de société, des mœurs du temps et même parfois de l'actualité politique. Le théâtre italien se moque avec verve des grands mythes amoureux à travers les passades de valets pressés, les riches veuves, ou les amours peu ragoûtants de vieillards pour des jeunes filles en fleurs. Ce sont les filles qui font les avances aux garçons, le déguisement favorisant l'inversion sexuelle ; la liberté amoureuse est presque totale ; mariage rime avec cocuage et libertinage. Aucun fondement psychologique ou moral n'est à chercher dans leur personnage : pas d'amour éthéré, ni d'honneur chevaleresque, mais une « muse folle et quelquefois grossière » (Paul Hazard), la simplicité des amours domestiques qui contraste avec les complexités sentimentales, sociales et financières des maîtres.

De l'union conjugale, les filles attendent la richesse et la liberté, car « on ne renonce point à ses amants quand on se marie », et Colombine affirme nettement ses droits d'épouse libre à son prétendant : « Vous savez, Monsieur qu'à Paris les femmes ne se marient pas pour garder la maison »[27] ; et d'ailleurs qu'importe puisque « l'homme est un animal qui veut être trompé[28] » ? Ce sont clairement les femmes qui ont du caractère, rient et détiennent le pouvoir tandis que les hommes sont efféminés. Signe des temps, à la fin du XVIIe siècle et surtout au XVIIIe, Colombine perd un peu de sa gaillardise pour devenir plus insolente, voire cynique, et elle influence ses consœurs françaises.

Sans illusion sur une société dissolue, consciente du pouvoir de l'argent et jouant sur la débauche des puissants, la soubrette met son expérience des hommes au service de la jeune fille ingénue pour lui éviter un mariage disparate avec un barbon jaloux. Le rire sur scène du théâtre italien peut parfois paraître scandaleux : immodéré, involontaire, souvent indécent, il perturbe le déroulement d'une pièce lorsqu'un parterre turbulent ose intervenir, crier ou huer pendant la représentation.

Le siècle des Lumières verra dans ces bouffonneries une scandaleuse atteinte à la raison. Holbach s'en offusque : « Nous avons vu, à la honte de la nation et de notre siècle, le théâtre auguste de l'Opéra profané par d'indignes bateleurs. [...] On rit à l'Opéra, on y rit à gorge déployée[29]. » Et ce genre de tumulte n'est pas rare.

Le rire gras

Dans la comédie de mœurs, le rire féminin ne résonne pas comme le rire masculin ; il scande les moments forts de l'action et son tempo vif donne tout son rythme au déroulement de l'histoire. Tandis que le valet reste balourd et n'est souvent que le double inférieur et grossier de son maître, la soubrette fine mouche des comédies de Molière jauge la situation d'un seul coup d'œil, intervient hardiment et sait profiter des occasions offertes. Elle a la langue bien pendue et se mêle volontiers de corriger ses semblables.

DE LA SERVANTE À LA POISSARDE

Avec ses nuances, l'emploi de la servante boute-en-train récupère une gaîté en voie de disparition et elle défend, pour sa valeur thérapeutique, un rire franc, naturel et populaire, opposé aux subtilités du bel esprit. Les soubrettes de Marivaux sont aussi fines et aussi élégantes que les dames de qualité, elles rivalisent de charme et d'esprit avec leur maîtresse au point que leurs amoureux s'y trompent ; mais elles ne perdent jamais la gaieté délurée qui leur vient de leur origine paysanne. La Lisette de Marivaux, jeune et piquante, a le génie de l'intrigue, mais elle est encore loyale et dévouée à sa maîtresse. Soubrette et maîtresse sont très proches l'une de l'autre, la première conservant plus de gaîté et de liberté d'allure que la seconde.

Tout comme Colombine est devenue chez Goldoni la spirituelle et romanesque Coralline, le modèle de la servante évolue avec le siècle. La Suzanne fiancée à *Figaro* a intériorisé les leçons de la grande dame même si elle conserve beaucoup de traits de ses devancières : Beaumarchais l'a voulue gaie, « adroite, spirituelle et rieuse » mais sans « l'effronterie de nos soubrettes corruptrices », précise-t-il pour se justifier. Son mariage avec Figaro est l'enjeu d'une intrigue qu'elle mène avec science et sa place dans la pièce est au moins égale à celle de Rosine.

Maligne, pétillante, un peu polissonne, elle a une façon d'aguicher les hommes avec un air de fausse ingénuité qui lui fait oser mille agaceries. Comme le montre l'étude de Maurice Descotes sur les grands personnages du théâtre de Molière à Beaumarchais, la réelle difficulté d'un rôle qui a fait le succès des plus grandes comédiennes (depuis Mlle Contat à Mlle George, de Mlle Mars à Berthe Cerny en 1906 et jusqu'à Béatrix Dussane, Micheline Boudet, Madeleine Renaud ou Rosy Varte) tient au fait que Suzanne ne quitte à peu près pas la scène d'un bout à l'autre du spectacle et qu'il lui faut soutenir la gaîté et le rire sans frôler la monotonie, « un rire qui n'est pas seulement, comme celui de Zerbinette, quasi mécanique, […] mais un rire plus solide, rire d'humeur naturelle autant que de défense contre toutes les menaces qui peuvent se présenter[1] ».

Elle réconcilie le rire du corps et celui de l'esprit et son épaisseur psychologique la distingue nettement de ses pareilles. Derrière le rire, derrière le masque souriant des fêtes galantes, pointe une lucidité sans pitié devant une société moribonde. Les soubrettes représentent le bon sens ; elles expriment la révolte des femmes contre l'injustice masculine, la moquerie contre les puissants. Parfois, elles sont davantage polissonnes et ne détesteraient pas devenir des entremetteuses.

Reste que ces servantes du XVIIIe siècle commencent à copier les simagrées des dames, et qu'elles rient d'une bouche sucrée et non plus de tout leur corps. Puisque les bourgeoises parlent comme des marquises et que les servantes minaudent, il faut chercher ailleurs ce bon rire explosif, inconvenant, régressif, qui suggère toujours l'image nostalgique d'un âge d'or de l'enfance et désorganise le réel. D'autres types féminins assument la fonction de transgression, et ce sont les émotions populaires des villes qui fournissent à l'esprit satirique ses modèles. Car le peuple sait seul rire, prétend le philosophe !

Sur le ton de l'« assemblée des femmes », les « poissardes », fruitières, ravaudeuses, écosseuses, regrattières, blanchisseuses, marchandes de la halle, deviennent le symbole carnavalesque et le porte-parole d'un petit peuple bon enfant qui n'a pas honte d'exercer les métiers salissants et qui a conservé le goût des pratiques festives, voire contestataires et grossières, face à la culture officielle.

Le style ou le mythe poissard, direct héritier de la veine burlesque du XVIIe siècle, a été inventé par les lettrés ; il transpose en figure littéraire le franc-parler et la langue verte du « peuple de Paris » étudié par Daniel Roche, et il cultive l'art carnavalesque de l'« engueulement », avec ses injures, ses phrases ordurières et ses rires obscènes. Les parades poissardes sont à la mode dans les salons parisiens où les rôles sont interprétés par des marquis et des marquises, et jusque sur le petit théâtre de la reine. Au salon de 1765, Diderot décrit avec un plaisir évident une belle poissarde peinte par Greuze, « avec son gros embonpoint, qui a la tête renversée en arrière, dont la couleur blême, le linge de tête étalé en désordre, l'expression mêlée de peine et de plaisir, montrent un paroxysme plus doux à éprouver qu'honnête à peindre ». On rit volontiers de Cataud la blanchisseuse, de dame Merluche ou de Mams'elle Godiche dont on copie l'accent grasseyant dans les dîners mondains que fréquentent Vadé et le comte de Caylus[2], et le peuple ne rit pas moins que les lettrés – mais sans doute autrement – de ces comédies bouffonnes, licencieuses, produites sur les boulevards au moment du carnaval, rapidement transcrites par la Bibliothèque bleue.

PAMPHLETS POLITIQUES

L'emploi de rieuse a encore devant lui de beaux jours. Les pamphlets poissards à visée politique prennent la relève des parades à partir du retour de Necker aux affaires, et jusqu'en 1793. Feuilletons et tracts, ces textes sont lus à haute voix ou joués sur les tréteaux de la foire Saint-Germain et ils s'adressent entre 1789 et 1791 à l'Assemblée et au tiers-état. L'imaginaire collectif se défoule à travers les stéréotypes burlesques de braves femmes gouailleuses, les poings sur les hanches, qui apostrophent le chaland, parlent l'argot, ponctuent leurs tirades de « sacredieu » et autres jurons, commentent l'actualité et s'abandonnent aux émotions fortes.

Margoton, la mère Saumon, la mère Duchesne, Mme Engueule, Mme Angot, dominent la fête révolutionnaire de leur voix braillarde[3]. Ce sont les dames de la Halle qui endossent les doléances et revendications de l'opinion à l'encontre des profiteurs du régime, pêle-mêle financiers voleurs, prêtaille et robinaille, médecins, chattemites du Parlement, commissaires et mouchards, marquises harnachées de plumes et de rubans. Ces pétitions railleuses, censées émaner de « la portion la plus intéressante du genre humain », gagnent en drôlerie à être féminisées.

Le langage y est direct, grossier et violent, parfois volontairement maladroit, dans le style stéréotypé d'une femme du peuple qui ne mâche pas ses mots et sait que son vocabulaire dru fait rire. La revue féroce des privilèges des grands est ponctuée de petites remarques sur le prix des œufs ou du pain, parsemée de fautes de français et de digressions qui rappellent qu'elles ne sont que de pauvres harengères ignorantes en train de « décharger leur rate » ; mais sous l'air négligé et le ton gaillard des caquets, dignes de Mathurine la folle, les tracts sont bien informés, bien écrits et bien composés[4].

Les dames de la Halle jouent trop bien leur rôle de mères sottes affranchies et impertinentes pour qu'on ne soupçonne pas, tenant leur plume, une main masculine : dans ce carnaval politique au service d'une idéologie toute différente du carnaval d'autrefois, les femmes assument toujours le corps grotesque selon la plus conforme tradition du rire, lié à la culture de l'aliment, du scatologique et de l'obscène. Bonne fille hilare, harpie vociférante sont l'envers et l'endroit du même stéréotype, femme qui dit vrai à la barbe des tenants de l'ordre et du pouvoir ; les « poissarderies » pérenniseront largement au-delà de la Révolution l'image de la femme de la rue aimant « la rigolade ». Pour le peuple en fête il n'y a jamais d'outrance : les débordements sont l'expression d'une énergie vitale. La verve triviale d'une brave Madame

Angot, reine des Halles singeant la grande dame mais fidèle à ses origines malgré sa réussite financière, renoue avec les personnages de la farce traditionnelle et conservera un public amusé jusqu'à la fin du XIXe siècle :

Marchande de Marée
Pour cent mille raisons
Elle était adorée
À la Halle aux poissons…
Très jolie, peu polie,
Possédant un gros magot,
Pas bégueule, forte en gueule,
Telle était Madame Angot.

DU CÔTÉ DES ÉLITES

Histoires de poissardes et de bonnes femmes, dira-t-on ! Mais les dames de la cour ne rient pas moins que les femmes du peuple. Immense est la galerie de ces duchesses ou princesses qui se délectent d'histoires salaces et dont le rire secoue les silences trop respectueux de l'Histoire. Une lettre de Pierre Bayle de 1696 se plaint de la liberté de leurs comportements : « Il semble que les femmes aient oublié qu'elles sont d'un autre sexe que les hommes tant elles cherchent à en prendre les manières, et tant elles se sont familiarisées avec eux… » Le travestissement n'est pas réservé aux carnavals populaires, il fait partie des jeux de la cour des Bourbons. Et Paris n'est pas une cité sainte.

Qui croirait qu'au tout début du XVIIIe siècle encore, l'église ressemble parfois à une scène de théâtre et que les prêtres n'hésitent pas à capter l'attention des fidèles en usant d'une séduction oratoire fondée sur le rire ? La princesse Palatine se fait l'écho de ces amusements destinés à attirer, durant le carême de 1702, un nombreux public parisien chez les capucins. « Il y en a deux en chaire. L'un contrefait l'athée et le vicieux, et l'autre tente de le convertir, et ils font des dialogues à ce qu'on dit à faire mourir de rire. J'ai été souvent tentée d'aller écouter ces bons pères, mais comme on me connaît pour n'être pas de profession dévote, et qu'on se douterait que je n'irais que pour rire et me divertir, je n'ai osé y aller. » (4 octobre 1702, à Sophie de Hanovre).

Il faut que ce genre d'apologétique ait été assez fréquent pour que Bossuet, Nicole ou Rancé, chantres de « la spiritualité des larmes » s'opposent ouvertement à ce genre de consolation ; La Bruyère stigmatise les rieurs : « Le discours chrétien est devenu un spectacle. Cette tristesse évangélique qui est en l'âme ne s'y remarque plus : elle est suppléée par les avantages de la mine, par les inflexions de la voix, par la régulation du geste… C'est une sorte d'amusement entre mille autres. » (« De la Chaire », 1).

Le théâtre est resté longtemps une école de polissonnerie ; Scarron a beau dire en 1657 que la comédie est « aujourd'hui purgée, au moins à Paris, de tout ce qu'elle avait de licencieux »[5], il y a toujours des compagnies où l'on rit d'équivoques sales et les successeurs de Molière osent des jeux de mots qui chatouillent volontiers l'imagination. Les scénarios comiques fonctionnent souvent sur une suite d'inconvenances. *Les Précieuses ridicules* s'achèvent sur le spectacle des laquais démasqués et déshabillés : « Vite, qu'on leur ôte jusqu'à la moindre chose » ; et jusqu'en 1697, les comédiens italiens ont pu sans risque « se déborder en ordures sur le théâtre et quelquefois en impiétés[6]. »

Aussi les femmes, fragiles créatures si aisées à corrompre, sont-elles exclues de la plupart des spectacles comiques, autant en raison des intrigues libertines que de la promiscuité avec un parterre qui rit sans retenue. On voit des maris permettre à leur épouse l'entrée de l'hôtel de Bourgogne à la seule condition qu'elles manqueront le prologue composé de gaillardises et de chansons plus ou moins obscènes. Les dames n'ont pas leur place au parterre où le public, masculin, n'hésite pas à lancer des plaisanteries grasses, à rire ou siffler, y compris dans les passages dramatiques.

Des premières et secondes loges leur sont réservées juste au-dessus des galeries et louées à l'année, d'où elles pourront rire impunément en cachant leur visage derrière un masque ou un éventail ; quelques-unes s'enveloppent de coiffes et prennent grand soin de n'être pas reconnues[7]. Mais il arrive que la distance entre loges et parterre suscite l'affrontement entre les sexes et qu'une noble dame fasse les frais de l'ambiance débridée.

Mme du Boccage, dans sa *Lettre de Madame*** à une de ses amies sur les spectacles*, raconte que l'une d'elles est devenue la cible des rires du parterre du fait de sa seule présence à une comédie un peu leste. Si elles veulent rire à pleins poumons, les femmes n'ont d'autre choix que de se déguiser en garçon. Mme de Beaumer, rédactrice du *Journal des dames* y est surprise en tenue masculine. George Sand raconte que sa tante et sa grand-mère s'y faufilaient en cachette. Ce rire proscrit, ce langage cru, ces images burlesques du corps qu'il faut purifier, ont en réalité largement résisté à l'intégration des civilités, et les bienséances n'endiguent pas l'hilarité aussi aisément que le voudraient les éducateurs. Les moralistes du XIXe siècle considéraient encore qu'une jeune fille bien élevée ne devrait jamais voir une comédie de Molière ! L'Opéra, où tout se chante, est mis en cause car il défie la raison et le sérieux, mais il triomphe partout.

Malgré la censure le corps comique s'exhibe dans une joyeuse impudeur beaucoup plus longtemps que la vogue des traités de civilité ne veut le faire croire. On ne compte pas les histoires corsées à la cour dont Tallemant des Réaux et quelques autres mémorialistes nous ont laissé le récit. La mésaventure d'Angélique de La Fayette, dame d'honneur de la reine Anne d'Autriche et favorite du roi, fait la joie de toutes les grandes dames : parce qu'elle « riait un peu plus que de raison », il lui arriva de laisser une grande mare d'eau sur son siège ; Mlle du Vieux-Pont soutint qu'il s'agissait de jus de citrons écrasés et toute la cour ne put se tenir de pouffer ou de faire des chansons[8] !

Scarron n'est pas moins cru lorsqu'il représente dans une Stance Mme de Hautefort toute à la joie d'avoir obtenu le tabouret « en posture de pie/ Dans le cercle accroupie », etc. Et Bussy-Rabutin qui goûte les commérages autant que Tallemant des Réaux est trop heureux de raconter dans ses *Mémoires* avec force détails l'histoire de Mesdames de Sault, de la Trémoille et de la Ferté, parées, parfumées et poudrées, qui se soulagent d'un besoin pressant dans leur loge et se débarrassent des excréments en les jetant dans le parterre !

FACÉTIES CÉLÈBRES

Toutes ces petites histoires font le bonheur de la compagnie. Certaines facéties sont restées célèbres dans l'histoire littéraire, comme la farce de Mme de Rambouillet et de Mlle Paulet, dans la pure tradition des fêtes du ventre, s'amusant à faire rétrécir les coutures de tous les habits du comte de Guiche pendant son sommeil après un plantureux dîner de champignons : la victime, au matin, essaye vainement ses pourpoints l'un après l'autre et se croit malade, enflé et déformé en raison de sa goinfrerie, pour la plus grande joie des rieuses.

Mlle de Montpensier rit encore, des années plus tard, de la chute à Chilly de la princesse de Salzbourg qui se fait arroser par des jets d'eau inopinément déclenchés et se retrouve « le masque crotté », mouchoirs, manchettes et habits déchirés. La reine Christine de Suède est elle aussi une farceuse impénitente ; les princes et mémorialistes de la cour ont sans doute volontairement accentué ses bouffonneries et ses ridicules pour mieux faire sentir les délicats raffinements de Versailles, face auxquels la Suède n'est qu'un pays rude et encore grossier.

Mais la reine Christine revendique elle-même volontiers ses talents de railleuse : « Je ris souvent et trop haut [...], et je marche trop vite », concède-t-elle tout en affirmant que la faute en revient à son éducation puisque son père l'a presque élevée en garçon pour porter la couronne et que, de toute façon, « ces défauts ne seraient que peu considérables s'ils ne se trouvaient dans une fille ».

Sa position de reine l'affranchit des conventions et du devoir de pudeur, et son rire exprime d'abord « sa force vitale »[9], qualité indispensable à sa fonction. Son franc-parler, ses mots osés répétés par Brienne lorsqu'elle se rend à Versailles (1558) font éclater de rire la duchesse de Longueville – mais Brienne n'osa pas les transcrire dans ses Mémoires.

La cour ne craint pas de donner l'exemple et les farces osées viennent de haut : la petite-fille du roi, la duchesse de Bourgogne, joue à son chaste époux le Dauphin le bon tour de mettre sa dame d'honneur dans son lit pour s'amuser et voir la tête qu'il fera ! Et Saint-Simon n'hésite pas à évoquer le bon rire de Louis XIV lorsque la même duchesse de

Bourgogne, en grand habit après la comédie, se fait donner un lavement par la servante Nanon, presque publiquement, dans les appartements de Mme de Maintenon.

Le XVIIe siècle est habitué aux odeurs nauséabondes qui se dégagent des garde-robes et des espaces publics, et il faut bien admettre que les histoires de clystère ont beaucoup alimenté le comique de l'époque classique. On connaît moins la longue lettre[10] que la princesse Palatine écrit à sa tante Sophie de Hanovre pour se plaindre de l'absence d'installations sanitaires à Fontainebleau ; son rire se devine à chaque ligne de ce petit morceau de bravoure, daté du 9 octobre 1694, que les premiers commentateurs de la princesse ont hésité à publier :

> Vous êtes bienheureuse d'aller chier quand vous voulez ; chiez donc tout votre chien de soûl. Nous n'en sommes pas de même ici, où je suis obligé de garder mon étron pour le soir. Il n'y a point de frottoir aux maisons du côté de la forêt. J'ai le malheur d'en habiter une, et par conséquent, le chagrin d'aller chier dehors à mon aise, et je ne chie pas à mon aise quand mon cul ne porte sur rien. Item, tout le monde nous voit chier ; il y passe des hommes des femmes, des filles, des garçons, des abbés et des suisses.

Madame Palatine, Liselotte pour sa famille, poursuit avec verve sa litanie, modulant, savourant à l'infini les deux syllabes magiques, multipliant les jeux de mots, joyeusement iconoclaste et rabaissant tout depuis les plus délicieux aliments qui ne sont que « merde mâchée » jusqu'aux postures des plus nobles dignitaires, évêques et archevêques, qui, tout comme les rois, ont aussi besoin de « chier ». Le 31 octobre, la duchesse Sophie répond sur le même ton, en glosant sur les joies de la défécation…

Liselotte se défend ainsi par l'écriture de l'ennui et de la servitude dorée qui règnent à la cour, et chacune de ses lettres témoigne de son aptitude à retourner en rires les désagréments de la vie. Monsieur, son mari, dévot à sa façon mais peu porté sur le devoir conjugal, invoque-t-il la Sainte Vierge en promenant sur son corps des petites médailles bénites pour obtenir de l'aide au lit ? La princesse ne peut s'empêcher de pouffer en entendant les bruits de quincaillerie et c'est au tour de Monsieur de rétorquer en riant : « Vous qui avez été huguenote, vous ne savez pas le pouvoir des reliques et des images de la Sainte Vierge. Elles garantissent de tout mal les parties qu'on frotte. » La réplique tombe, immédiate : « Je vous demande pardon, Monsieur, mais vous ne me persuaderez point que c'est honorer la Vierge que de promener son image sur les parties destinées à ôter la virginité. »

La franchise de Madame, son sens critique que rien ne peut brider, la drôlerie de ses commentaires ne lui valent pas l'estime de tous, beaucoup cherchent à la ridiculiser et le roi lui-même, qui a pourtant beaucoup ri de ses reparties, s'offusque parfois de sa liberté de langage. Mais elle est allemande, d'une santé à toute épreuve et son rire est demeuré un peu celui d'un petit enfant !

Madame n'est pas seule à rire avec ses tripes des gaillardises diverses. Le rire de Mme de Sévigné est bien connu, elle en « crève », raille son cousin Bussy-Rabutin, expert en dévergondages, au point de perdre toute retenue : « La chaleur de la plaisanterie l'emporte et en cet état, elle reçoit avec joie tout ce qu'on veut lui dire de libre, pourvu qu'il soit enveloppé[11]. »

D'autres femmes au siècle suivant peuvent mêler un brin d'élégance à leurs folâtreries. Mme de Genlis écrit dans ses Mémoires que toutes les dames de la cour, dans les années 1775 raffolent d'une chanson dont le thème est celui des chaises percées. Un des grands succès du temps réimprimé maintes fois est un sermon parodique de la Bibliothèque bleue, où l'auteur développe les diverses modalités de l'*ars petandi*.

La vogue des portraits littéraires, toujours très à la mode au siècle des Lumières, signale quelques rieuses originales plus proches des habituées des Petites-Maisons que du cercle raffiné des salons. Mme de Genlis rapporte avec complaisance beaucoup de ces petites histoires drôles qui font s'esclaffer les salonnières[12]. Il ne s'agit point des malignités et rires de l'esprit, mais d'un bon gros rire sans fiel et frôlant l'indécence : ne voit-on pas, reçue chez la princesse de Guéménée, la duchesse de Fleury ôtant devant cinquante personnes son bas de robe, une queue de plusieurs aunes, ainsi que de son immense panier « avec son grand corps et sa palatine », et rester pendant des heures « en petit jupon court de basin, sur lequel ballottaient ses deux poches ».

Une grande dame qui ne saurait sortir un mouchoir de son aumônière sans manquer aux bienséances, ne se gêne donc pas pour braver les interdits. Le prude XIXe siècle lui-même ne s'offusquera pas davantage des inconvenances et des plaisanteries scatologiques : étouffé en public dans les salons bourgeois, le rire des dames reprend ses droits dans l'intimité. Si à Nohant, George Sand et ses invités « rient à se décrocher la mâchoire » devant les spectacles de marionnettes et les déguisements qu'ils endossent, ils ont aussi d'autres plaisirs moins nobles.

C'est Théophile Gautier qui raconte au cours d'un dîner Magny le déroulement d'une journée de vacances : « Déjeuner, 10 heures. Mme Sand arrive avec un air de somnambule et reste endormie tout le déjeuner. Après le déjeuner, on va dans le jardin on joue au cochonnet. Ça la ranime. Elle s'assied et se met à causer [...]. La causerie chaffriolante toutefois, ce sont les plaisanteries stercoraires.

Mais pas le plus petit mot sur le rapport des sexes. Je crois qu'on vous flanquerait à la porte si vous y faisiez allusion ! » (14 septembre 1863)[13].

Les frères Goncourt, qui se plaignent si souvent de la tristesse moderne, raffolent de ce genre d'anecdotes autour des chaudes digestions : au 22 février de la même année, ils notent chez Flaubert « une grasse causerie scatologique » de Mlle *** qui se complaît à décrire les troubles gastriques des grandes comédiennes du temps, Mlle Georges ou Mlle Rachel, breneuses, foireuses, diarrhéeuses, vidées par les émotions de la scène...

LE RIRE EN CRISE ?

Le rire gras ou provocant n'a pas que des apologistes ; à beaucoup de philosophes, il paraît incongru et peu conforme à la naissance de l'homme nouveau des Lumières. Le rire souvent équivoque des femmes porte une part des responsabilités. Le modèle bourgeois de la famille qui s'est mis en place aux XVIIe et XVIIIe siècles repose sur les vertus chrétiennes et sur le sérieux du foyer, et les épouses sont tenues de plus en plus à l'étroit sous l'autorité du mari.

La pratique de la lecture remplace bien souvent les divertissements collectifs. Même si le carnaval se maintient pour deux siècles, le temps a fini par affadir ces bambochades au point d'en oublier le sens des liesses populaires. Le tableau qu'Étienne Jaurat expose au salon de 1757, *Le Carnaval des rues de Paris*, ne montre qu'une anodine fête de quartier où les hommes éméchés haranguent debout sur un tonneau tandis que des femmes et enfants dansent gentiment près de la vieille Mère Ragot. Travestissements festifs, licences amoureuses, bombances, cette culture ludique n'a plus pour fonction d'assurer une cohésion sociale et, d'ailleurs, la fête aristocratique s'est tout à fait séparée du carnaval urbain.

La police veille sur les excès, car les jours gras sont l'occasion de licences que l'ordre public ne peut plus accepter : les Archives judiciaires de Paris font état ces jours-là de filles déguisées en garçons, assemblées dans les cabarets ou « contrefaisant les femmes grosses » qui rient ou se lamentent à la lueur des flambeaux en disant toutes sortes d'extravagances et de plaisanteries salaces[14]. L'allégresse populaire est surtout d'apparence, elle dérape en tintamarre, « amusements vils et grossiers », gestes tapageurs. On passe vite du rire au désordre et à la dépravation.

Et sans doute est-ce la raison pour laquelle les philosophes et encyclopédistes déplorent la dégradation du rire en dénonçant les abus des fêtes traditionnelles, violences, beuveries et libertinage :

> La police, attentive à la représentation extérieure de la félicité publique d'autant plus que la misère règne, paie à ses frais de nombreuses mascarades [...]. Car on a beau vouloir représenter des scènes riantes et animées de la folie ; on n'y parvient pas quand le cœur est mécontent ; sa marotte est sans énergie et sans grâce ; ses grelots sonnent mal dans ces orgies froides ; ils ne sont plus qu'une discordance plaintive à l'oreille qui sait entendre. Rien n'est plus attristant que de voir un peuple à qui on commande de rire tel jour et qui se prête bassement à cette avilissante ordonnance[15].

Rétif de la Bretonne, Mercier, Rousseau, Voltaire lui-même dénoncent avec nostalgie le déclin du bon rire. La sociabilité a perdu son allégresse. Les femmes du monde sont vaporeuses, frivoles et dissipées plutôt que rieuses.

Déjà Marivaux ne trouvait aucune gaîté authentique à ces pimpantes petites Parisiennes qui arpentaient les Tuileries en mêlant leurs conversations d'éclats de rire : « De quoi rient-elles ? De rien. Ce n'est qu'une coquetterie ; ce n'est que pour faire du bruit, pour en paraître plus vives, plus bruyantes, plus dissipées...[16] »

La promiscuité citadine multiplie les occasions de rencontre en drainant des publics hétérogènes et éclatés, et elle favorise la raillerie goguenarde, le sarcasme, l'exclusion plutôt que la bonne humeur qui rassemble et apaise. On est en même temps acteur et spectateur, et chacun observe l'autre à la lorgnette pour mieux se gausser.

La présence des femmes dans les lieux publics où le rire est toujours mêlé de polissonnerie n'apporte guère de fraîcheur à la vie de société. Le suisse Béat de Muralt remarque avec stupéfaction que les Françaises parlent haut, chantent des chansons très libres et jouent comme les hommes : « Vous ne leur voyez nul embarras, peu de naïveté, aucun air d'innocence[17]. »

Rétif de la Bretonne qui se penche sur les milieux de l'artisanat évoque les petites troupes de couturières, frotteuses ou gazières, bavardes et curieuses, qui fréquentent la foire Saint-Laurent ou la foire Saint-Germain, et il blâme vertement une mère d'avoir conduit à ce genre de parades sa fille, l'exposant aux insultes des badauds tandis qu'elle rit de bon cœur[18] ; il s'offusque également qu'une jeune fille assiste à l'exécution d'un condamné, place de Grève, et qu'elle se permette de rire et de plaisanter.

Chez Mercier, on trouve une réflexion du même ordre sur l'esprit de gaîté : il s'inquiète de voir les sourires disparaître des visages. Selon lui, c'est l'individualisme, avec ses préoccupations économiques et ses raisonnements métaphysiques, « le tourment intérieur de l'âme », qui plonge le

Parisien dans la réserve et dans la solitude, en lui ôtant son humeur enjouée.

On ne sait plus se réjouir en compagnie, les femmes sont « grimacières » et les filles deviennent boudeuses. La débauche est ouverte, la demoiselle est à peine sortie de l'enfance et l'épouse à peine mariée qu'elles font les coquettes et recherchent l'amant. Même au théâtre, le rire faiblit en même temps que le tact s'est affiné et que l'art comique veut s'apparenter à l'art de la conversation[19]. Froide, la comédie ne songe qu'à opposer les classes, les professions et les corps en tournant les différences en ridicules. Le rire est pris en tenaille entre le libertinage des aristocrates et les débordements de la canaille ; il déserte les espaces publics. On rit sur commande. Mercier évoque railleusement l'image niaise d'une famille de boutiquiers se récréant le dimanche dans une maisonnette non loin des barrières, le père disant un conte, l'« épouse riant aux larmes », la grande fille commençant à s'émanciper : « c'est le jour des gaudrioles »[20].

LA GAÎTÉ, VERTU SOCIALE

Le rire en crise ? La rieuse n'en reste pas moins une figure emblématique dont la collectivité a besoin pour bien fonctionner ; c'est à elle, instruite par la nature plus que par l'éducation et la raison, qu'il appartient de garantir la bonne santé des traditions et réveiller les yeux blasés : « Bannir la gaîté de la société serait en bannir la vertu. Je crois qu'une gaîté franche est toujours la marque d'une belle âme [...]. Aussi voyons-nous que les femmes gaies ont la plus grande pureté de mœurs[21]. » La gaîté est une vertu sociale et morale nécessaire pour nouer un commerce entre les hommes. Mais il y a gaîté et gaîté.

Le siècle veut une allégresse sensible, débarrassée de l'affectation et proche de la raison. Emblématique du rire féminin, Rétif de la Bretonne appelle de ses vœux une nouvelle figure de la vie parisienne qu'il appelle « la Gaie » et qu'il oppose à « la Rieuse » : Balsamie est orpheline, née dans un milieu « peu favorisé de la fortune » bien que bourgeois, trimballée de maison en maison et frôlant la misère, mais elle finit pourtant, favorite d'une jeune princesse, par épouser un comte. Elle rit toujours de tout ; son hilarité dans les situations les plus difficiles fait d'abord croire à sa légèreté et à son insensibilité, mais bientôt son courage devant les épreuves, son attention aux souffrances des autres, sa patience dans l'adversité digne d'une Griselidis, révèlent ses qualités.

Elle ne deviendra toutefois une femme accomplie que lorsqu'elle renoncera à s'esclaffer sans raison et qu'un doux sourire indulgent manifestera ses heureuses dispositions. Le thème est suffisamment cher à Rétif pour qu'il y revienne à plusieurs reprises : Henriette la gaie n'est pas moins aimable que Balsamie et joue un rôle semblable dans l'*Histoire des compagnons de Marie*. Toutes deux incarnent un rire gai, naturel et sensible, où ne se cache nulle moquerie.

Comme le XVIIe siècle, le siècle des Lumières voudrait bien museler Démocrite et étouffer le rire immodéré et involontaire[22]. Défiante à l'égard de la comédie, la Révolution française s'y emploiera en vantant une décente gravité et en s'efforçant de canaliser ses excès par l'organisation de réjouissances « patriotes ». Mais le rire résiste à l'épuration, le rire des femmes en particulier parce qu'il ne menace pas directement l'action politique ou parce qu'il assume, sans mauvaise conscience, un trop plein d'émotions. La femme rit volontiers, elle s'exerce à l'ironie, aux jolis mots d'esprit, mais elle n'est pas encore assez affranchie pour résister à la censure, pour s'autoriser à faire rire l'autre sexe et s'amuser publiquement de ses balourdises.

Femmes d'esprit

Talleyrand, évoquant sa mère dans ses *Mémoires*, la loue pour n'avoir jamais cherché de sa vie à faire rire ni à dire un bon mot ! Surprenante confidence pour un homme des Lumières excellant en reparties. Si la bienséance recommande aux femmes une humeur enjouée, elle répugne toujours, au cours du XVIIIe siècle, à leur permettre de prendre l'initiative de déclencher le rire. Les salons parisiens constituent un petit monde à part, une sorte de laboratoire éclairé où se lancent des idées et où doit régner le plaisir d'être ensemble. La mixité est de règle, l'esprit stimule les échanges, mais les femmes doivent d'abord briller par la qualité de leur accueil et par cette « générosité » qui a fait la réputation de Mme Geoffrin.

La femme d'esprit est toujours soupçonnée de raillerie, attitude contraire à sa vocation de douceur ou à la dignité d'une femme éduquée. Sur ce point, les femmes ne sont pas moins exigeantes que les hommes. En 1691, cinq ans après la fondation de Saint-Cyr, Madame de Maintenon dresse un bilan négatif de ses efforts pédagogiques : « Nous avons fait des discoureuses présomptueuses, curieuses, nous avons fait des beaux esprits que nous-mêmes ne pouvons souffrir. »

Mme de Pringy dénonce les mondaines capables de tout sacrifier à une repartie drôle (1691) et Mme Guibert, femme de lettres, pousse la critique plus loin encore au siècle suivant : « Une femme qui plaisante agréablement est un joli petit singe que les hommes s'amusent à voir grimacer devant une glace[1] » (1771). Pour que les femmes accèdent à cette liberté de rire et de faire rire, leur conversation doit réussir ce pari délicat, être gaie et drôle sans être méchante, « être badine sans être friponne » (Madame Roland).

LE NATUREL RIEUR DES FRANÇAIS

Les Français ont le naturel rieur : Momus leur a rendu visite en descendant de l'Olympe. Ce vieux stéréotype ranimé au XVIIIe siècle[2] doit autant aux théories des humeurs appliquées à l'ensemble d'un peuple, qu'à une certaine manière de vivre la vie collective qui dérive de l'*eutrapelia* aristotélicienne ou de l'*urbanitas* romaine. L'évêque Jean Pierre Camus prend la défense des rieurs : l'eutrapélie est bien une sorte de vertu, « qui sait mêler les joyeusetés et la modestie avec un si juste tempérament que la raillerie ne tombe point dans la plaisanterie, je ne dis bouffonnerie, action sordide et servile ; je ne sais pas avec quelle justice vous pouvez blâmer des traits qui font exercer à l'homme une de ses fonctions qui le distinguent le plus des animaux sans raison, qui est le rire » (Conférence académique, 1630). Le bon évêque de Belley ne détestait pas lui-même de faire des calembours pour mieux s'adapter à son auditoire !

La fameuse « gaieté française » a inspiré les écrivains et les moralistes pendant des siècles ; et si elle ne s'identifie pas au rire, elle lui prépare son terreau. Mme de Staël, qui veut conforter la thèse d'un génie propre à chaque nation, distingue la bouffonnerie sans retenue des Italiens de l'esprit piquant des Français et de l'humour désabusé des Anglais, caractères produits par des modes de sociabilité différents : « Les Anglais sont retirés dans leur famille [...]. L'intermédiaire qu'on appelle la société, n'existe presque point parmi eux ; et c'est dans cet espace frivole de la vie que se forment cependant la finesse et le goût. »

Les Allemands sont généralement graves, les Tyroliens goûtent les grosses farces, et il n'y a guère que la gaîté française, inimitable, qui se propose pour but le plaisir fin et partagé[3]. Pour Stendhal, les Italiens sont trop sujets aux passions et, par conséquent, trop mélancoliques pour goûter une véritable gaieté, alors que les plus grands chagrins des Français seraient des malheurs de vanité ! Il va de soi que les femmes françaises participent au premier chef aux charmes de la gaîté : « sans les femmes, la société ne peut être ni agréable ni piquante », conclut Germaine de Staël.

RACINES ITALIENNES

C'est dans les petites principautés d'Italie, lors de la première Renaissance du Trecento, qu'il faut chercher les conditions de cette sociabilité rieuse qui doit son succès à l'émulation des sexes. La compagnie des femmes est indispensable à la bonne conversation. Aeneas S. Piccolomini, poète humaniste avant d'être pape, témoigne ainsi de l'avantage qu'il y a à laisser les dames s'exprimer, en qualifiant leur conversation de « chasse-dueil ou chasse-ennuy[4] ». Avant même que les traités de civilité ne régulent le rire féminin, toutes sortes de contes reposent sur des échanges drôles et piquants entre les deux sexes.

Détail d'importance, le recueil de Boccace, le *Décaméron* (1350), est dédié aux femmes ; car si les hommes, après un échec amoureux, oublient aisément leurs malheurs par mille remèdes, randonnées, fauconneries, vénerie, les femmes qui ne se contentent pas de leur fuseau doivent chercher leur distraction dans la lecture, où elles trouveront « des conseils utiles pour l'attitude qu'il convient d'adopter dans la vie » (Prologue). Boccace s'adresse à un public bourgeois de notables et de marchands, et plus particulièrement à leurs épouses et il obtint un immense succès.

Le *Décaméron* met en scène les débats d'une petite brigade de dix jeunes gens, sept femmes et trois hommes, qui ont fui Florence où sévit la peste (1348) ; ils se distraient en se racontant de bonnes histoires dix jours durant. Au fil des nouvelles se dessine un art de vivre harmonieux. C'est à la « reine » de la première journée, Pampinée, qu'il revient de définir ce que doit être la mission des dames pour gagner l'estime des hommes. La repartie rieuse fait partie de leurs talents : « Les bons mots sont l'ornement des belles manières et des plaisants entretiens. Ces bons mots, pour ce qu'ils sont brefs, conviennent beaucoup mieux aux dames qu'aux hommes[5]... »

Suit une longue diatribe contre les coquettes vaniteuses qui parlent pour ne rien dire et affectent des mœurs sévères. Le rire fait partie du plaisir d'être ensemble ; l'auteur se souvient d'Ovide et connaît son savoir-vivre ; il en décrit avec minutie les nuances, depuis la mimique délicate du sourire, bouche fermée, jusqu'au rire épanoui, si large que « la mâchoire en est tout endolorie » !

Les cent nouvelles de Boccace puisent leur matière dans un fonds d'histoires orales et ne remettent pas en cause les principes de l'ordre et de la vertu. Malgré leur infériorité numérique, la supériorité des hommes dans la décision et l'action n'est pas contestée. Toutefois les femmes ont un pouvoir de reines à cause de leur jugement avisé. Ce sont elles qui prennent l'initiative de combattre le désespoir et la tristesse par les joies de la conversation, joies bien supérieures à toutes les autres compétitions où s'opposent des vainqueurs et des vaincus. La conversation établit une relation quasi égalitaire, faite de provocation et d'esprit, de séduction et de désir, dans un subtil tissage des sentiments. Le trait d'esprit, la rapidité de la réplique, l'invention par les mots pimentent l'échange, mais la différenciation sexuelle est respectée.

Aux hommes seuls, appartient le privilège de faire rire avec des histoires contrevenant à l'honnêteté : Dionée, un des trois jeunes gens, provoque constamment la pudeur des dames par toutes sortes d'allusions scabreuses, et les jeunes femmes se délectent de ces contes osés, « tout en laissant croire qu'elles riaient d'autre chose » (7e journée, 3e nouvelle). Lorsque le récit frôle les limites du bon goût, elles accueillent pudiquement « d'un sourire figé » la conclusion du narrateur mais elles se réservent de rire sous cape.

Freud, dans son essai sur *Le Mot d'esprit* et sa relation à l'inconscient (1905), a évoqué les ressorts d'un mécanisme apparenté au rêve, qui lève les inhibitions, libère une pulsion à tendance sexuelle, provoque l'excitation et la gêne de l'auditoire ; la gêne se change en rire à condition que le désir soit voilé ; le rire féminin qui se dissimule contraint le petit groupe à reconstruire en idée ce que la dame tente de cacher, le plaisir, l'acte potentiellement honteux, et à provoquer par ricochet une certaine jouissance.

La présence des dames est indispensable pour que le conte produise tout son effet ; Boccace use ainsi du conte, de la farce, de la métaphore ou du mot d'esprit pour camoufler la crudité d'une situation ; une métaphore telle que celle de l'« étalon saillant la jument » ne trompe pas les auditrices destinataires du conte : « L'allusion de Filostrate aux juments parthes ne sut être si enveloppée que les subtiles auditrices, tout en laissant croire qu'elles riaient d'autre chose, ne fussent portées à en rire (7e journée, 3e nouvelle) ».

Parfois le rire explose : la brigade de jolies femmes rit aux larmes une bonne douzaine de fois en écoutant l'histoire d'un médecin tombé dans une fosse d'aisance, et l'histoire est racontée par une dame (8e journée, 9e nouvelle). Provoquée par la plaisanterie, l'hilarité est une façon de contourner un travail de refoulement exigé par la société et d'aborder de biais des réalités sexuelles.

Près de deux siècles plus tard, sous la plume du Florentin Castiglione, l'échange mondain reçoit sa codification. Le *Livre du courtisan* (1527) tient de la rhétorique, de la morale et de l'esthétique et il place au centre de l'*urbanitas* le plaisir de la conversation sur laquelle débattent les protagonistes de la petite cour d'Urbino (Livre II). Tout comme Boccace mais s'adressant à un autre milieu social, celui de la noblesse, Castiglione se propose d'édifier une société harmonieuse sous le signe de la fameuse *sprezzatura*, sorte de « désinvolture » ou d'aisance qui désigne le naturel, un art si subtil de la vie en société qu'on ne peut le déceler.

Ne pas se montrer ennuyeux est un devoir absolu : la facétie, l'élégante raillerie, la pointe, la pique, le bon mot doivent assaisonner la conversation dont la mission, conformément aux leçons des Anciens, est de « provoquer le rire et la joie d'honnête façon » (II, 42), en s'interdisant toute bouffonnerie et raillerie blessante.

LA CONVERSATION À LA FRANÇAISE

Très différente de la conversation italienne est la « conversation conteuse » à la française[6]. Les nouvelles de Boccace, traduites et adaptées à plusieurs reprises aux XVe et XVIe siècles, ont inspiré la sœur de François Ier, la reine Marguerite de Navarre, pour composer son *Heptaméron* (1558) ; mais l'esprit y est beaucoup plus novateur puisqu'une femme, une reine, tient la plume : elle fait parler d'autres femmes qui jouent un rôle actif et bien personnalisé, et elle n'a pas peur des paroles osées, car « les paroles ne puent point » ; seules « les ordures du cœur » sont à craindre.

Le propos originel est celui du *Décaméron* : une petite troupe de seigneurs, cinq hommes et cinq femmes, affronte un violent orage en revenant des bains de Cauterets et est retenue dans un lieu sauvage par la crue du Gave. Contraints de cohabiter dans un couvent, les dix rescapés, d'âges et de situation conjugale différents, décident de se raconter des histoires pour chasser la peur et tromper l'ennui, et ils s'organisent en microsociété dans l'attente de la construction d'un pont. Il s'agit donc de se distraire et non d'éduquer, et au fur et à mesure que se déroulent les contes, apparaissent en arrière-plan les relations que nouent entre eux les conteurs.

L'idée du passe-temps revient à une dame, Parlamente, épouse de Hircan, et elle est aussitôt approuvée par deux autres dames, Longarine, qui reconnaît que la conversation évitera aux femmes tristes de devenir « fâcheuses », et Ennasuite, une jeune veuve qui espère alléger son deuil « en riant ». C'est aux gentilshommes de donner ensuite leur accord et de confier à la plus âgée, la plus pieuse de la troupe, Oisille, le soin de régler les séances du jeu après les heures consacrées aux dévotions.

Marguerite de Navarre illustre et enrichit la leçon de Boccace. Le rire fuse dans l'*Heptaméron* : plus de la moitié des soixante-douze nouvelles déclenchent le rire, masculin ou féminin, et l'ouvrage entier se présente indirectement comme une réflexion sur le rire. Le mot est employé à soixante-dix-neuf reprises dans les récits et dans les propos qui suivent les récits, y compris les récits tragiques[7].

Les femmes rient presque deux fois plus souvent que les hommes : Ennasuite rit quatre fois, la pieuse et sage Oisille trois, Parlamente trois, Longarine deux. Une des dames rit sans qu'on nous dise son nom. Nomerfide ne rit pas mais fait rire les autres par ses contes joyeux. Les devisants rient de concert quatre fois. Celui qui ne fait pas rire les autres, comme Dagoucin, se fait rabrouer. Le recueil comporte trois nouvelles à caractère scatologique. Ces rires n'ont pas tous le même poids mais ils font toujours sens.

Marguerite de Navarre, sans illusion sur les faiblesses humaines, choisit le mode comique pour parler de l'amour, du désir et du mariage, chaque nouvelle se faisant l'élément d'une casuistique traitant du rapport entre les sexes. Elle utilise avec science tous les procédés comiques : la narration plaisante, la diversité des situations, les effets boomerang, les rires jaunes, les doubles jeux, les incongruités, les lapsus, les piques, la litote, l'hyperbole, les sous-entendus, les surprises, les jeux de mots surtout, qui lui permettent constamment de changer de registre et de suggérer autre chose que ce qui a été énoncé : lorsque Nomerfide s'exclame qu'elle préfèrerait se jeter à l'eau plutôt que céder à un moine cordelier, Oisille qui perce à jour l'ambiguïté des bons sentiments riposte par un mot à double sens : « Vous savez donc bien nouer (nager) ? » Nomerfide se fâche et Oisille rit.

RIRES ET TABOUS

Aucun tabou ne résiste au rire féminin qui finit toujours par désarmer la colère masculine et dénoncer les mauvaises conduites. Le rire se substitue à la parole et donne l'avantage au rieur, comme dans la 54e nouvelle où un gentilhomme se croyant à l'abri des regards lutine une servante dans un coin écarté de la salle ; mais son ombre dessinée par une chandelle sur le mur l'ayant trahi, l'épouse éclate de rire devant cette projection inopinée, et c'est à l'époux surpris de perdre la maîtrise du jeu et d'arrêter net ses ébats.

Les railleries lancées au cours des discussions par les femmes à leurs compagnons masculins visent juste, inspirées par l'observation et l'expérience, Marguerite se contentant de faire deviner à son lecteur l'équivoque de certaines relations. Et lorsque le récit est un peu salace, les dames rient protégées par leur touret de nez. Le rire railleur est plus fort que la colère des hommes, et il prend la place d'un contre-pouvoir, dans une stratégie presque toujours victorieuse. Rien ne lui résiste dans l'*Heptaméron*, ni les petites tromperies masculines, ni la colère, la passion ou l'impuissance.

Reste que les récits osés sont plus souvent contés par un homme, sauf la 11e nouvelle, la plus scabreuse, racontée par une femme et concernant une autre femme : l'héroïne, pudique et ridiculisée par une posture inconvenante, toute honte bue, « changea sa colère à rire comme les autres ». Rien n'est tabou : le scatologique met en scène ce qui est irrécupérable par une société civilisée, la forme archaïque, ou le degré le plus bas, infantile, de la jouissance de sorte que le défoulement du rire recouvre le plaisir caché de la régression. Sous la plume insistante de l'évangélique et parfois platonisante Marguerite de Navarre, c'est la femme qui libère ce rire douteux et accepte la levée de l'inhibition : « *inter urinas et faeces nascimur* », disait saint Augustin[8].

Marguerite pèse de son pouvoir de reine. Il n'y a ni gagnant ni perdant dans ce jeu à plusieurs voix où chacun est tour à tour juge et partie, acteur et critique, rieur et objet du rire, et où les dames, à condition de se conformer à leur nature et à leur vocation, sont en esprit les égales des hommes. Le rire du groupe peut s'exercer aux dépens d'un membre de la compagnie, mais le plus souvent, il rassemble plus qu'il n'exclut ; il écarte les fausses sagesses, car rire est aussi une sagesse à condition de ne pas blesser, et le simple fait de rire soulage les tensions.

La conversation conteuse de l'*Heptaméron* a les apparences d'échanges à bâtons rompus, tout en obéissant en fait à une rhétorique subtile qui place au premier rang la paix, l'harmonie, la compassion, la bonne humeur et la réconciliation. En fin de compte, la gaîté est le fruit d'une âme tranquille et une marque de la vertu : Nomerfide fait l'éloge des « folz rieurs » qui vivent plus longtemps que les sages car ils ne dissimulent pas. Quant au bonheur, il reste du seul ressort de Dieu ; le rire, proprement humain, n'est jamais qu'un pis-aller.

Pour être joyeuse, la conversation entre les hommes et les femmes n'exclut pas les sujets sérieux. Il s'agit de mettre un terme à la querelle des sexes et à cette malveillance masculine qui résume la condition féminine à trois devoirs, chasteté, obéissance et silence.

Progressivement, tandis que la paix revient dans le royaume de France après les désordres de la régence de Marie de Médicis, les dames sentent que le moment est venu de prendre une part plus active aux exercices intellectuels ; elles apportent à la conversation un ton et une sûreté esthétique propres à policer une société d'hommes rudes habitués à la guerre, dont les goûts vont à la chasse, au tournoi et à l'exercice physique. Si le ton n'est pas aussi libre que celui de Marguerite de Navarre, dames et gentilshommes réfléchissent aux subtilités de l'écriture et de la lecture, domaines traditionnels des doctes grammairiens ; le vocabulaire s'épure, la bienséance s'affine jusqu'à aboutir à une théorie de la conversation mondaine que formulera avec clarté Madeleine de Scudéry, modèle utopique de toute vie sociale. Entre culture et bienséance, les droits du goût l'emportent sur ceux du savoir.

L'HÔTEL DE RAMBOUILLET, L'ESPRIT DE JOYE

L'hôtel de Rambouillet doit beaucoup aux origines italiennes de la marquise et il offre durant de longues années aux femmes d'esprit un lieu de convivialité où l'on s'amuse et où l'on échange toutes sortes de propos sur l'art de bien dire, sur l'analyse des sentiments et sur le bien-fondé des revendications féministes. La conversation de l'âge classique est une improvisation alerte, théâtralisée, destinée à traduire en étincelles verbales des situations, des émotions, ou des passions qui peuvent être inflammables et dangereuses ; ni colloque savant ni entretien érudit, elle exclut les paroles brutales ou sectaires.

Souvent alitée et craignant la lumière du jour, la divine Arthénice, marquise de Rambouillet, veut être distraite ; elle accueille dans la fameuse ruelle de sa chambre bleue des gens très divers, « d'humeur à se divertir de tout » ; aux amies qui l'entourent, Mme de Clermont, Mme du Vigean, Mlle de Bourbon, Mlle Paulet, se joignent des lettrés de profession et quelques personnes choisies pour leur gaîté, leurs ris et leur politesse. Un peu de familiarité italienne, une pointe de cérémonial à l'espagnole, une honnête liberté à la française font le plaisir de ces réunions, qu'on appelle « assemblées » et qui contrastent avec les cérémonies de cour. « S'amuser, se réjouir et s'instruire » sont les buts que les convives assignent à la conversation ; les sentiments personnels doivent toujours être soumis à l'agrément commun. On joue aux rimes ou aux portraits ; on dispute des règles de la galanterie, on cultive la pointe.

Comédies, déguisements, rébus, devinettes, mascarades, mystifications sont les occupations d'une jeune génération pleine d'entrain qui succède à l'âpre vie de soldats, à qui la surprise et le rire offrent le moyen le plus sûr de créer un état d'esprit commun. C'est un jeu pour Mlle de Rambouillet que de plaisanter avec Madame de Sablé sur les précautions qu'elle prend pour éviter la contagion des maladies et sa lettre « sur le bon air » a beaucoup de succès parmi ses amis. Voiture, devenu l'« âme du Rond » vers 1625, plaît autant par la finesse de ses goûts artistiques que par sa bouffonnerie.

Doux, spirituel, peut-être bambocheur, souvent salace et toujours amoureux, il ressemble à « un mouton qui rêve » lorsqu'il fait le galant ; ses impertinences contre les femmes savantes (comme la vicomtesse d'Auchy) font rire les dames, mais il ne conteste pas les valeurs d'une société aristocratique à laquelle il veut s'intégrer : il est peut-être, comme le dit B. Craveri, « le premier écrivain français à accorder tous ses soins à un public féminin[9] ». Une image neuve de la dame est en train de s'édifier, qui n'est plus celle d'une idole irréelle et lointaine mais une femme animée, malicieuse et désirable.

D'autres étoiles pointent, Madeleine de Scudéry, la princesse de Montpensier, Mme de Maure, Mme de Choisy, Chapelain, Ménage, Saint-Evremond. La mode précieuse fait fureur entre 1650 et 1680, jusqu'à devenir un mythe. Les ruelles se multiplient jusqu'en province, partagées en différents réseaux. Au Marais, Mlle de Scudéry ouvre sa maison le samedi ; de petite noblesse, elle est parfois reçue à la cour et elle observe les mœurs de ses contemporains dans le dessein de les « dépeindre » et d'en faire rire son amie, Mlle Paulet[10]. Ces dames exercent un réel ascendant, car elles font régner ce que Mlle de Scudéry appelle l'« esprit de joye ». Les critiques rendent justice à leur art des reparties. Selon Jean Pic dans son *Discours sur la bienséance*, les femmes sont supérieures aux hommes parce qu'« elles ont d'ordinaire plus de feu, et leurs réponses sont plus vives, plus naturelles et plus heureuses que les nôtres[11] ».

La Bruyère pense qu'elles trouvent spontanément sous leur plume « des tours et des expressions qui souvent sont en nous l'effet d'un long travail » (*Les Caractères*, « Des ouvrages de l'esprit », 1689). Leurs lettres sont écrites avec plus ou moins de talent, mais avec la même gaieté que leur conversation, et sans que ne soit jamais perdue de vue la fonction mondaine : amuser autant qu'informer ; leurs billets, lus généralement en public dans un cercle d'habitués, font office de distrayante gazette dans un équilibre délicat entre le sentiment personnel et l'obligation de divertir[12].

Mme de Sévigné n'a rien d'une précieuse, mais elle reconnaît que son plus grand plaisir vient du choix des mots, du badinage, des « pétoffes », ces potins en provençal, dont elle raffole ; l'incorrigible railleuse avoue dans une de ses longues lettres à sa fille que le plaisir d'écrire tient chez elle du « chatouillement » destiné à faire rire[13], et elle sait d'expérience l'effet de contagion de la gaieté : épingler malicieusement les ridicules, inventer un carnaval stylistique de mots et d'expressions cocasses, lavardiner, rabutiner, tartuffier, bobillonner, et on l'entend jubiler.

LES PRÉCIEUSES

Les précieuses trouvent leur « historiographe » en l'abbé Michel de Pure, dont on a pu comparer le roman *La Prétieuse* (1658) aux *Caquets de l'accouchée* ; entre fiction et réel, le récit de l'abbé de Pure donne vie à ces femmes d'esprit, peut-être les premières « femmes de lettres » françaises, dont on reconnaît l'identité derrière les portraits imaginaires. Eulalie, la plus impertinente, serait la comtesse de la Suze ; c'est d'elle que Callières rapporte ce bon mot : huguenote d'origine et convertie par la suite au catholicisme, elle aurait changé de religion « pour ne pas retrouver son mari en l'autre monde non plus qu'en celuy-ci[14] ». L'abbé de Pure ne se contente pas d'observer l'originalité des points de vue précieux sur le mariage, la sexualité, la maternité, la famille, il regarde comment fonctionne un groupe qui se sert de la conversation et du trait spirituel pour relever la condition féminine.

Sans entrer dans le débat qui veut distinguer un phénomène littéraire d'un moment socio-historique aux contours difficiles à cerner[15], la préciosité apparaît durant ces années comme le manifeste de femmes supérieures qui se rassemblent pour façonner un modèle de civilité dégagé d'une emprise masculine, et pour élaborer des idéaux proprement féminins. L'abbé de Pure parle d'une « secte nouvelle », composée seulement de personnes du beau sexe. Secte précieuse et féministe en effet, car ces dames ont leur code de langage et de conduite. Fières, voire dédaigneuses et frondeuses, elles aiment renverser les idées reçues et baillent d'ennui lorsque leurs interlocuteurs manquent de repartie ; elles ne cachent pas leur sentiment de supériorité face aux hommes, sentiment qu'elles traduisent tout au long du roman par un rire entendu ou moqueur.

Michel de Pure les présente en petites bandes joyeuses et complices, se lançant des œillades, échangeant des rires ambigus « impénétrables à leurs cavaliers », pouffant ou chuchotant de petits secrets dans un coin. Mélanire, la plus sérieuse, brille particulièrement par le fiel de ses critiques, à l'inverse de Sophonisbe qui apporte de la douceur à ses mots d'esprit. Aracie a l'humeur joyeuse et apprend avec Mélanire la manière de « couper court » par un mot concis aux échanges ennuyeux. Eulalie rit moqueusement. Elles étudient de près leur image en contrôlant les signes de leur visage. Lorsqu'elles ne parlent pas et ne rient pas, leurs mimiques les distinguent encore du commun des mortelles : mines, mouvement d'yeux, soupirs, rires, silences, tout est codé. Michel de Pure n'omet pas de rapporter des prises de bec entre ces dames, et l'aigreur des échanges semble garantir la vraisemblance des entretiens.

Elles se moquent d'ailleurs volontiers d'elles-mêmes et de leur purisme, comme Anne de la Vigne qui transforme en rire de supériorité sa méfiance à l'égard des hommes toujours volages :

> Qui se fait prude et prétieuse
> Peut toujours être en sûreté,
> Et fût-elle peste et rieuse,
> Les rieurs sont de son côté.

Plus satirique que l'abbé de Pure, un portrait anonyme inclus dans le *Recueil de portraits* de Mlle de Montpensier se moque de leur ton perpétuellement railleur et mime leurs grimaces :

> S'il arrive dans cette compagnie une autre précieuse, elles se rallient ensemble et, sans songer qu'elles ne sont pas les plus fortes, elles

chargent le prochain et personne n'en est exempt, et cela fort hardiment car ce sont des emportements à rire au nez, les plus insupportables du monde. […] Elles sont fort railleuses et moqueuses, et même des gens qui ne leur en donnent pas de sujet.

La préciosité n'est sans doute qu'un moment de l'histoire littéraire. Quels que soient leur jargon, leur pruderie, leurs prétentions, leurs rires, leurs artifices, les précieuses ont ouvert un chemin satirique à l'écriture féminine.

Rire ou raillerie

Comment séparer le rire de la raillerie ? « La moquerie est une marque d'un petit esprit » note La Bruyère. Tous ceux qui se mêlent à travers des traités ou des romans de définir les règles de la bienséance s'accordent pour prohiber la raillerie. Mais les uns y voient une faiblesse spécifique des femmes dans le souci qu'elles ont de se montrer supérieures aux hommes, les autres y voient une inclination naturelle d'un esprit étroit et incapable de s'élever.

Devant leur projet de vie à la fois social et littéraire[1] leurs détracteurs tournent en dérision leurs bons mots et leurs façons outrées. Réaction de misogynes ? Après avoir tout interdit aux femmes, ils les ridiculisent encore lorsqu'elles font preuve d'esprit, un esprit qui les menace dans leur suprématie ; ils sont convaincus qu'elles contribuent à renverser, au moins pour quelques instants, l'ordre social. Molière aura sa part dans cette charge contre leurs prétentions savantes.

À l'inverse, nombre de témoignages contemporains célèbrent le brio féminin, tout en sous-entendant qu'il peut frôler l'hystérie[2]. Elles sont trop souvent calomniées : « Point de gouvernement pour elles, point d'autorité absolue, point de conduite d'âmes, point de pouvoir dans l'Église, point de possession des charges, point d'entrée dans les secrets, point d'application aux sciences. Il semble qu'on leur veuille ôter l'esprit en traitant de *précieuses* celles qui en font paraître[3]. »

PESTES ET RIEUSES : UNE QUERELLE DES SEXES QUI N'EN FINIT PAS

L'abbé de Pure laisse entendre que leur frivolité (les coquettes) ou leur froideur (les prudes) cache une conscience d'avant-garde, féministe et impatiente de déposséder l'autre sexe de son pouvoir tyrannique[4]. Ces femmes douées montrent qu'elles peuvent apprécier les ouvrages littéraires. Elles cultivent le plaisir de la musique comme Mlle Paulet ou la rieuse Ninon de Lenclos : Ninon figure parmi les modèles de ces femmes dont l'esprit pétille sans nuire jamais au cœur et qui revendiquent une liberté de conduite toute masculine : ses contes, nous dit Tallemant des Réaux, sont « à crever de rire », et mieux vaut mourir de rire que mourir d'amour. Elle figure sous le nom de Clarice dans la *Clélie* de Mlle de Scudéry, qui vante son esprit enjoué : « elle parle volontiers, elle rit aisément, elle se fait un grand plaisir d'une bagatelle ». Mais Ninon de Lenclos vit en marge de la bonne société.

Les femmes ont donc des talents bien à elles, mais elles sont loin de convaincre. On reconnaît leur « brillant de feu » et leurs bons mots sont prononcés pour être répétés, tout comme leurs lettres sont écrites pour faire le tour des ruelles. On apprend auprès d'elles à bien parler. L'abbé de Pure en décrit aussi les limites. Les paillettes de l'imagination, le décousu qui provoque la surprise et le rire, la liberté d'une culture qui se moque de l'érudition sont des traits du facétieux féminin, mais ils ne feront jamais de bons livres : certains prétendent même qu'il y a deux langues françaises, l'une féminine pour la conversation et l'autre virile pour l'écriture. En fin de compte, les femmes sont presque toujours renvoyées à leur infériorité intellectuelle et à leur légèreté, selon la vieille théorie des humeurs explicitée par Bouhours :

> Je ne pensais pas, interrompit Eugène, qu'une femme pût être un bel esprit ; et quoi que vous en disiez, je doute un peu qu'elle puisse avoir toutes les qualités qui sont nécessaires pour l'être. [...] Cette pituite dont elles sont pleines et qui leur fait le teint délicat, ne s'accorde pas trop avec la délicatesse et la vivacité de l'esprit ; elle en émousse la pointe ; elle en affaiblit les lumières ; et si vous y faites réflexion, ce que les femmes ont de brillant est de la nature des éclairs qui éblouissent un moment et qui n'ont point de consistance : elles brillent un peu dans la conversation et pourvu qu'on ne parle que de bagatelles, elles ne parlent pas mal[5]...

Inaptes au bel esprit, c'est-à-dire incapables de traiter des sujets de morale, de science ou de politique, les femmes du monde sont cantonnées dans l'oralité, une oralité qui tolère un rire discipliné. Selon les plus sévères, comme le chevalier de Méré, elles n'ont même pas par elles-mêmes le talent d'animer une conversation sérieuse : « Il faut mêler les hommes avec les femmes, car lorsqu'elles sont seules, rien ne les anime, et les plus habiles me l'ont assuré[6] ur » ; mais elles ont le mérite « d'apporter la joie partout ». Leur rôle consiste principalement à tempérer les animosités[7].

Ce sont elles qui distinguent une plaisanterie innocente d'une moquerie blessante en résistant aux dangereuses surenchères : « Je veux que la raillerie soit galante, et mesme un peu malicieuse : mais je veux qu'elle soit modeste et délicate ; qu'elle ne blesse ny les oreilles ny l'imagination ; qu'elle ne face jamais rougir que de dépit...[8] », souligne Mlle de Scudéry : ainsi resteront-elles fidèles à leur vocation. La présence féminine crée le plaisir d'être ensemble en éloignant les grincheux ; les femmes à bons mots comme Mme Pilou ou Mme Cornuel sortent de leur rôle en cherchant à trop vouloir se montrer originales.

CE JE-NE-SAIS-QUOI

Deuxième règle, il faut accommoder ensemble l'air galant et l'air railleur, les agréables folies et les choses sérieuses pour mieux étonner et divertir. Mlle de Scudéry juge légitime de se distraire des soupirs de son galant car les « douceurs » ont besoin d'être pimentées. Tout comme le galant doit savoir « garder de grandes mesures avec les Dames » et les courtiser « sans empressement ni affectation », inversement « il convient à une Dame de n'aller pas trop vite en raillant avec les hommes de peur d'en trouver un qui ne la respecte pas assez »[9].

L'obsession de paraître piquante nuit à la grâce. La joute a besoin, pour plaire, de ce je-ne-sais-quoi qui fait « le charme secret » des échanges et que détaille la célèbre carte de Tendre. La bonne conversation est un divertissement relevé par l'effet de surprise et une imagination vive, épicé par une raillerie sous contrôle dont la victime doit pouvoir sourire de bonne grâce, et qui s'achèvera en compliment : savoir entendre raillerie et ne point se piquer mal à propos sont des qualités de l'honnêteté.

Troisième règle, le rire des femmes ne doit se libérer qu'avec prudence. Drôles, imprévues, intarissables mais parfois hystériques, la chaleur du rire les emporte et leurs « folastreries » peuvent aller très loin. Beaucoup de précieuses sont veuves, quelques-unes sont filles, d'autres se sont séparées de leur mari, ce qui donne à leurs railleries un petit air de vengeance, et parfois de grivoiserie. Le rire ne doit jamais être plus qu'un assaisonnement, et l'absence de retenue fait figure de péché majeur contre l'honnêteté.

Aussi, dans les chapitres qu'elle consacre à la conversation dans *Clélie* et dans *Artamène ou Le Grand Cyrus*, chapitres réunis ultérieurement en un ouvrage séparé publié en 1680[10], Madeleine de Scudéry définit-elle un strict mode d'emploi du rire et de la raillerie en traçant une frontière aussi infranchissable que ténue entre un rire indécent, et dangereux, et un rire fin et seyant qui sert de lubrifiant social, « car il y a bien de la différence entre divertir et faire rire[11] ». Divertir, oui. Faire rire, non, ce talent est toujours et encore réservé aux hommes. Quant au rire excessif et incontrôlable, il n'a rien à voir avec l'esprit de joie, car on ne sait même plus de quoi on rit, et la folie fait peur comme une maladie, ainsi qu'elle l'explique par la bouche du personnage masculin de Phaon :

> En effet, je me trouvai un jour à Syracuse avec cinq ou six femmes, et deux ou trois hommes, qui se sont mis dans la tête, que pour faire que la conversation soit agréable il faut rire éternellement : de sorte que ces personnes sont ensemble elles ne font que rire de tout ce qu'elles se disent les unes aux autres, quoiqu'il ne soit pas trop plaisant : et elles mènent si grand bruit que bien souvent elles n'entendent plus ce qu'elles disent : [...] je ris presque jusques aux larmes, sans que je susse pourquoi je riais : mais à dire la vérité, j'en eus tant de honte un quart d'heure après, que je passai en un moment de la joie au chagrin[12].

Le danger d'une dérive du rire qui tournerait tout en objet de risée préoccupe le chevalier de Méré et Antoine de

Courtin autant que Mlle de Scudéry. Aussi Méré déplore-t-il le ton moqueur qu'elles prennent constamment et il leur conseille « principalement, de songer plus à plaire qu'à faire rire, parce que beaucoup de choses font rire qu'on n'aime point[13] ».

À plusieurs reprises, Méré s'en prend aux singeries où se complaisent quelques demoiselles mal éduquées. Sévère pour les dames, il tolère en revanche les farces ou les provocations un peu osées des hommes, même si elles contreviennent aux bienséances, et il donne l'exemple de Roquelaure qui « bouffonne avec les dames » pour les contraindre à rire, ou les excentricités du duc de Buckingham, habillé à « la persienne », c'est-à-dire les chausses relevées jusqu'aux genoux[14]. Le pacte du commerce honnête n'est pas rompu par une trace d'impertinence, à condition que règne le bon air, mélange de finesse, de vivacité et d'air dégagé.

« ON SE MOQUE DE TOUT ICI »

À mesure que se met en place le système des contraintes sociales produit par la cour, le ridicule devient l'aliment du rire de l'époque classique[15]. Sous le prétexte de les corriger, les manquements aux usages donnent lieu à une surenchère de rires et ricanements dissimulés. Mme de Maintenon s'en inquiète dans une lettre à Mme de Fontaines, inspectrice de classes chez les demoiselles de Saint-Cyr : « Il faut encore deffaire de nos filles ce tour d'esprit railleur que je leur haïs donné et que je connais présentement très opposé à la simplicité, c'est un raffinement d'orgueil. » La petite Marie Adélaïde de Savoie arrivant à la cour de Versailles s'en étonne devant Mme de Maintenon : « Ma tante, on se moque de tout ici. » Mme de Caylus est célèbre par ses plaisanteries : elle habille une poupée d'une manière extravagante pour ridiculiser les modes de Versailles.

Louis XIV, qui déteste la raillerie des dames, lui intime l'ordre de quitter la cour parce qu'elle s'est moquée de la dévotion de Mme de Montchevreuil : « On regardera ces plaisanteries qui m'avaient paru très innocentes comme très criminelles ; on y trouva de l'impiété. »

Mme de Montespan sème des mots à l'emporte-pièce, tout comme sa sœur, Mme de Thianges ; Mme de Coulanges a le trait facile ; le confesseur de Mme de Maintenon et de Mme Cornuel, l'abbé Gobelin, dit que « chaque péché de cette dame est une épigramme ». L'instinct des femmes les porte à rire des autres et de leurs histoires d'alcôves parce qu'elles voient plus vite ces petits riens qui font le défaut de la cuirasse. Elles excellent dans le genre des portraits satiriques et chansonnent avec malice les déviances et les vanités. Mais les piques finissent par tout assécher. Les traités de civilité de la fin de siècle pointent de plus en plus les « effets pernicieux de la raillerie », ces fruits amers d'un rire qui s'exerce aux dépens d'autrui.

Le goût féminin prend peu à peu une place importante dans la vie culturelle du XVIIIe siècle, même s'il ne se traduit pas par la production d'ouvrages. Le siècle des Lumières s'ouvre sur le monde moderne des idées et des arts, et c'est au titre d'hôtesses que ces femmes spirituelles tiennent maison ouverte, régnant sur une petite cour de personnalités diverses grâce à leur fortune, leur naissance et leurs relations, mais aussi grâce à leur goût et leur tact ; leur autorité dépend de leur agilité à se montrer affable et à alimenter la conversation, selon « une certaine manière de se faire plaisir réciproquement et avec rapidité, [...] de produire à volonté comme une sorte d'électricité qui fait jaillir des étincelles, soulage les uns de l'excès même de leur vivacité et les autres d'une apathie pénible[16] ».

Certaines assument parfaitement leur rôle : elles ont « le coup d'œil aussi prompt que l'éclair », et elles « saisissent mieux que les hommes ces tours aisés, badins et négligés qui rendent si bien le sentiment et la plaisanterie[17] » : elles sont le relais de cette « gaieté française [qui] pétille, où l'esprit badine innocemment avec les armes du ridicule, où Comus secoue en riant les grelots de la folie[18] ».

La querelle des sexes n'est pas enterrée pour autant : ce sont ces mêmes aimables femmes qui sont coupables d'avoir introduit dans les lettres futilité et frivolité et d'en avoir affadi le goût. On se moque des « belles parleuses » voltigeant d'un sujet à l'autre, remplaçant le long travail du savant et de l'écrivain par une apparence de connaissances qu'elles puisent dans de médiocres petits ouvrages. « La gaieté leur tient lieu d'esprit, résume Montesquieu, mais, ajoute-t-il en contrepartie, la gravité est le bouclier des sots[19]. » Plus propres à sentir qu'à penser, tout est jeu pour elles.

La comtesse de Boufflers « fut charmante, ironise Julie de Lespinasse, elle ne dit pas un mot qui ne fût paradoxe ». La plupart reconnaissent chez ces femmes parfois autodidactes un regard neuf et libre ; c'est ce décalage que Houdar de la Motte apprécie particulièrement dans le salon de la sage Mme de Lambert : « ... elle traite de frivole ce qui est établi comme important [...], elle regarde quelquefois comme important ce que beaucoup de braves gens traitent de frivole[20]. » Dans ce renversement des valeurs, on a vu constamment une clé de l'humour féminin, et le ressort d'une conversation plaisante et originale ; pour d'autres, ce rire de l'esprit ressemble davantage à un gaspillage d'idées.

LE RIRE DE L'AMITIÉ

La France est « le pays des femmes » écrit le philosophe David Hume. Il suffit de s'arrêter un instant sur les délicats portraits de La Tour, Nattier ou Largilière pour comprendre devant ces visages féminins aux lèvres moqueuses, aux yeux intelligents et mobiles, ce qu'elles apportent de finesse et d'entrain aux salons du siècle des Lumières. « La société, écrit l'abbé Morellet à Lord Shelburne, a besoin de cet ingrédient comme le café a besoin de sucre. Je sais bien qu'il y a des gens qui ne mettent point de sucre dans leur café mais je ne les en estime pas davantage » (21 juillet 1779) ; mais Morellet se plaint aussi de leur « esprit de plaisanterie » qui empêche toute conversation un peu sérieuse. Certains invités venus de la province ne voient dans les joutes langagières qu'artifices, « torrents de pointes et de saillies bizarres », et commencent par s'en agacer, comme le grincheux Duclos chez Mme de Tencin.

Mais lorsque la conversation unit esprit, gaîté, naturel, simplicité, un climat de confiance s'instaure, créant cette sorte d'heureux « métissage culturel » entre hommes et femmes dont parle Mona Ozouf, et qui est le privilège d'un Paris lettré, mondain et aristocratique. Excellentes maîtresses de maison, les femmes jouent du clavecin, peignent, écrivent de jolies lettres et animent des débats intarissables qui se prolongent tard dans la nuit. « On ne s'assemble qu'à six heures du soir, on fait un dîner-souper ; on reste en compagnie jusqu'à deux heures du matin ; on joue, on lit et surtout, on rit. On a de grandes matinées pour dormir si l'on veut, ou faire ses affaires », écrit la duchesse de Choiseul à la marquise du Deffand.

Et assurément, on rit : tel est le ton de la bonne société du XVIIIᵉ siècle, rire pour rire sans projet de réforme morale, rire à la promenade et au spectacle, rire en bavardant à table et en échangeant des idées, car « les morceaux caquetés se digèrent plus aisément[21] » ! Le « brillant » du XVIIᵉ siècle qui sentait un peu trop la coterie a perdu de son prix au profit d'une convivialité chaleureuse, où le rire spontané trouve sa juste place. La conversation est travaillée par d'autres critères. Le nouveau siècle sautille d'une histoire frivole à des considérations sérieuses sur l'allaitement maternel, le vaccin ou les lois de l'architecture ; il admet les apartés, ne déteste pas les brouilles et les tendres raccommodements et se méfie de l'esprit à tout prix, car rien n'est pire que de vouloir se montrer plaisant « quand on n'est pas né tel ».

Il n'y a pas de meilleur témoin que Diderot remarquant avec amusement comment ses voisines de souper s'habillent ou se coiffent, il écoute leurs confidences, parle avec elles de leurs amants, des dernières pièces de théâtre ou des derniers livres, et elles ne retirent point leur main si quelque galant vient à la presser. Soupant à la Chevrette, chez Mᵐᵉ d'Épinay, il résume dans une lettre à Sophie Volland l'ambiance d'un de ces soirées du lundi : « On riait, on plaisantait, on embrassait, on caressait, on disait tout ce qui venait à la bouche... » (1762).

Quand on veut être sérieux, il se peut que s'installe l'ennui, alors « on se tient écarté les uns des autres. On se fait en entrant, en passant, en sortant, des révérences et des sentiments. On s'écoute, on ne se parle guère... » Diderot qui ne résiste pas à une bonne histoire, met en scène Mᵐᵉ Geoffrin se présentant à cette terne soirée ; elle baille, s'ennuie et ne tarde pas à se retirer. « Madame, vous nous quittez ? » demande quelqu'un. Et elle de répondre : « Il n'y a personne aujourd'hui. Une autre fois, je reviendrai. »

Les bons mots font le tour des salons. C'est cette même fine gaîté, ce même esprit des soirées de la fin de l'Ancien Régime qu'évoque avec nostalgie Mme Vigée Le Brun lorsque douze ou quinze personnes se réunissent au coin du feu, sans apprêt, pour se raconter des riens et dire mille folies.

Le délassement, la mixité, l'amitié fondent la conversation aimable ; l'abbé Galiani et Mme d'Épinay, Mme du Deffand et Voltaire ou d'Alembert, Mme du Châtelet et Voltaire, Benjamin Constant et Isabelle de Charrière sont réciproquement amoureux de leur esprit ; en société, chacun doit à l'autre légèreté et gaîté. Il est vain de se demander s'il existe alors une forme spécifiquement féminine de la causerie et du rire : toute la société s'est pour ainsi dire « féminisée », éprise de fantaisies, de taquineries, de rire, de bons mots, de grâce et parfois de mélancolie.

De quel poids pèse l'influence des femmes dans cet espace ni tout à fait public ni tout à fait domestique qui semble si propre à voir s'épanouir leurs talents ? Maîtresses de maison veillant sur le bien-être de leurs hôtes, auditoire spirituel et curieux, femmes du monde soucieuses de satisfaire leur amour-propre et celui de leurs invités : ces hôtesses sont-elles, à quelques exceptions près, autre chose que les faire-valoir du talent masculin ? Elles applaudissent aux idées nouvelles, l'âge leur donne parfois le privilège de tenir des propos gaillards, elles ont la repartie vive, elles se laissent aduler, mais ce sont toujours les hommes qui conduisent le jeu intellectuel, et ceux-ci sont parfois impatients de quitter leurs aimables amies pour échanger ailleurs des idées sérieuses.

Marmontel admet trouver un immense plaisir dans la compagnie féminine, il avoue aussi avoir besoin d'aller fortifier ailleurs son esprit et son âme. Car le rire interdit toute discussion. Il y a très peu de femmes chez Mme Geoffrin et chez Mme d'Holbach, sauf la mère de cette dernière,

Mme d'Aine, dont Diderot note les mots saugrenus, les ragots et les gauloiseries. Morellet insiste sur la difficulté à deviser agréablement si les femmes sont nombreuses : « Je le dirai avec franchise, je n'ai jamais vu de conversation habituellement bonne que là où la maîtresse de maison était, sinon la seule femme, du moins une sorte de centre de la société [sauf] lorsque les femmes étaient elles-mêmes instruites, disposition, il faut l'avouer assez peu commune[22]. »

MAUVAISE RÉPUTATION

La réputation de femme d'esprit n'est pas toujours excellente : elle excite l'intérêt sur des bagatelles ou sur une lecture du matin, de sorte qu'« une caillette peut être aisément mise au rang des La Fayette et des Sévigné[23] ». Chez Mme de Tencin, où l'on voit Mme du Châtelet, Mme de la Popelinière et Madame Dupin, ces dames entendent sans sourciller les grivoiseries de Piron et l'hôtesse affecte de ne se choquer de rien : « Nous sommes entre hommes ! » Plaisanterie d'homme encore : l'annonce des réunions de Mlle de Lespinasse en 1770, après celles de « sœur Necker » ou de « Mère Geoffrin », est tournée ainsi : « Sœur de Lespinasse fait savoir que sa fortune ne lui permet pas d'offrir ni à dîner ni à souper, et qu'elle n'en a pas moins d'envie de recevoir chez elle les frères qui voudront y venir digérer... »

Chez Mme Helvétius, dans la maison d'Auteuil, les réunions « fort gaies » doivent beaucoup à l'abbé Morellet et à la présence de vingt chats angoras, habillés de longues robes fourrées, « graves comme des conseillers de parlement » :

Morellet improvise une spirituelle « requête des chats »[24] sur le sort qu'il convient de leur faire, noyade ou émigration outre-atlantique. Et l'abbé Galiani envisage de son côté de publier des *Instructions morales et politiques d'une chatte à ses petits, traduites du chat en français par M. d'Egratigny, interprète de la langue chatte à la bibliothèque du roi.* Dans ces petites cours d'esprits éclairés, un contrat tacite lie l'accueillante maîtresse de maison à ses familiers ; loin de se mettre à l'avant, l'hôtesse offre un climat de liberté ; elle veille à ce que chacun puisse placer son mot et que « personne ne prenne trop d'espace aux dépens des autres ».

L'ESPRIT LANTURELU, OU L'ESPRIT D'ENFANCE

La bonne société a des normes qu'elle ne remet pas en question. Quelques extravagantes prennent des libertés, fortes de leur rang et de leur fortune. La fille de Mme Geoffrin, Marie-Thérèse, devenue marquise de la Ferté-Imbault, peut assurément prétendre à coiffer la couronne de reine du rire. Figure inclassable, elle semble mue par le seul désir de prendre de la distance à l'égard d'une mère moralisante et autoritaire. Folâtre, insouciante, boute-en-train, espiègle et cocasse, elle s'est entraînée à la conversation dans l'entourage maternel. Son rire a quelque chose d'outré car elle fait tout avec excès, danser, jouer, chanter, plaisanter ; elle collectionne les épigrammes et avoue volontiers « se mettre fort en goguette (propos pour rire) », pour entraîner dans sa bonne humeur tous ses amis, et jusqu'à l'archevêque de Paris, M. de Beaumont qu'elle finit par appeler « mon petit chat »[25] !

L'âge venant et le veuvage ne lui ôtent pas sa bonne humeur ; elle rit dans les épreuves sans renoncer aux extravagances, ni aux déguisements, ni aux parodies. À 60 ans, elle rédige un *Plan de vie* pour bien vieillir où elle avoue : « Quand je suis livrée au monde et à mes amis, je n'aime qu'à rire, à jouer et n'avoir pas le sens commun[26] ». Mais elle se défend de forcer son tempérament et elle déteste passer pour un bel esprit. À Voltaire qui lui débite de fades amabilités, elle riposte du tac au tac : « Monsieur, si vous tenez à me faire une réputation, j'aime mieux que ce soit celle d'une bête que d'un bel esprit, elle sera pour moi plus commode à soutenir et me donnera moins de ridicule[27]. »

La grande affaire de Mme de la Ferté-Imbault est la création, en 1771, du Sublime Ordre des Lanturelus, une sorte d'ordre médiéval entouré de mystère où les rites de chevalerie sont repris et adaptés sur un mode burlesque. L'idée lui en vient un soir où le vieux marquis de Croismare, malade, s'est fait excuser de ne pouvoir la venir voir, et elle lui répond par un petit couplet spirituel sur le mal de Lanturelu, s'achevant par le refrain : « Lanturelu ! Lanturelu ! »

Le refrain devient la devise du nouvel ordre, un ordre consacré au badinage et aux chansons dont elle est aussitôt la grande-maîtresse, où se regroupent de joyeux et disparates convives, Grimm qui est promu doyen, mais aussi le cardinal de Bernis, l'ambassadeur d'Espagne, le duc de la Trémoïlle, le prince de Saxe, le comte et la comtesse de Narbonne, une collection des plus grands noms de France ; puis, la réputation des Lanturelus s'étendant dans toute l'Europe, des étrangers de prestige adhèrent à l'ordre, l'impératrice Catherine II et le grand-duc Paul. Croismare est proclamé grand-maître. La marquise, qui fait remonter la filiation des Lanturelus à une chanson improvisée par Voiture pour l'hôtel de Rambouillet, réunit ses membres chez elle tous les lundis, puis les jeudis, et elle édicte des règles qui ressemblent à des maximes de galanterie.

LES SOCIÉTÉS BADINES

Les sociétés badines ne sont pas nouvelles : elles appartiennent à la vieille tradition masculine des « sociétés chantantes » qui célèbrent Bacchus et Momus, sociétés plus ou moins grivoises et bien arrosées, telles que la Société du Caveau où se retrouvent tous les dimanches Collé, Piron, Saurin, Crébillon, ou encore les diverses compagnies poissardes qui réunissent des « plaisantins » de l'aristocratie pour réhabiliter le rire. La nouveauté vient de ce que les femmes à leur tour fondent des sociétés badines et façonnent des règles sans perdre de vue les bienséances.

L'ordre de la Mouche-à-miel est fondé et présidé par la « fine mouche » qu'est la duchesse du Maine avec pour objectif de « se divertir galamment ». Le cercle de la Paroisse se tient chez Mme Doublet pour commenter avec verve les nouvelles politiques. Dans le joyeux ordre des Morosophes, les demoiselles doivent avoir vingt et un ans pour entrer. À Lausanne, la société de Printemps réunit les jeunes filles de bonne famille pour rire, chanter et jouer la comédie. L'ordre de la Malice, institué « par une dame charmante » (mais anonyme) en 1734, prend comme signe distinctif une miniature représentant un singe et ses membres adoptent des noms d'animaux, avec pour règle :

Qu'il ne se passe jamais un jour
Sans avoir fait quelque bon tour

Et que jamais malice noire,
De fait ou bien d'intention
Ne ternisse la belle gloire.
Nous ne recevons dans notre Ordre
Que des sujets doux et malins
Qui sachent rire sans trop mordre[28].

L'ordre de Lanturelu ne faillit pas à la règle des cercles joyeux : rire et corriger sans mordre. Les membres, chevaliers ou simples camarades « Lampons », sont choisis pour leur fantaisie moqueuse. Ils composent des chansons, épigrammes, gaudrioles en vers ou en prose, ou encore des « remontrances » à leur reine, la « très extravagante Majesté lanturelurienne, autocrate de toutes les folies. » Une gigantesque fête, avec lectures, spectacles et musique, est donnée pour célébrer la convalescence de Mme de la Ferté-Imbault guérie d'une rougeole en mai 1779, avec pour organisateur l'ambassadeur de Russie et pour président, le nonce du pape. Rire n'est pas leur seule ambition : la pieuse et conservatrice marquise, tout en détestant les discussions philosophiques et religieuses, voudrait bien pourfendre les Encyclopédistes, amis de sa mère, en composant une Anti-Encyclopédie, mais ses adhérents craignent le combat de front.

La gaîté des bons Lanturelus résiste à l'inquiétude montante suscitée par le climat politique à condition de s'abstenir de polémique. En 1786, Mme de Staël demande son intégration ; prescience ou inaptitude au rire bouffon, sa lettre de postulante, que cite Pierre de Ségur, manque de ferveur : « ... Ce qu'on m'a dit de la reine pouvait bien m'intimider, mais non me refroidir, puisque dans sa cour, le chevalier du Quiproquo, le marquis de Coq-à-l'âne et le baron de l'Amphigouris sont admis, je ne vois donc pas pourquoi je ne me mettrais pas sur les rangs. », Mme de Staël n'a pas vraiment l'esprit lanturelu. D'ailleurs la vie de l'Ordre touche à sa fin. En 1789, Mme de la Ferté-Imbault déclare qu'elle veut abdiquer et conseille à ses sujets de se mettre en république…

Mme de Genlis, bon témoin de son temps, note que les convives ne s'écoutent plus mutuellement parce qu'ils veulent accaparer pour eux l'espace social : « Chacun était, en secret, occupé à chercher quelque phrase ingénieuse […]. Je voyais surtout les femmes s'agiter, rêver, se tourmenter pour placer une réponse fine et spirituelle. » Tout se traite avec un apparent air de légèreté, mais la compétition gâche la gaîté. Le rire nerveux ou simulé ne sert plus à communiquer, ni même à exclure ; il se génère lui-même dans le brouhaha et la dissipation. Le satiriste Collé dresse un portrait sans pitié de la dame du monde qui veut être à la mode, en l'occurrence Mme de la Porte épouse de l'intendant du Dauphiné, « farcie de ridicules, sans bienséances, faisant de l'esprit toute la journée et n'ayant pas le sens commun ; jouant la gaîté et n'étant que folle[29]… »

Quelque chose se dégrade au royaume du rire. Mme de Choiseul se plaint d'un « enthousiasme » tapageur, d'un pathos qui s'épanche à tort et à travers et tient parfois lieu de jugement : « On n'exprime que depuis qu'on ne sent plus »[30]. Selon le regard expert de Mme de Genlis, deux espèces de personnes contribuent à tuer l'esprit de gaîté : les gens à grands sentiments qui affichent une délicatesse de goût et se piquent de philosopher, toujours polis, sérieux et surtout affectés ; et la secte opposée, les insouciants et les frivoles, traitant tout avec légèreté, qui se moquent par système de la sensibilité et de la vertu. Les premiers excèdent à force de prétention, de simagrées et d'artifice ; et les seconds fatiguent avec leurs enfantillages. Mais c'est encore de ce côté-là que penche malgré elle Mme de Genlis :

> Leur frivolité ne saurait se décrire ; aussi cette phrase inventée par eux, *avoir de l'enfance dans l'esprit*, exprime dans leur opinion le genre d'agrément le plus désirable. Ils se rassemblent en petit comité avec l'intention positive de ne dire que des enfances et des bêtises. Je m'y trouve souvent, et je conviens à ma honte que, non seulement je m'y amuse, mais que je ne ris véritablement que là, et ceux que je vois rire autant que moi, et ne point se lasser de ces puérilités, ont sûrement plus d'esprit que je n'en ai. [...] Mais on a peine à concevoir que des gens qui ont le sens commun puissent trouver constamment un tel charme à renoncer ainsi à leur raison et même à leur esprit[31].

L'esprit d'enfance, l'esprit lanturelu, cherche comme il peut des antidotes au vide de l'ennui. Fin d'un monde aimable : l'euphorie est artificielle, le rire de convention, et la plaisanterie, loin d'agir comme un lubrifiant social, aigrit la sociabilité.

La France ne sait plus rire

Il faut chausser les lunettes de l'anglais Horace Walpole pour apercevoir le malaise d'un pays où la philosophie et le despotisme de l'esprit font peu à peu table rase. La France, dit-il, ne sait plus converser ni s'égayer, à force de disserter, de critiquer, de tourner tout en dérision : « Ils n'ont pas le temps de rire, il faut d'abord penser à jeter par terre Dieu et le roi », écrit-il à Thomas Brand en octobre 1765.

Même constat l'année suivante dans une lettre à M. Gray : « Les hommes ont pris le masque de la gravité croyant que c'est philosophe et anglais, de sorte qu'ils n'ont rien acquis à la place de leur légèreté et de leur gaîté naturelles. » Le petit-bourgeois parisien n'est pas plus gai, selon Louis Sébastien Mercier : s'il présentait autrefois « un air riant, ouvert, dégagé », il y a aujourd'hui dans ses manières « quelque chose de contraint et de triste » (chap. 562).

UN ESSAIM DE GUÊPES

Les dames échappent pourtant à l'entreprise de démolition que Walpole mène un peu brutalement. Elles « ne semblent pas être du même pays (que les hommes) ; si elles ont moins de gaîté qu'autrefois, elles sont plus instruites. » De fait, l'éducation a porté ses fruits ; depuis que Molière se moquait de la pédante Armande, beaucoup se sont affranchies et approprié des formes de savoir, même si les bienséances leur recommandent toujours la discrétion et la modestie. Certaines influencent indirectement la vie politique. D'autres gagnent leur vie avec leurs livres, des livres qui ne se contentent pas d'être les miroirs d'une culture masculine.

Mais précisément parce qu'elles ont infiltré les pouvoirs masculins, elles risquent d'y perdre ce qui fait leur nature profonde : Rousseau s'inquiète de cette évolution qui donne aux femmes l'accès à l'espace public et un pouvoir nouveau. La vie de société sous leur influence est devenue inséparable de la médisance et de l'esprit satirique, des ragots et des chroniques scandaleuses. Elles se soucient « moins d'être aimées qu'amusées », or il faut n'aimer rien pour s'amuser de tout : « Les jolies femmes n'aiment point à se fâcher, aussi ne se fâchent-elles de rien ; elles aiment à rire, et comme il n'y a pas le mot pour rire au crime, les fripons sont d'honnêtes gens comme tout le monde[1]. » Sans même parler des galanteries, des mensonges proférés sur un ton « coulant, aimable, léger et naturel », ou des liaisons adultérines qui favorisent les propos secrets et les sous-entendus.

Où sont passés les rires innocents ? La conversation encourage un processus de désensibilisation ; on ne saisit plus les choses que par leur côté plaisant et on affile son poignard pour traquer non pas le vice, mais le ridicule, et c'est ce qu'on appelle plaire. Et le vertueux philosophe d'accuser la mixité à la française, avec sa débauche d'esprit, ses jabotages et ses sentiments détraqués : « À Paris, les femmes n'aiment à vivre qu'avec les hommes, elles ne sont à leur aise qu'avec eux. Dans chaque société la maîtresse de maison est presque toujours seule au milieu d'un cercle d'hommes. [...] C'est donc là qu'une femme apprend à parler agir et penser comme eux, et eux comme elle[2]. »

Leur gaîté est apprêtée, leur sourire menteur. Parce que les cœurs sont exsangues et que les sexes se confondent, la conversation tourne à vide, sans autre but que de « donner un vernis de grâce à l'immoralité ». L'aimable compagnie qui devise sous les ormes de Clarens offre le contrepoint du salon parisien, avec ses joies innocentes et ses rires mutins. Voltaire, le premier ironiste de France, n'est pas plus tendre : « La société à Paris a-t-elle d'autres aliments que la médisance, la plaisanterie et la malignité ? » (Lettre à Mme du Deffand, 13 juillet 1768).

Toutes ces dames qui trônent dans les salons aristocratiques, Mme de Luxembourg, Mme de Gramont, Mme de Mirepoix, la duchesse de Fleury savent de naissance manier l'impertinence. Un essaim de guêpes, diront les Goncourt, « une vivacité de puces », plaisante Mme de Genlis, car la peur de ne pas paraître du dernier cri leur donne beaucoup de perspicacité. Rares sont celles qui, comme la duchesse de Choiseul, échappent au besoin de railler tout en gardant une réputation de femme d'esprit. La moquerie est l'exutoire d'intelligences inquiètes et sans emploi, en quelque sorte le rire de l'esprit. Exemplaire jusque dans ses excès, la marquise du Deffand se plaint de l'ennui qui la ronge, « ce ver solitaire qui fait que rien ne nous profite », et sa hantise est à son tour d'ennuyer les autres. L'esprit trop net et peu curieux, le jugement acéré, l'horreur des belles phrases : elle est incapable de s'abandonner aux illusions de la passion mais elle ne peut rester sans compagnie. Aussi la conversation et la correspondance, l'amitié avec les hommes les plus incisifs de son temps sont-ils les seuls remèdes capables de la tirer de cette dépression que lui causent après « le regret d'être née » l'ennui de vivre et l'angoisse de mourir.

Avec Voltaire, avec Mme de Prie, puis avec Mme de Staal-Delaunay sa complice raffinée, elle échange des couplets satiriques et partage le plaisir du dénigrement. Car il faut médire pour s'amuser : « Moquons-nous les uns des autres et qu'ils se moquent de nous, c'est bien de toutes parts », proclame Rose de Staal-Delaunay en guise de manifeste ; et elle ajoute : « Il y a longtemps que j'ai partagé comme vous le monde en fous et en sots. » « Que les hommes et leurs femelles sont de plaisants animaux ! Je ris de leurs manœuvres le jour que j'ai bien dormi[3]. » L'esprit ironique de Rose, ses formules mordantes, ses mots brefs ne peuvent que plaire à « sa reine », dont on devine le sourire en lisant le portrait de la détestée Mme du Châtelet : « Elle fait la revue de ses principes, c'est un exercice qu'elle réitère chaque année, sans quoi ils pourraient s'échapper. »

Ou encore lorsque Rose ironise sur la société mondaine qui entoure sa protectrice, la duchesse du Maine : « Les grands, à force de s'étendre, deviennent si minces qu'on voit le jour à travers. » Comme Rose, Mme du Deffand divise le monde en « trompeurs, trompés et trompettes » et se défend par la dérision contre le mal de vivre. Le refus de tout dolorisme complaisant, une intelligence dissolvante, une ironie aristocratique inspirent à ces intelligences inoccupées des épigrammes cinglantes.

Un mot nouveau, forgé semble-t-il autour de 1730, décrit ce jeu cruel qui fait fureur dans la deuxième moitié du siècle et distingue les gens d'esprit, le persiflage[4]. La chose n'est pas neuve, mais elle est devenue au siècle des Lumières la perfection du bon air. Il y a plusieurs façons de persifler. La première n'est qu'un léger badinage qui croise, assemble et décroise les mots pour surprendre par des arrangements inattendus et voiler la raison, à l'exemple du « parfilage » sur lequel le mot est construit : à la mode vers 1750, le parfilage consiste à dépecer en compagnie des morceaux d'étoffe brin à brin, à filer ensemble des bobines différentes et découdre les vieux galons, brandebourgs ou broderies pour en récupérer l'or.

Pratiquée dans le même cadre du salon, la conversation décousue est un jeu ; comme le désir, elle suit dix fils en même temps, s'égare sans logique ni ordre, l'imprévu et les contrastes loufoques déclenchant le rire : « Il faut que quelqu'un qui parle guerre se laisse interrompre par une femme qui veut parler sentiment ; que celle-ci, au milieu de toutes les idées que lui fait naître un sujet si noble et qu'elle possède si bien, se taise pour écouter un couplet galamment obscène ; que celui ou celle qui le chante cède, au grand regret de tout le monde, la place à un fragment de morale qu'on se hâte d'interrompre pour ne rien perdre d'une histoire médisante[5]... »

On rit de ce qu'on ne comprend pas, parce qu'il est de bon ton de rire. Chez Mme du Deffand, le parfilage, ce passe-temps des dames du monde, est la métaphore parfaite du dénigrement :

Vive le parfilage !
Plus de plaisir sans lui !
Cet important ouvrage
Chasse partout l'ennui.
Tandis que l'on déchire

Et galons et rubans
L'on peut encore médire
Et déchirer les gens.
Autrefois dans la vie
L'on n'avait qu'un amant,
Maintenant la folie
Est d'en changer souvent
On défile et partage
L'amour comme un ruban,
Et même au parfilage
On met le sentiment.

Le parfilage repose sur des haines partagées plutôt que sur des connivences amicales et la conversation ressemble à une mécanique sans âme et sans raison. De divertissement burlesque et déconcertant, le persiflage devient une excitation intellectuelle pour l'esprit libertin. La stratégie consiste à choisir une cible peu ou mal adaptée aux règles du groupe, à l'abuser par une extrême politesse et à lui dresser des croche-pieds dans la conversation en prenant le public pour complice. Le persifleur s'avance masqué ; il se pose en ami alors que sa gaîté est hypocrisie et calcul.

La victime, confiante, se place d'elle-même dans le piège qui lui est tendu, en se prêtant à une conversation qu'il croit bienséante et aimable, alors que les règles sont subverties, et d'où toute compassion est absente. Instrument de ridicule et d'humiliation, le rire blessant, public, a la violence d'une injure dans l'échange, et peut être un moyen raffiné de vengeance : « et l'on amuse ainsi une société entière », conclut Mercier, qui revient à plusieurs reprises sur la décadence d'un rire de mystification. Les non-initiés, provinciaux et jeunes gens timides, subissent ainsi les rires insolents et les plaisanteries décousues sans comprendre, immolés au plaisir des autres si l'hôtesse n'y prend garde :

> Il n'était pour ainsi dire permis de parler que par bons mots. Mme de Tonins et ses adorateurs partirent en même temps : ce fut un torrent de pointes, quolibets et de rires excessifs. [...] Je voulus prier celui qui était à côté de moi de me tirer de peine et de m'aider au moins à entendre ce que l'on disait. Il me fit en riant un discours beaucoup moins intelligible que tous ceux qu'on avait tenus jusqu'alors[6].

Le persiflage est plutôt un jeu d'hommes, un jeu de chasseur, mais les persifleurs plaisent aux dames car ils passent pour avoir de l'esprit et on les veut pour alliés. Le versant social du rire n'est jamais oublié car le rire a pour but caché de distinguer le rieur et d'augmenter son prestige : « Il nous a tant fait rire, il est insupportable », glousse une coquette en écoutant les fadaises d'un petit-maître[7]. Sous un masque comique, le langage carnavalesque, truffé de bons mots et de coqs à l'âne, de jargon que l'on n'entend point, ne sert qu'à renforcer l'amour-propre de quelque gandin au mépris du plaisir collectif, rien ne rendant si féroce que l'amour-propre exaspéré.

La conversation n'a plus rien d'une valorisation réciproque et la méchanceté tient lieu de mérite. Y a-t-il une forme féminine du persiflage ? Les dames du XVIIIe siècle sont prudentes ; Mme de Puisieux recommande à son amie de répondre par une moue méprisante aux insolences : « Il ne nous est pas permis de nous battre ; c'est encore une des prérogatives de notre sexe de souffrir tranquillement les impertinences[8]. » Mme de Genlis est également persuadée qu'un caractère gai et un esprit piquant nuisent à la réputation des femmes ; aussi la sagesse leur commande-t-elle de ne causer que « tout bas, seulement avec leurs amis, à table où elles les font placer près d'elles, et hors de table dans l'embrasure des fenêtres [...]. Ainsi leur esprit reste enfoui dans le sein de l'amitié[9] ».

Les dames qui s'essayent au persiflage doivent en outre se plier à une impérative règle de politesse lorsqu'elles reçoivent : « La femme la plus humoriste et la plus dédaigneuse sera toujours, chez elle, polie, obligeante ; c'est peut-être une des choses qui contribuent le plus, parmi nous, à l'agrément de la société. On ne se fâche point, on ne se formalise point ; on ne se moque point chez soi, on n'y montre ni humeur, ni dédain, ni sécheresse[10]. »

Et de citer Mme de Voyer, la plus dénigrante des femmes, composant malgré ses humeurs le personnage de la plus aimable des hôtesses ! En fait, parce qu'elles sont souvent les victimes des « sociétés du bel air », les dames réussissent aussi bien que les hommes dans ces joutes biaisées où il faut adresse, fiel et dissimulation. Duclos campe en Madame de Léry, un modèle du genre :

> Elle était vive, parlant avec facilité et agrément, extrêmement amusante, et par conséquent médisante. Elle plaisantait assez volontiers tous ceux qui l'entouraient ; mais elle déchirait impitoyablement les absents, et les chargeait de ridicules d'autant plus cruels qu'ils étaient plaisants. Il est rare que les absents trouvent des défenseurs et l'on n'applaudit que trop lâchement aux propos étourdis d'une jolie femme[11].

Par surenchère la femme devient parfois machiavélique. Le persiflage libertin a fait de Mme de Merteuil, l'héroïne littéraire de cette méchanceté banalisée au XVIIIe siècle, Merteuil qui, par sa maîtrise du jeu, l'emporte de loin sur Valmont qu'elle mystifie en jouant de ses passions. L'amour est un ridicule parmi les autres et « rien ne [l]'amuse comme un désespoir amoureux ».

Alors que Valmont se prend à son propre jeu, sa complice n'a pour passion que la curiosité, une curiosité à l'affût des secrets d'alcôve, qui veut se rendre maître d'autrui et manipuler ses victimes pour dominer les hommes et échapper à l'ennui d'un monde finissant. Merteuil ne rit que sous cape, certes, mais chacune de ses lettres se lit sous un double ou triple registre, faisant du lecteur un voyeur complice qui s'amuse des bévues de ses victimes en une équivoque calculée.

La mode du persiflage, ou du parfilage, durera plusieurs décennies et survivra à la Révolution, entretenant l'aristocratie privée de pouvoir dans l'illusion qu'elle règne au moins encore sur les mots. Mme de Chastenay dans ses *Mémoires*[12] avoue son étonnement lorsqu'elle est reçue, jeune fille, dans le salon de Mme d'Avaux en 1797 et qu'elle découvre ces coquettes libertines : « Dans un cercle avec des femmes légères, plus vieilles qu'elles ne veulent l'avouer, moqueuses et familiarisées au jargon du persiflage, je ne sais souvent où j'en suis. [...] Le persiflage était le ton dominant et je n'y ai jamais rien compris. »

LE RIRE, UNE MARQUE SOCIALE ?

« La raillerie est toute la littérature des sociétés expirantes », note Balzac dans sa préface à *La Peau de chagrin*. Et Stendhal consacre des pages et des pages à dénoncer la traque du ridicule, ce sport où excellent les Français. Loin de favoriser l'harmonie de la société, le plaisir de la conversation finit par la miner de l'intérieur en enseignant l'hypocrisie, l'ironie, la cruauté. « On pensait pour parler, on parlait pour être applaudi, et tout ce qui ne pouvait pas se dire semblait être de trop dans l'âme », constate avec amertume Mme de Staël[13]. Mme de Staël a trop de sincérité pour se montrer piquante ou simplement badine. Mais elle aime le brio et elle réfléchit aux ressorts de la gaîté et à ses conditions sociohistoriques, en déplorant ses dérives bien françaises.

Sans doute se plaît-elle toujours en société, reste que « la plaisanterie a perdu sa grâce sans avoir perdu de ses inconvénients » car elle s'attaque à tous les sentiments vrais : « Autrefois on était si délicat sur le bon goût des manières et des écrits qu'il suffisait à l'amusement de plaisanter sur le ridicule des formes vulgaires ou des expressions communes ; à présent qu'à cet égard tout est confondu, la plaisanterie est dirigée contre le sentiment et la pensée même[14]. » La femme d'esprit est particulièrement exposée au péril si elle renonce, pour briller, aux qualités du cœur.

Cette gaîté pernicieuse et destructrice, ces rires jaunes ne procurent qu'un plaisir éphémère auquel répugne une âme juste. Sa fille, Albertine de Staël, duchesse de Broglie, l'exprime non moins joliment dans une lettre de 1824, où elle retrouve la définition du trait d'esprit par La Bruyère : « La véritable gaîté part de l'imagination ; au lieu de voir le côté négatif, elle aperçoit un rapport de plus dans les choses ; c'est la vraie originalité[15]. » Le XIXe siècle entame sa critique de l'esprit au nom de la profondeur du sentiment.

La Révolution a-t-elle décapité la conversation heureuse ? Les salons pourtant ne manquent pas où les femmes spirituelles ont renoué avec l'esprit de l'Ancien Régime, ceux de Juliette Récamier, de Mme de Duras, de la comtesse de Boigne, de la duchesse d'Abrantès, de Delphine de Girardin, dont on cite les boutades et les jolis mots… Balzac avoue ce qu'il doit de bonheur aux soirées tardives qui rassemblent les derniers convives, tandis que Stendhal rêve encore à ces salons de huit à dix personnes, où la conversation est gaie, anecdotique, aimable, où l'on prend du punch léger à minuit et demi et où les femmes ont des amants, « l'endroit du monde où je me trouve le mieux » (*Henri Brulard*). Mais l'atmosphère a changé, même si l'hôtel de Rambouillet demeure toujours un modèle que remettra au goût du jour une pièce de Mme Ancelot (1842).

Le passé inspire de la nostalgie. Les salons d'hier offraient aux femmes un espace mixte entre vie privée et publique ; sous la Restauration ils deviennent des lieux de débat envahis par la politique, où les jeunes ambitieux utilisent la protection des dames pour se pousser dans la société. Il se dit beaucoup de niaiseries insignifiantes, la flagornerie assure la réussite, l'esprit de gratuité se perd au profit des soucis d'une carrière, le goût du paradoxe fait recette, tandis que les répertoires de bons mots remplacent les délices de l'improvisation. La monarchie de Juillet voit même fleurir les calembours et les pataquès, le contraire de la joute spirituelle du XVIIIe siècle[16].

EMBOURGEOISEMENT

La mixité surtout recule et avec elle l'esprit des Lumières. Mme Vigée Le Brun, lorsqu'elle rentre d'émigration, remarque avec effarement que les petits cercles d'hommes et de femmes sont nettement séparés dans les salons : « On eût dit des ennemis en présence ; pas un homme ne venait de notre côté à l'exception du maître de maison[17]. » Stendhal s'amuse à repérer dans cette ségrégation une lointaine retombée des comédies de Molière stigmatisant les femmes savantes et les précieuses : celles qui ne s'intéressent pas à la politique ni aux mouvements de société n'ont d'autres ressources que de passer des heures à se parer, puis à « aller paraître une demi-heure dans un salon où les hommes parlent entre eux d'un côté tandis que les femmes se regardent d'un œil critique entre elles[18] ».

Le rôle et l'espace féminin sont désormais nettement circonscrits, et plus encore dans les sociétés bourgeoises où les vertus domestiques consacrent l'intimité du foyer, ce qui fait dire à la comtesse d'Agoult que « le bel esprit, le désir de plaire, la coquetterie, la verve, la provocation piquante, tout ce qui a fait l'animation et la grâce des conversations parisiennes, s'est éteint dans le commerce insipide de l'habitude conjugale[19] ». Les hommes qui veulent parler et rire librement préfèrent les cafés tandis que leurs épouses se plongent dans les œuvres de bienfaisance. Les dames comme il faut se soucient d'apprendre les bonnes manières à leurs filles pour qu'elles deviennent à leur tour des épouses parfaites.

D'autant plus remarquable au milieu du siècle, le salon de Madame Sabatier, rue Frochot, rompt avec les sociétés gourmées et offre sa joyeuse ambiance à quelques écrivains : on chante, on se déguise, on fait des charades et on rit beaucoup ; les femmes n'ont pas peur d'être drôles ; les lettres sont écrites pour être lues tout haut, et les poètes, qui jouent sur des rimes imposées, Gautier, Baudelaire, Maxime du Camp se déchaînent parfois en vers truculents et grivois ; mais le salon de la belle Apollonie n'a rien d'un salon aristocrate que peuvent fréquenter les diplomates et où se font les académiciens !

Rien ne change vraiment avec l'avènement de la République, la conversation continue de forger les beaux esprits. Les prouesses verbales, les reparties, les intrigues demeurent au XXe siècle des « marqueurs » d'un code social et, en même temps que la société se démocratise, ils établissent une sorte de frontière entre les initiés, les impétrants et les autres. Ils donnent aux femmes de l'éclat sans qu'elles renoncent à la modestie et la politesse qu'exige leur sexe. Dans les rencontres mondaines, le rire mêle toujours ses deux fonctions d'intégration et d'exclusion, selon que le mot d'esprit contient ou non une nuance de persiflage.

Contagieux, ambigu, il alimente le plaisir narcissique du groupe, ainsi que la supériorité du rieur spirituel dans une hiérarchie sociale dont le salon des Guermantes pérennisera le modèle. Les mots inimitables de la princesse sont l'emblème de ce plaisir du rire mordant qui triomphe dans la conversation, où se mêlent à la fois le désir de plaire, la sûreté de soi et le goût de railler : « La princesse éclatant d'un rire qui lui était particulier et qui était destiné à la fois à montrer aux autres qu'elle se moquait de quelqu'un et aussi à se faire paraître plus jolie en concentrant les traits de son visage autour de sa bouche animée et de son regard brillant, lui répondit[20]... »

En contrepoint, bourgeoise despote, Mme Verdurin se contente de régenter son salon et d'écarter « les ennuyeux » ; chez elle, on « s'esclaffe », on « s'égaye des fumisteries », on fait semblant d'étouffer un rire, par décence. Depuis qu'un accident a endolori sa mâchoire, elle-même a renoncé à « pouffer ». À ce petit jeu du simulacre, elle triomphe sur le pauvre Verdurin qui, « riant pour de bon, s'essoufflait vite et avait été distancé et vaincu par cette ruse d'une incessante et fictive hilarité »[21]. Mais son râtelier, ses mimiques, son snobisme la rendent surtout ridicule.

Rires de papier

La gaîté piquante a ce don d'« effacer toutes les distances sans en détruire aucune » remarquait finement Germaine de Staël, et elle est le propre de la conversation française. Spirituels, satiriques, cocasses, parfois cinglants, les bons mots jaillissent, les paroles voltigent, et dans ce jeu, les femmes excellent par leurs reparties. Le rire qui fuse dans les salons délivre un instant des pesanteurs sociales sans entamer la bienséance.

Il n'en va pas de même de l'écrit. Peu nombreuses, les femmes qui se sont avisées de prendre la plume, et moins nombreuses encore celles qui ont pris la plume pour faire rire : la culture comique est pour longtemps masculine. Le rire défie l'autorité, sème le désordre, se nourrit de quiproquos, déstabilise, voire transgresse. Lorsque les femmes écrivent, leur légitimité doit pouvoir s'appuyer sur un savoir sérieux et édifiant, faute de quoi les bouffonneries de l'imagination les conduiraient à la régression. Une femme auteure qui s'aventure sur un terrain ponctué de chefs-d'œuvre littéraires masculins doit d'abord prouver ses compétences.

Une femme qui écrit n'oublie jamais qu'elle est une femme, les autres le lui rappellent, de sorte qu'il n'y a pas une coïncidence exacte entre l'identité d'écrivaine et l'identité de femme, mais plutôt l'utilisation d'un double clavier. La première revendique une indépendance et un savoir dont la seconde ne bénéficie pas ; elle s'installe dans une position surplombante, d'essence masculine, tandis que la seconde subit son destin, prise dans une temporalité de fille, de mère ou d'épouse.

Cette vision binoculaire est source de comique : le jeu de bascule entre celle qui observe et celle qui sent opère un glissement de terrain. L'écriture féminine, jouant des deux niveaux de sens, exploite d'autant mieux l'équivoque qu'elle feint d'adhérer aux modèles existants. La production féminine du rire dans une situation de misogynie affichée est liée à cette distorsion.

L'IRONIE, UN CONTREPOUVOIR

L'ironie fait partie des postures adoptées par les femmes romancières. Elle est rire de l'esprit, un esprit qui ne se moque pas directement mais sait garder ses distances. On a pu dire de l'ironie qu'elle était la force des faibles, la fragile cuirasse de l'intelligence impuissante, et dans un beau livre, Geneviève Brisac la nomme après Nabokov la « marche du cavalier[1] », c'est-à-dire « un brusque écart sur l'un des côtés de l'échiquier », ou encore un crochet dont l'une des directions est démentie. L'ironie fonctionne avec une douceur apparente et permet aux femmes de retourner le sens d'un récit.

L'exemple analysé par Nabokov est un roman de Jane Austen, *Mansfield Park*, où l'héroïne narratrice à l'intelligence lumineuse se moque des conversations insipides des salons et remet en cause les valeurs admises par la société en de minuscules touches qui contredisent constamment son adhésion : « Elle fut heureuse d'accepter l'invitation et se demanda : pourquoi devrais-je en être heureuse ? » La littérature féminine joue de ce mode dubitatif, imperceptible travail « à petits points » qui sert à révéler l'écart entre une apparence et la vérité. L'ironie « nous prive des certitudes en dévoilant le monde comme ambiguïté », selon la juste formule de Milan Kundera (*L'Art du roman*).

La figure socratique de l'ironie – *eironia* en grec, action d'interroger en feignant l'ignorance – a été longuement décrite et exploitée par les théoriciens de la conversation depuis Cicéron et Quintilien, qualifiée de « dissimulation honnête » au XVIIe siècle parce que la vérité, c'est-à-dire l'arrière-pensée, n'y apparaît pas en premier abord. La scénographie suppose trois rôles, celui de l'ironisant, celui de l'ironisé et celui d'un tiers complice, le lecteur témoin : l'ironisant-e s'abaisse dans une position inférieure pour mieux surévaluer son interlocuteur, et il émet un signal pour indiquer au témoin que cet autodénigrement est fictif ; l'ironisé naïf ne reçoit que la première moitié du message tandis que le témoin complice rectifie le sens crypté[2].

Le rire naît du décalage et convient particulièrement bien à l'écriture féminine qui joue naturellement de sa position de faiblesse : la narratrice feint d'accepter la situation dévalorisante qui lui est assignée pour mieux disqualifier ensuite son adversaire, suscitant un rire sous cape. « Ironiser, c'est s'absenter », note Jankélévitch, une façon d'asséner un coup sans s'exposer, en toute impunité. Cette construction peut se ramifier en manipulations de plus en plus subtiles, à travers d'autres dédoublements, auteur-narratrice, narratrice-héroïne, permutant les places et décalant les regards selon une construction étagée dont chaque couche déconstruit la couche précédente.

Au lecteur d'ajuster son regard et de déchiffrer les discordances. Mais l'ironiste joue aussi avec le feu, car si le rire est franchise du corps, l'ironie, rire de l'esprit, se contente d'insinuer et de semer le doute ; elle implique naturel et légèreté, faute de quoi la frappe devient agression ou insulte.

L'ironie procède de biais. Virginia Woolf voit dans les jeux optiques la caractéristique du regard féminin capable de bouleverser les perspectives : dans *Une chambre à soi*, où elle défend le droit des femmes à l'écriture, elle se compare elle-même à un pêcheur qui attrape à son hameçon des idées, frétillantes et grandioses à travers le prisme de l'eau, mais insignifiantes lorsqu'elles sont déposées sur l'herbe. Image emblématique : ainsi la femme écrivain habituée aux tâches menues de la vie domestique peut-elle, en éloignant ou rapprochant son filtre optique, dilater ou rapetisser le monde, explorer des zones cachées dont on découvre finalement que, bien éclairées, elles ne sont pas si petites.

Elle joue elle-même auprès de l'homme ce rôle de miroir grossissant de l'eau, qui renvoie de lui une image deux fois plus grande que nature : « C'est pourquoi Napoléon et Mussolini insistent tous deux avec tant de forces sur l'infériorité des femmes ; car si elles n'avaient pas été inférieures, elles cesseraient d'être des miroirs grossissants[3]. » La supériorité masculine est un effet de miroir grossissant, objet même du rire.

Au XVIe siècle, Mlle de Brachart ne formule pas autrement sa rancœur face au pouvoir masculin, à travers une métaphore visuelle voisine : « Voila sur quoy j'ay conceu mon discours en ferme creance que ces messieurs nous voudroient veoir des pauvres imbecilles afin de servir comme d'une ombre pour donner toujours davantage de lustre a leurs beaux espritz[4]. » L'ironie ressemble à une anamorphose jouant des perspectives, dont l'une seulement, oblique, peut reconstruire le véritable sens.

D'autres dispositifs qui fonctionnent par le même système de reflet déformé ou inversé alimentent l'arsenal du rire féminin, toujours fondé sur le parasitage des règles masculines. La parodie n'est pas sans lien avec la figure ironique puisque la narratrice singe la parole masculine en utilisant des figures de style comme l'euphémisme, l'antiphrase, l'oxymore par lesquels elle cherche à énoncer la chose et son contraire en exploitant les équivoques. L'autodérision, également, surenchérit sur un discours misogyne pour le dégonfler et le rendre vain : se diminuer soi-même a pour visée cachée de faire ressortir le ridicule des autres.

La modestie faussement ingénue des préfaces dont les femmes se servent pour obtenir l'adhésion du lecteur fait partie de ces autodénigrements ironiques. L'ultime camouflage est le travestissement, grâce auquel la femme auteur peut endosser plusieurs rôles, auteur, narrateur, personnage, qui se réfractent et se corrigent les uns les autres : sous le masque d'un pseudonyme, grâce à la neutralité de l'anonymat ou à travers le costume d'un narrateur masculin, elle joue de toutes les stratégies de distanciation. Ce sont toutes ces techniques et formes littéraires qu'exploitent avec art les auteurs femmes de l'Ancien Régime jusqu'aux temps modernes en choisissant de faire rire sous cape sans jamais renoncer à la bienséance.

À travers des siècles de vitalité littéraire, les thèmes abordés ou les cibles visées ont évolué mais ils tournent toujours autour de motifs récurrents propres à l'émancipation des femmes : la lutte contre la misogynie et les abus masculins du pouvoir ; le droit d'échapper aux pressions et déterminismes produits par la culture traditionnelle, philosophique ou médicale ; le droit de penser la vie, l'amour, la mort en dehors des catégories normalisées du mariage et de la maternité ; enfin le simple droit d'être ce que l'on est, qui donne au texte un air de confidence et qui reflète parfois une crise d'identité, avec ses bonheurs et ses fiascos face à une société patriarcale rigide.

Les femmes qui écrivent, même pour rire, sont souvent des femmes révoltées, ou au moins prêtes à secouer leur joug. Si la facétie burlesque et la veine ouvertement comique leur sont étrangères, le rire intérieur éclaire une production souvent grave, parfois douloureuse. On a pu dire que, dans la tragédie, « l'ironie s'approfondit » (la *permissio* racinienne) car elle parvient à faire sourire d'une situation bloquée par un mot d'esprit, tout en rappelant qu'il n'y a pas d'issue.

CHRISTINE DE PISAN
DISQUALIFIER L'AUTORITÉ MASCULINE

Christine de Pisan est sans doute la première d'une lignée de femmes écrivains à jouer ouvertement de l'arme ironique. Fille d'un conseiller de la République de Venise qui s'est installé en France pour devenir un conseiller du roi Charles V, elle a été encouragée aux études par son père mais rappelée à sa quenouille par sa mère. Elle connaît la valeur du sourire et de la grâce. Aussi, aux dames de son siècle qui subissent l'oppression masculine prêche-t-elle l'humilité, la soumission, la patience, et surtout le sourire plutôt que la révolte, car c'est par le sourire qu'elles viendront à bout des épreuves d'un mari ivre, coléreux ou injuste : « Elle l'admonestera en riant comme si elle se jouast[5]. » Ce sourire-masque, pense-t-elle, peut seul desserrer l'étau conjugal.

La situation qu'affronte Christine de Pisan la rend sensible au sort de ses congénères. Elle a perdu coup sur coup son père (1386) et son mari (1389) et elle doit assumer la charge de chef de famille auprès d'une mère et d'un fils. Elle se remet à trente ans aux études et un long poème, *Épître au dieu d'Amours*, en 1399, la tire de l'ombre, dans un petit parfum de scandale. Christine y présente un groupe de dames outragées par les calomnies et les invectives de Jean de Meun, qui viennent demander justice à l'assemblée des dieux.

Tandis que la querelle enfle entre partisans et détracteurs du *Roman de la Rose* jusqu'à être portée devant la reine Isabeau, Christine brave les autorités littéraires et entreprend la défense de ses sœurs contre les préjugés misogynes en disqualifiant le poète : Jean de Meun n'a fréquenté que des ribaudes pour parler aussi bassement des femmes et le poème d'Ovide intitulé *L'Art d'aimer* aurait mieux fait de se nommer *Art de tromper*.

L'ouvrage hésite entre colère et ironie, invective et dénonciation biaisée, et il adopte finalement le sarcasme pour attaquer les prétendus défenseurs des femmes, ces chevaliers arrogants et avachis, assis au chaud et échangeant des plaisanteries faciles dont on décrypterait aisément les connotations sexuelles[6] ; ce sont eux qui, au lieu de protéger le sexe faible, contribuent à le perdre par leurs duperies et leurs artifices.

Plus feutré et non moins railleur, le *Livre de la Cité des dames*, publié en 1405 dans un climat apaisé, a perdu l'allure d'un pamphlet ; la conscience « féministe » a mûri au cours de la réflexion et l'auteure joue d'une large gamme de procédés, critiques et ironiques, pour capter la bienveillance, puis convaincre. Le premier des 125 chapitres où elle raconte sous quelle impulsion elle écrit est un petit chef-d'œuvre de stratégie ironique qui fait du lecteur masculin son allié en feignant d'adhérer à ses idées, puis en le retournant comme une crêpe. Christine se présente comme une personne ingénue et de bonne foi.

Le ton est sérieux et sincère, la part du hasard excluant toute préméditation : le cours de la réflexion est prosaïquement interrompu par le moment d'un repas qui n'attend pas ; les occupations ménagères achevées, elle reprend ses lectures et tombe par hasard sur un opuscule intitulé *Les Lamentations*, écrites par un clerc du siècle précédent qui s'acharne contre les femmes, Mathéolus :

> Je me demandais quelles pouvaient être les causes et les raisons qui poussaient tant d'hommes, clercs et autres, à médire des femmes et à vitupérer leur conduite, soit en paroles, soit dans leurs traités et leurs écrits.
> Retournant attentivement ces choses dans mon esprit, je me mis à réfléchir sur ma conduite, moi qui suis née femme ; je pensais aussi aux nombreuses autres femmes que j'ai pu fréquenter [...]. Je m'obstinais à accuser celles-ci, me disant qu'il serait bien improbable que tant d'hommes illustres, tant de grands docteurs à l'entendement si haut et si profond, si clairvoyants en toutes choses aient pu parler de façon si outrancière !
> [...] Toute à ces réflexions je fus submergée par le dégoût et la consternation, me méprisant moi-même et le sexe féminin tout entier, comme si la Nature avait enfanté des monstres. Je me lamentais ainsi : « – Ah Seigneur ! Comment cela se peut-il ? Comment croire, sans tomber dans l'erreur, que ton infinie sagesse et ta parfaite bonté aient pu créer quelque chose qui ne soit pas entièrement bon ? Car comment serait-il possible que tu te sois jamais trompé[7] ? »

La stratégie ironique se construit sur un montage de références – un grand nombre d'auteurs, philosophes, poètes et docteurs que Christine feint d'admirer – et sur une échelle axiologique au bas de laquelle se situent les femmes tandis que les hommes de grand entendement se trouvent tout en haut. Elle-même, humble, polie, soumise, se place au degré inférieur et exagère son statut par l'autodérision car, malgré ses études et son bon sens, elle reconnaît sa naïveté et son ignorance ; elle n'a d'autre parti que d'adhérer au jugement masculin.

Au lecteur, elle donne un premier petit signal de doute par un point d'exclamation et par le jeu de l'antiphrase lorsqu'elle évoque le traité de Mathéolus : dans la forme médiévale de la disputation, l'autorité supérieure devait trancher entre des opinions contraires, mais ici l'autorité est devenue plus que douteuse. Puis elle introduit modestement le soupçon sur le sérieux de son propre discours.

Mais c'est l'interpellation de Dieu lui-même, l'auteur suprême, qui couronne l'ironie. Dieu aurait-il pu se tromper et la moitié de la création serait-elle mauvaise, comme le prétendent les hommes ? En ce cas, sur l'échelle des évaluations, Dieu se situerait plus bas que les docteurs, à peine plus haut que les femmes, et ce renversement, preuve par l'absurde, suffit à confondre ses détracteurs. Le plaisir naît de cet écart entre ce qui est dit et ce qui est sous-entendu. Christine explicite d'ailleurs clairement au chapitre suivant son dispositif, lorsque Raison lui apparaît pour lui prodiguer des conseils : Raison l'invite en effet à appliquer à sa vie et à son discours « la figure de rhétorique appelée antiphrase, en disant par exemple qu'un tel est mauvais, laissant entendre qu'il est bon, ou pareillement au contraire ».

La promotion de l'antiphrase, la satire et ses effets de ricochet ne cessent d'investir la suite de l'ouvrage, renversant les arguments misogynes contre les hommes eux-mêmes, ciblant leur mauvaise foi et dressant une galerie de portraits où les hommes sont fourbes, lubriques, médisants, jaloux et envieux, trop contents de véhiculer des clichés au lieu de raisonner par eux-mêmes. Ce n'est point l'habit ni le sexe qui fait la qualité humaine, mais la raison et la vertu, et un sot revêtu d'une robe restera sot et homme. Après avoir rêvé un instant d'endosser le froc masculin, Christine assume son identité en proclamant sans ambiguïté l'égalité intellectuelle des deux sexes.

LE MARIAGE AU PILORI

L'arme ironique a abondamment servi lors de la virulente « querelle des femmes » qui s'embrase sous la Renaissance. Bien qu'il soit peu convenable aux dames de publier leurs « modestes » écrits, quelques-unes, cultivées, issues de classes élevées, n'hésitent pas à « garder dedans la main fuseau et plume » et à se rebeller contre le mari revêche, l'imposteur ignare ou l'impertinent moqueur[8]. La plupart d'entre elles souffrent d'être écartées de l'instruction et contraintes à des mariages dépareillés, et rire des hommes est une douce et secrète vengeance pour toutes celles qui ne veulent pas être prises pour des niaises. La littérature féminine est placée sous le signe d'une tension constante entre ce que les convenances leur permettent de dire et ce qu'elles veulent exprimer, tension qui se résout par un rire caché.

Lucrezia Marinella (1571-1653) est d'origine vénitienne comme Christine de Pisan. Tombée dans l'oubli au XIXe siècle, Bayle lui consacre encore une rubrique de son *Dictionnaire* en la qualifiant de « femme de beaucoup d'esprit ». Son premier ouvrage, *Nobiltà et eccellenza delle donne*, a valu à cette érudite un long moment de gloire,

gloire que les tenants de la pudeur féminine jugèrent d'ailleurs douteuse. Publié en 1600 pour répondre à un détracteur de la gent féminine, un certain Passi, l'ouvrage parodie le traité misogyne en retournant les arguments de sorte que leurs vices illustrés dans une galerie de portraits masculins sont ceux traditionnellement prêtés aux femmes : bavardage, inconstance, paresse, gourmandise, couardise, coquetterie, ignorance, médisance, et même sensiblerie[9].

Un peu plus âgée que Lucrezia, une autre Vénitienne, Moderata Fonte (1553-1592), se situe plus franchement du côté de l'ironie et du rire dont elle joue avec adresse dans son *Mérite des femmes*[10] (1600). La forme du traité est inspirée directement par le *Décaméron* de Boccace, à cela près que la compagnie ne compte que des femmes – elles sont sept, dame âgée, veuves, épouses, jeune mariée, jeune fille, réunies dans une splendide villa – et que le récit facétieux se déroule sur deux journées au lieu de dix. Ces dames, toutes instruites mais socialement d'origine distincte, choisissent une reine et, fortes de leur expérience, la langue bien pendue, elles échangent leurs avis et leurs plaintes sur les inconvénients du mariage et les misères du couple ; la conversation exclusivement féminine leur garantit une complète liberté de bavardage et de rire.

Le dialogue débute par l'accueil d'Elena, jeune femme nouvellement mariée dont le jugement demande à être éclairé. Comme Elena avoue se plaire encore dans la compagnie de son époux, elle est vite interrompue par les exclamations de ses compagnes : « Tu seras peut-être mieux lotie que les autres » concède une interlocutrice plus âgée, tandis qu'une autre se moque : « Voilà une belle consolation pour les futures noyées ! » L'argumentation est nourrie de stéréotypes mais le débat, vif, drôle, varié, rebondit sur des saillies inattendues et chacune répond selon sa situation et sa condition soit par l'examen critique, soit par la démystification et la raillerie.

Premier constat, l'histoire est écrite par des hommes, une histoire faite de préjugés qui réclament d'être réexaminés car les hommes sont trompeurs. Ces dames passent alors en revue quelques-uns des principes sur lesquels se fonde la supériorité masculine, par exemple la prétendue faiblesse du sexe, son besoin de protection dû à sa complexion, et les clichés sont aussitôt démentis. On en arrive à une première conclusion : le mariage et la maternité n'apparaissent plus comme la seule vie possible.

Misérable et délaissée, celle qui ne veut pas d'époux ? « Mais en prenant un mari, et d'aventure pauvre comme cela arrive souvent, qu'acquiert-elle donc, de grâce, sinon que d'acheteuse et de maîtresse, elle tombe en esclavage. [...] Admirez la belle destinée qu'est le mariage pour une femme : perdre son bien, se perdre elle-même, et ne rien acquérir sinon des enfants qui lui donnent du tourment et l'empire d'un homme qui l'assujettit à sa volonté ! »

L'une des devisantes joue le rôle de l'ingénue de service dont les propos servent de ressort au jeu : n'y aurait-il donc pas des hommes honnêtes ? La réponse fuse, moqueuse : « Si toute votre argumentation, dit Cornélia en riant, repose d'emblée et seulement sur l'honnêteté masculine, vous pouvez assurément déjà vous tenir pour vaincues. » Quant à celle qui, vaille que vaille, trouve une certaine satisfaction à sa vie conjugale, ses contradictrices ont vite fait de répliquer : « Je m'émerveille de cette épouse qui, compagne d'un seul homme, veut les défendre tous ! »

Les bons mots ne manquent pas : un mari est « une lampe éteinte qui d'elle-même n'est bonne à rien mais qui, lorsqu'on allume la mèche, peut rendre service à la maison » ; les femmes rient, la pointe satirique est exempte de méchanceté et, en fin de compte, ce qu'elles désirent toutes, c'est un peu plus d'amour, un peu plus de constance, un peu moins d'infidélité et de concupiscence. Au terme du débat, les devisantes espèrent une issue optimiste au conflit puisque les qualités et le mérite des femmes finiront bien par déteindre un peu sur leur mari…

L'audace des paroles ne débouche sur aucune action transgressive et, ce qui n'est pas le moindre sel du récit, la veuve, après avoir déblatéré sur la vie conjugale, consent à se remarier ! Toutes se vantent avec pragmatisme de la prudence de leur conduite. « Après les avoir vaincus en valeur, je voudrais que nous les vainquions en courtoisie », propose l'une d'elles en guise de conclusion. Le dialogue de Moderata Fonte, sous l'allure d'un gai divertissement, n'en fait pas moins la leçon aux hommes.

LA DÉMANGEAISON RIOTTEUSE

Il faut à ces femmes écrivains une forte personnalité et beaucoup de courage pour faire entendre leur voix. Le mariage et l'étude ne sont pas les seuls enjeux de leur lutte, les injustices de la vie sociale le sont également. On ne s'étonnera pas trop que les femmes presque absentes de l'espace public n'aient pas produit de profession de foi politique. Pourtant, parmi les rares textes qu'elles ont composés, il faut faire une place à un pamphlet ouvertement parodique qui a emporté un grand succès à la cour d'Henri IV et pourrait figurer dans une anthologie de l'ironie féminine. Il a été publié sous l'anonymat, ce qui n'a rien d'étonnant pour un genre polémique exclusivement masculin.

Son auteur, la savante Catherine de Parthenay Soubise, épouse du vicomte René de Rohan et auteure de tragédies, joue dans le dernier tiers du XVIe siècle un rôle actif au sein du parti protestant. Énergique, le cœur noble et désintéressé, elle a donné son amitié à Catherine de Bourbon, la sœur d'Henri IV, alors que celui-ci cherche à marier la jeune fille selon ses propres intérêts au mépris de la foi donnée et des sentiments. Le pamphlet ironiquement intitulé *Apologie pour le roi Henri IV envers ceux qui le blâment de ce qu'il gratifie plus ses ennemis que ses serviteurs* englobe dans une même réprobation les virevoltes religieuses du roi et sa conversion, son ingratitude envers ceux qui l'ont servi et sa défaillance en tant que mauvais frère. Mais la dame de Rohan feint de prendre la défense du monarque contre ses détracteurs et se pose en championne de la cause royale[11] :

> Entrez dans la basse-cour du château, vous oyrez les officiers crier : « – Il y a vingt-cinq et trente ans que je fais service au roi sans être payé de mes gages ; il y en a un qui lui faisait la guerre il n'y a que trois jours qui vient de recevoir une telle gratification. Quelle misère de lui faire service ! [...]
> — Tout beau, Messieurs, écoutez-moi un peu à mon tour. Je m'assure que si vous voulez prendre la peine d'éplucher les choses de près, vous trouverez que le tort vient de vous et non pas de lui. [...] Vous voulez mesurer le Prince à l'aulne des autres. Vous présupposez qu'il ait l'âme commune et ordinaire, qu'il doive aimer ses proches, gratifier ses serviteurs, rendre bien pour bien, mal pour mal. Quels effets sont-ce là, sinon effets d'une âme vulgaire ? Sachez, Messieurs, que cet homme est doué de vertus supernaturelles [...]. C'est à nous à nous accommoder à son humeur, non lui à la nôtre [...].
> Courage, Messieurs, sa bonne grâce est trop désirable !

Ce cinglant morceau de bravoure qui s'étend sur une trentaine de pages exalte les qualités d'un bon prince, libéralité, justice, religion, prudence, force, tempérance, pour les retourner en leur contraire, faisant d'Henri IV un despote ingrat, déloyal et injuste. De la supériorité divine du monarque, le texte passe par antiphrase à l'absence de sa plus simple humanité. De son rôle de défenseur de la foi, à la mécréance de celui qui accepte tous les compromis.

Le royaume est un monde renversé où le roi, obéissant à des lois exceptionnelles, est placé au-dessus des autres mortels, tout en haut donc de l'échelle, tandis que ses sujets doivent d'en bas l'admirer. Comment ne pas penser à la tirade amère d'Hermione repoussée par Pyrrhus, et qui se moque de ses royaux revirements :

> Est-il juste après tout qu'un conquérant s'abaisse
> Sous la servile loi de garder sa promesse ?
> [...] Me quitter, me reprendre, et retourner encore
> De la fille d'Hélène à la veuve d'Hector ?
> Couronner tour à tour l'esclave et la princesse,
> Immoler Troie aux Grecs, au fils d'Hector la Grèce ?
> Tout cela part d'un cœur toujours maître de soi,
> D'un héros qui n'est point esclave de sa foi. (*Andromaque*, acte IV, scène V)

La dérision, tragique ou comique, est la réponse au tyran. Catherine de Rohan se rebelle à la fois comme protestante et comme femme, solidaire d'une autre femme sacrifiée à une raison d'État, une raison qui recouvre un royal égoïsme. Mais elle est aussi une grande dame dont l'alliance a trop de prix pour qu'elle craigne une riposte. Son anonymat est vite levé et l'époque goûte les libelles. Bon prince, Henri IV aime trop rire et « gausser » les dames ; il se contentera de prendre à témoin sa cour lorsque paraît la coupable : « Voici venir Mme de Rohan ; Gardez-vous, Mesdames, qu'elle ne crache sur vous ! Pour le moins, si elle ne crache, elle médira[12]. »

MARIE DE GOURNAY ET LA SATIRE

Entre l'ironie et le sarcasme, la frontière stylistique n'est pas toujours aisée à déterminer. La première s'insère dans un discours polysémique d'où l'auteur lui-même semble vouloir s'absenter, le second s'intègre à un discours sérieux où au contraire l'auteur s'engage avec une certaine violence[13]. Là où la dame de Rohan, masquée par l'anonymat, se contente de retourner spirituellement les raisonnements, d'autres choisissent des stratégies plus risquées. Indignée et incisive, la voix grondeuse de Marie de Gournay, la fille d'alliance de Montaigne, fait entendre dans la querelle des femmes un rire amer plus proche de la colère que du jeu. Marie se laisse déborder par sa véhémence.

Les trouvailles linguistiques et les franches drôleries ponctuent ses savantes démonstrations pour dégonfler la superbe des hommes médisants : ces « anthropophages » dévorent l'honneur des autres en cautionnant n'importe quel discours misogyne, ces faux savants « voient plus clair en l'anatomie de leur barbe qu'en celle de leurs raisons ». Marie réclame le droit de « rire en passant chemin » car, dit-elle, « le quolibet ne sera pas hors de saison, lequel nous apprend qu'il n'est rien plus semblable au chat sur une fenêtre que la chatte ». Trop militante, trop sujette à l'émotion pour biaiser, elle veut « parler droit » et passer en force, en refusant les ambiguïtés du discours ironique pour repenser l'ostracisme auquel la femme écrivain est soumise.

La satire de Marie de Gournay tourne à la machine de guerre. Elle s'en prend à la société de cour et à ses prétendues valeurs : d'abord les faux écrivains qu'elle traite de bouffons, petites âmes ou « cerveaux de néant » qui appauvrissent la langue et se contentent de caqueter ; puis les courtisans aux genoux de leur maître, « cavaliers de bouteille et de cabaret » ; puis les galants ridicules, « gaillards qui font vanité ou plutôt point d'honneur de courre et trépigner après les jeunes femmes et de fuir celles qui passent trente ou trente-cinq ans, quelque agréable conversation qu'elles aient ; les « polis de cabinet », également, pour qui la bienséance consiste à « polir une crotte de chèvre », et enfin toutes ces « donzelles à bouche sucrée » qui n'osent pas prononcer des mots comme « cul-de-lampe » ou « artichaut »[14] !

Toutes les figures de style sont bonnes pour contre-attaquer, l'épigramme, la caricature, l'image burlesque, mais aussi l'ironie. Consciente de ses capacités intellectuelles, Marie de Gournay assume bravement sa situation de « vieille fille » folle et vertueuse qui aime les chats, d'amazone hargneuse que ridiculisent méchamment ses détracteurs. Le cardinal de Richelieu, sollicité pour lui octroyer une pension, se moque-t-il d'elle ? Elle répond sans se démonter : « Vous riez de la pauvre vieille, dit-elle. Mais riez, grand génie, riez, il faut que tout le monde contribue à votre divertissement »

Le cardinal, surpris de la présence d'esprit de Marie, lui en demanda pardon, ajoute Tallemant des Réaux[15]. La lourde machine rhétorique qu'elle déploie pour démasquer les calomniateurs a pour objectif la défense des malheureuses victimes de ce grand art qu'est la « démangeaison riotteuse ». Le rire jaune et peu gai devient un outil aux mains d'une personnalité « bouillante », chaleureuse, ambitieuse, qui a appris à dépasser les idées reçues en lisant Montaigne et qui défend avec courage l'égalité des sexes. Mais Marie de Gournay tranche trop avec les usages mondains et lettrés de son temps pour recevoir un bon accueil du bastion masculin.

Une femme peut faire valoir ses droits en badinant, mais comment lui répondre si elle s'avise de croiser le fer[16] ? Le rire grince trop chez la fille d'alliance de Montaigne pour devenir libérateur et véritablement efficace.

Burlesque et tragique

Si l'ironie joue sur un rire biaisé, le burlesque veut déconstruire les discours, et il déclenche le rire en faisant accepter au lecteur une « esthétique du malentendu » selon l'heureuse formule de Dominique Bertrand[1]. Point de femme, semble-t-il, dans ce genre bouffon, gaillard et plutôt malséant qui transgresse les tabous, mêle le haut et le bas, oscille entre un pôle satirique et un pôle absurde, et démolit les héros avec une intention subversive plus ou moins déclarée.

La verve de Marie Catherine Hortense Desjardins, plus connue sous le nom de Mme de Villedieu (1631-1683), fait exception dans la galerie des femmes auteurs par sa façon de démystifier l'idéalisme sentimental et les pastorales de son temps. Le plaisir d'écrire est sa finalité ; les procédés baroques du travestissement, la fantaisie du récit picaresque parodient les romans de chevalerie. Les revendications féministes n'apparaissent jamais directement dans ses récits. Si audacieuse soit-elle, Catherine Desjardins écrit comme une femme, avec prudence et bon goût : elle camoufle les libertés qu'elle prend, grâce à quoi elle a su répondre aux aspirations de ses contemporains et trouvé de très nombreux lecteurs, et surtout des lectrices.

« PAR MALHEUR, JE RIS TOUJOURS »

Mme de Villedieu a mis beaucoup d'elle-même dans son portrait d'Henriette Sylvie de Molière : « Ma bouche est grande quand je ris, fort petite quand je ne ris point, mais par malheur pour elle, je ris toujours[2]. » Jeune femme, elle ne se cache pas de vivre en quête du plaisir. La composition de son célèbre sonnet *Jouissance* en 1658, où elle dévoile l'ardeur de l'émotion amoureuse constitue un défi aux bienséances de l'époque. Non que sa vie ait été exempte de souffrances : les *Lettres et billets galants* qu'elle écrit en 1667 à son amant, le sieur de Villedieu, qui lui a promis le mariage en oubliant qu'il était déjà marié, rappellent combien ses trahisons l'ont fait souffrir.

Mais c'est précisément parce qu'elle a vécu une histoire tragique de femme délaissée que son rire sonne comme une fanfare. Mme de Villedieu ne se complaît pas dans son chagrin, elle pleure, rit, et rit de ses pleurs ; elle maîtrise sa vie affective et nourrit son œuvre romanesque de son expérience en utilisant à peu près tous les procédés du comique. À son lecteur elle déclare sans ambages son intention de badiner dès les premières lignes des *Mémoires de la vie de Henriette Sylvie de Molière* : « On dit qu'il faut être un peu badin pour lire des badineries, et du moins qu'il faut lire en badinant pour y avoir plus de plaisir. »

Il s'agit donc d'abord et avant tout de rire et de faire rire ; quelle qu'ait pu être la publicité scandaleuse donnée à sa vie amoureuse, Mme de Villedieu n'a pas d'autre règle. Libre, franche, elle prend son lecteur pour complice en l'entraînant dans sa démarche cavalière. Tout d'abord, elle parle d'amour, mais elle refuse les artifices de la galanterie où se complaisent les honnêtes lectrices de Mlle de Scudéry ; elle écrit court et, dès sa première nouvelle, *Cléonice*, la voici qui pastiche l'*Astrée* ou le début de *Clélie* en ironisant sur les paysages agrestes des pastorales : « Déjà le soleil commençait à dorer de ses rayons délicieux… » Au lieu de raffiner sur les grâces précieuses de la carte de Tendre, elle observe ironiquement les chassés-croisés des amants, évoque leurs soupirs d'une plume presque égrillarde et repère leurs ridicules – en renvoyant, non sans fiel, ses lecteurs « curieux des Adieux passionnés » au Grand Cyrus ou à Clélie !

Les Annales galantes qui puisent leurs intrigues dans le passé affrontent crûment les problèmes quotidiens, le mariage, la sexualité, la religion, l'histoire. La comtesse de Castille, mariée, se laisse-t-elle conter fleurette par un pèlerin séducteur (1re nouvelle) ? Certes, l'événement est regrettable mais, après tout, puisque les amants s'enfuient en pèlerinage… L'ironie vise deux cibles en même temps, l'amour et la religion, tandis que l'issue de l'histoire donne satisfaction au mari trompé ; celui-ci retrouve sa femme et le pèlerin à Paris, dans le même lit, de sorte qu'« il n'eut besoin que d'un seul coup pour se défaire de l'un et l'autre » – ce double tir figure bien la stratégie de la narratrice ! Le traitement des événements historiques est marqué de la même désinvolture pour mieux épingler des dessous peu reluisants. Truffé d'inventions et « d'ornements » romanesques, le récit excite la curiosité du lecteur par la révélation de petits secrets : « J'augmente donc à l'histoire quelques entrevues secrètes, quelques discours amoureux. Si ce ne sont ceux qu'ils ont prononcés, ce sont qu'ils auraient dû prononcer. Je n'ai point de mémoires plus fidèles que mon jugement. »

Les petites phrases assassines viennent parfois, en incidentes, déconstruire d'un trait une trame lentement tissée et proposer une autre version, plus amère et moins morale, fondée sur l'équivoque des sentiments. Mme de Villedieu nous fait assister aux dérèglements d'une nonne, aux velléités libérales du Saint Père, aux contorsions des faux dévots. Les réflexions de fond voisinent avec des assertions comiques : « le cœur d'une femme est assez vaste pour contenir un amour permis et un amour défendu », ou « le privilège de la dévotion enferme de grandes permissions », ou « le religieux qui n'est pas prévenu d'une inclination si violente pour le ciel s'élève au créateur par la contemplation des créatures[3] »... L'auteur garde toujours sur le monde un regard lucide, dubitatif.

C'est avec les *Mémoires de la vie de Henriette Sylvie de Molière* que Mme de Villedieu réussit, par sa manière de conter, un petit chef-d'œuvre de drôlerie qui mériterait de figurer aux côtés d'œuvres plus connues comme *L'Histoire comique de Francion*. Le roman, dont la publication s'étale de 1671 à 1674, illustre pour la première fois ouvertement ce que peut être une écriture du rire par une femme, dévaluant subtilement les conventions de son temps, qu'il s'agisse du genre historique réputé sérieux des « Mémoires », des clichés de la tradition héroïco-sentimentale, de la confession autobiographique ou de la conversation précieuse.

Du comique, la romancière emploie à peu près tous les procédés, le « crochet » ironique, la parodie, la raillerie, la dérision, le travestissement, le scabreux des situations, le tout raconté avec entrain à la première personne par une jeune femme pressée et irrésistible, ingénue, libre, immorale, incorrigible, qui séduit dès le premier regard, s'enfuit à cheval lorsque l'histoire se complique tel un héros picaresque, et sollicite constamment son lecteur en coupant l'ordre de son récit pour mieux le promener avec elle.

L'implosion du discours narratif commence dès la préface, une préface qui, bien sûr, n'existe pas, car la narratrice a refusé de l'écrire pour le libraire qui la lui aurait demandée, en la remplaçant par un fragment de lettre destiné à prouver qu'il s'agit de mémoires véritables et non d'une fiction de romancière ; la dédicace s'adresse à une grande princesse à laquelle elle demande de la protéger contre ses détracteurs, tout en lui promettant de la faire rire de ses « folles aventures » ; une femme peut faire rire une autre femme. La forme épistolaire ajoute sa tonalité vivante aux confidences, tandis que des personnalités historiques traversent le texte pour étayer l'illusion de la réalité.

FACÉTIES EN CASCADE

Dès le fragment de lettre liminaire, l'auteur interrompt son récit par un espiègle « Je finis car on m'attend pour achever le déjeuner », qui n'est pas sans rappeler la brusque interruption de Christine de Pisan appelée par sa mère à table, et qui semble se moquer du lecteur. Les seuls mémoires féminins publiés à cette date, comme le fait remarquer René Démoris[4], sont ceux de Marguerite de Valois, première épouse d'Henri IV, version bienséante de la biographie ; la jeune Sylvie prend le contre-pied au nom de son expérience ; elle affiche sa liberté de conduite comme narratrice et comme héroïne.

Poncif romanesque, la petite Henriette Sylvie a été abandonnée par sa marquise de mère dès sa naissance, recueillie par des paysans puis par un financier, M. de Molière, dont elle se croit la fille ; convoitée par beaucoup de galants, elle se cache dans un couvent où elle lie une solide amitié avec l'abbesse, d'où elle s'enfuit pour une course pressée à travers la France durant laquelle elle s'éprend du beau chevalier d'Englesac. Les péripéties se succèdent, au cours desquelles elle s'abandonne à de plaisantes « petites passions », elle se travestit en garçon pour échapper à la vilaine future belle-mère : c'est de ce point de vue masculin qu'elle va désormais contempler le monde et ses turpitudes cachées. Ses protecteurs sont soit des séducteurs, soit des complices potentiels. L'abbesse devient sa plus tendre amie et partage avec elle la lecture des billets d'amour.

La liberté amoureuse est, selon Sylvie, « permise aux dames quand elles ont trop d'esprit ». Puis l'héroïne fait le mur d'un deuxième couvent avec l'aide d'une autre religieuse en une gymnastique assez savoureuse et minutieusement décrite. Elle se marie alors avec un nouvel amoureux fort riche ; mais ce mari n'est pas une bonne affaire. Travestie en aimable séducteur, elle observe les roueries des femmes, leurs faiblesses, et elle pousse l'expérience assez loin en testant la résistance de l'abbesse éprise de ses charmes. Moralité, « la prudence est vaine contre le destin ». Masculinités et féminités sont déstabilisées, permutées, fertiles en effets comiques qui invitent le lecteur à repenser la différence sexuelle : durant tout le récit, le personnage féminin est le personnage fort et libre, capable de prendre l'initiative et les risques, tandis que les hommes obéissent à leurs pulsions !

Sylvie peut espérer voir ses aventures s'acheminer vers une heureuse issue lorsqu'elle rencontre Mme de Séville, sa vraie mère, mais tout se ligue contre elle : « Pour m'achever, la marquise de Séville s'avisa de devenir amoureuse à son âge d'un jeune enfant de dix-sept ou dix-huit ans et le voulait demander en mariage à ses parents. » Les péripéties se succèdent, ponctuées de grands éclats de rire dont le dernier n'est pas le moindre, lorsque, réunie et enfin mariée à d'Englesac, celui-ci tout échauffé ne peut honorer comme il faut sa bien-aimée : « Il faisait des regrets qui, en me donnant beaucoup de pitié, ne laissaient pas de me faire quelquefois éclater de rire... »

Burlesque et tragique

LES PONCIFS DES HISTOIRES D'AMOUR

Désordres de la passion et du désir. Mais aussi désordres maîtrisés du texte : savamment, Mme de Villedieu déconstruit la progression du récit comme elle déconstruit tous les poncifs de l'amour. Selon la technique éprouvée de l'ironie, du raccourci ou de l'antiphrase, elle interrompt sans arrêt son propos pour glisser une pointe oblique qui révoque l'assertion précédente. Au plus vif de l'action, la narratrice se place brusquement hors de son récit pour empêcher son lecteur de trop se complaire dans une idylle sentimentale.

Derrière la subversion des codes romanesques, se lit un second récit un peu moins correct, mais sincère, nourri de l'expérience douloureuse d'une femme victime d'un amant volage, et qui renaît par l'écriture. Marie-Catherine de Villedieu, il ne faut pas l'oublier, est aussi l'auteur pudique de ces fougueux et malheureux *Billets galants* adressés à Antoine de Villedieu, que la critique a justement comparés aux *Lettres portugaises*. Sa dignité de femme tient à ce que, au pire de sa souffrance, elle efface ses larmes et impose un sourire décent à son cœur. Le langage ironique, l'art de la pointe et de la litote, le ton un peu précieux donnent le change et déguisent ses sentiments ; ils touchent encore le lecteur d'aujourd'hui. Ainsi de cette lettre de séparation où l'amour est convoqué en personne :

> Je m'aperçus bien hier que votre amour ne vous accompagnait pas, et sans doute il demeura chez la Belle que vous veniez de quitter. Ne vous imaginez pas que je vous cherche querelle : ce n'est pas mon dessein et je veux bien vous avouer que je ne crois pas qu'il soit demeuré là par préférence. Mais j'imagine qu'il n'osât paraître

devant moi, et qu'il était trop confus de l'avantage que le mien venait de remporter sur lui. À vous dire le vrai, il s'est laissé vaincre fort lâchement et je ne pense pas qu'il puisse jamais réparer une faute si signalée. Je trouve qu'il s'est montré si faible qu'il ne peut pas m'être glorieux de l'avoir vaincu (Billet LXXIV).

Sévèrement jugée par ceux qui n'ont pas su décoder sous la forme impertinente des vérités sans âge, Henriette-Sylvie, masque de Catherine de Villedieu, donnera naissance à un cortège de petites sœurs, vigoureuses et narquoises, Marianne, Manon, Corinne ou Lélia, qui affronteront plus ou moins directement une société soumise à l'ordre masculin.

PETITS OUVRAGES DE DAMES : LES CONTES DE FÉES

Si l'entrée royale des femmes en littérature passe d'abord, au XVIIe siècle, par l'écriture héroïco-sentimentale, il faut bien admettre que le rire et la fantaisie prennent des chemins plus marginaux, mais très fréquentés. C'est à un genre nouveau que les dames recourent pour donner libre cours à la vivacité de leur imagination : le conte de fées, dont le succès touche un large public à la fin du siècle. Conter des histoires fantasques est une variante féminine de la conversation à bâtons rompus, et l'exercice ne demande guère d'instruction si l'on en croit Mme de Sévigné : « Mme de Coulanges qui m'est venue faire ici une fort honnête visite qui durera jusqu'à demain, voulut bien nous faire part des contes avec quoi l'on amuse les dames de Versailles. Cela s'appelle les mitonner » (6 août 1677). Elles sont nombreuses à mitonner des contes en cette fin de siècle puisque les deux tiers de ces récits, entre 1690 et 1715, sont dus à des plumes féminines, même si c'est un homme, Charles Perrault, qui donne au genre sa célébrité (1694).

Le conte puise ses canons chez les célèbres auteurs italiens tels que Boccace, Straparola ou Basile souvent traduits au XVIIe siècle, et il doit en partie son renouvellement à Mme d'Aulnoy dont le succès, sous le pseudonyme de Mme D., tient autant à son goût du merveilleux qu'à une désinvolture moqueuse en rupture avec les usages de son temps. Pour justifier une indépendance bien proche de la subversion, les conteuses s'abritent derrière la frivolité de leurs récits : « J'ai ouï parler d'une dame qui a fait des contes de fées et qui est la première à se moquer et des libraires et des lecteurs qui les ont achetés. Elle dit partout que c'est la plus mauvaise marchandise du monde[5]. »

Mme d'Aulnoy n'est pas la seule à minimiser ces « petits ouvrages négligés avant que d'être finis ». Les unes et les autres reconnaissent composer quelque « broderie » (Mme L'Héritier), ou écrire des « bagatelles » (Mme d'Aulnoy), ou « se livrer à des choses de peu d'importance » (Mme de Murat) ; d'où la longueur et la prolixité des récits car « c'est une marque que l'on n'a pas beaucoup d'affaires ».

Épicuriennes, oisives, parfois galantes, ces dames veulent s'amuser, elles le disent et le répètent, et, de fait, elles nouent entre elles des liens d'amitié étroits. Elles se rencontrent chez Philippe de Vendôme, un temple de gaîté où « l'on boit, on rit, on dispute »[6]. Mme de Murat admire Mme d'Aulnoy dont elle dit qu'« on ne s'ennuyait jamais avec elle ; sa conversation, vive et enjouée, était bien au-dessus de ses livres. » Mme L'Héritier admet qu'en écrivant des contes, elle ne songe qu'à se distraire et à faire durer le plaisir. Mlle de Lubert se plaît à la loufoquerie lorsqu'elle dépeint un prince avec un nez si long qu'il servait de perchoir aux oiseaux du pays et qu'il devait « être roulé sur une bobine ».

De Mme de Murat, le critique Lenglet-Dufresnoy écrit dans son *Usage des romans* (1734) qu'elle était « zélée pour la vie joyeuse ». Leur liberté peut glisser parfois aussi vers le libertinage de l'esprit : Mme Deshoulières a refusé de faire baptiser son fils. Mlle de la Force semble avoir des mœurs légères et prend pour devise un navire agité des flots, sans pilote, sans voile et sans mât. Mme d'Aulnoy passe pour avoir cherché à se débarrasser de son mari, et Mme l'Héritier n'est sans doute pas dans les meilleurs termes avec le sien qui s'étonne « qu'il ne se soit pas rencontré encore quelqu'un qui lui ait cassé bras et jambes »[7] !

On peut dire qu'elles font fi, les unes et les autres, des modèles féminins de bienséance proposés par Fénelon ou Mme de Maintenon ! Quant à l'érudite et très sage Mme Dacier, dont la devise est un mot de Sophocle « le silence est le plus grand ornement des femmes », elle n'hésite pas à traduire Aristophane et Plaute (1683-1684), attentive à en rendre la saveur crue.

N'empêche que les conteuses, qui se voilent souvent sous l'anonymat, ont également conscience de faire œuvre d'auteur. Mme de Murat se démarque clairement des histoires de nourrice pour endormir les enfants. Opposant les « fées modernes » aux fées anciennes, elle prétend changer le monde à sa façon. Le mode léger du conte ne doit pas occulter une forme de contestation féministe qui ne se laisse pas abuser par les apparences et ne s'inquiète pas trop de moralité : « Pour vous, Mesdames, vous avez pris une autre route ; vous ne vous occupez que de grandes choses, dont les moindres sont de donner de l'esprit à ceux et celles qui n'en ont point, de la beauté aux laides, de l'éloquence aux ignorants, des richesses aux pauvres et de l'éclat aux choses plus obscures[8]. »

COMMENT BERNER UNE ABBESSE

L'ambiguïté du genre est posée. Ces fées « modernes », parmi les cadeaux qu'elles distribuent, donnent d'abord l'esprit aux filles, et plus souvent qu'aux garçons : c'est le don que choisit Plousine, l'héroïne d'*Anguillette* de Mme de Murat, de préférence à la beauté (qu'elle obtiendra de surcroît), tandis que le héros du *Prince lutin* de Mme d'Aulnoy, à l'inverse, dédaigne de voir « augmenter son esprit ». Garçons et filles jouissent du même droit à l'instruction. Et après tout, Perrault ne donne-t-il pas lui-même l'exemple en retirant toutes les quenouilles de l'horizon de la plus accomplie des princesses, la Belle au bois dormant ?

L'ironie de Mme d'Aulnoy ne se détecte pas à la première lecture. Elle est tapie au détour de portraits, scènes et récits incrustés, qu'elle demande au lecteur de décrypter. Son *Histoire d'Hippolite, comte de Duglas* (1690) se présente comme une épopée héroïque et rocambolesque, faite d'enlèvements, de duels, de déguisements, d'évasions et de violences contrariant les amours de Julie et d'Hippolite, dans le meilleur style de l'époque avec des intrigues secondaires et des tirades sans fin qui rebutent le lecteur d'aujourd'hui. Par dérision, elle choisit pour l'éducation de son héros des nourrices dont le savoir est plus orienté vers le plaisir que vers l'érudition. Mme d'Aulnoy se risque, dans la deuxième part de son livre, à mettre dans la bouche d'Hippolite un conte de trente-huit pages destiné à endormir l'abbesse du couvent où Julie est retenue. L'abbesse, vaniteuse, a en effet commandé son portrait à un peintre italien qui a introduit au couvent Hippolite, rebaptisé Hyacinthe, en le faisant passer pour son prétendu assistant. Lassée par les séances de poses, l'abbesse craint que son visage ne se ressente de sa fatigue et elle demande à Hyacinthe de lui conter une histoire pour la dérider – malgré son état religieux, elle n'a pas renoncé à plaire. Hyacinthe s'exécute pour acquérir les grâces de celle qui détient les clés de la cellule de Julie.

Ainsi commence « L'histoire de l'île de la Félicité », conte dans le conte ; le héros, Adolphe, monarque de la Russie, est emporté par un vent léger nommé Zéphire – entendez Cupidon – jusqu'à l'île de la Félicité. Bouleversé par la beauté de la souveraine des lieux, il laisse tomber à terre son manteau magique qui le rendait invisible. La Princesse, découvrant un homme pour la première fois, en tombe aussitôt éperdument amoureuse. Après une longue période de félicité, Adolphe, éternellement jeune grâce à une fontaine de jouvence, finit par s'inquiéter du temps passé et de ce qu'on peut penser de lui dans son pays : ne dira-t-on pas qu'il est un prince sans gloire et sans éclat ? Il décide de repartir, à quoi la Princesse se résigne en lui donnant un cheval qui le ramènera à bon port à condition qu'il ne mette jamais le pied par terre avant de toucher son royaume.

Or sur sa route, Adolphe rencontre un bon vieillard coincé sous une charrette et il s'apprête à l'aider, mais à peine a-t-il mis le pied à terre que le vieillard se redresse, terrible : « Je m'appelle le Temps et je vous cherche depuis trois siècles », et il tue Adolphe. Le conte conclut « que le temps vient à bout de tout et qu'il n'est point de félicité parfaite ». L'abbesse est séduite par la fin morale qui lui confirme qu'il n'existe pas d'amour heureux ici-bas et, pleine de confiance dans le bon sens du jeune homme, elle envoie Hyacinthe-Hippolite raconter son histoire à Julie alitée pour l'aider à guérir : « Il la divertira beaucoup mieux qu'un livre. »

Le lecteur rit du piège où tombe cette sotte et vaniteuse personne et, plus subtilement, il décode le sens stratégique

que le conte enchâssé donne à l'ensemble du roman[9] : l'un et l'autre ont le même sujet, l'amour, mais leurs conclusions sont opposées ; l'un prouve que le temps détruit tout, tandis que l'autre nous fait croire à sa durée éternelle.

LA PARODIE

On a sans doute trop pris l'habitude d'identifier la production féminine du grand siècle avec la pastorale sentimentale et le procédé narratif du roman classique. Il y a chez Mme d'Aulnoy, comme chez Mme de Villedieu, un goût du burlesque et de la dérision par où s'affirme triomphalement le pouvoir comique de la femme écrivain, prêt à surgir dès que la bienséance se met en veilleuse. Pour sa première nouvelle espagnole, *Don Gabriel Ponce de Léon*, Mme d'Aulnoy s'est risquée à de gros effets comiques de personnages et de situations, tels que les désagréments inévitables auxquels est sujette une vieille duègne amoureuse qui a bu trop de bouillon.

Par la suite, la peinture de caractère s'est affinée et le dispositif habile de contes enchâssés a donné à son style un tour parodique. Le *Nouveau Gentilhomme bourgeois* (1698) continue la veine facétieuse en mettant en scène un personnage vantard, inculte, prétentieux et ridicule sur le mode don quichottesque, La Dandinardière, aspire à épouser une fille de la noblesse, tandis que l'aristocrate ruiné et cynique rêve à son argent et que ses filles à marier, ignorantes et sottes, ressemblent fort à des précieuses ridicules ; les jeunes filles doivent composer des contes de fées pour prouver leur qualité. Les personnages divaguent tous et laissent deviner d'étranges fantasmes. Auteur, conteurs et lecteurs partagent la même douce folie, l'essentiel étant de résister aux contraintes du grand style et aux pressions des élites raffinées.

L'univers du conte parodie le monde réel en mettant tout sens dessus dessous, unions monstrueuses, bestialité menaçante, parents dénaturés qui font le malheur de leurs enfants. Sexe fort et sexe faible changent de rôle. L'héroïne surpasse généralement le héros qui reste silencieux et passif. La figure emblématique de la fée, une femme donc, incarne le pouvoir. Dans *Le Prince Lutin*, le royaume, exclusivement habité par des femmes, est défendu par des Amazones : on l'appelle l'Île des plaisirs tranquilles, car « l'on a banni de ces lieux jusqu'à l'idée des hommes ».

L'intrusion de l'homme est souvent source de malheur, même si la séduction des jeunes gens demeure un pivot essentiel du conte. Mais les princesses sont plus intelligentes que les enchanteurs et leur courage vient à bout des épreuves. Si beaucoup de contes se terminent par un heureux mariage, quelques-uns font l'économie du happy end : *L'Heureuse Peine* de Mme de Murat s'achève sur un constat pessimiste que la narratrice fait elle-même : « Quelque heureux que ce jour dût être, je n'en ferai point la description. Car quoi que se promette l'amour heureux, une noce est presque toujours une triste fête. […] C'est le sort des Amours et celui des Auteurs / D'échouer à l'épithalame. »

L'héroïne du *Serpentin vert* de Mme d'Aulnoy, mimant Psyché, découvre que son amant invisible, loin de ressembler à Cupidon, est un monstre, tandis que la princesse de *L'Île des plaisirs tranquilles* préfère son repos à un bonheur amoureux incertain. *Le Prince Rozier* de Catherine Bernard décrit les « scènes de la vie conjugale » où les amants finissent par s'aigrir comme des maris et où les roses donnent des vapeurs. Enfin s'il existe un pays de félicité où les fées ont le don de guérir des passions malheureuses, il n'y a que le bateau *Liberté* pour y mener et traverser la mer rendue dangereuse par les orages et récifs des passions (*Anguillette*). Les contes proposent un « anti-voyage au pays de Tendre », comme le note justement Nadine Jasmin[10], voyage où les conteuses avouent préférer le repos et l'oubli au vain espoir de l'amour heureux. Mme d'Aulnoy s'engage peut-être plus frontalement que ses consœurs dans la lutte contre l'autorité masculine, familiale et sexuelle. Frôlant parfois l'humour du roman noir, elle revendique sur un ton aussi badin que grinçant le pouvoir pour les femmes :

> Ho ! Monsieur [...], les femmes sont à présent aussi savantes que les hommes, elles étudient et sont capables de tout : c'est trop de dommage qu'elles ne puissent être dans les charges, un parlement composé de femmes serait la plus jolie chose du monde, et se pourrait-il rien de plus agréable qu'une sentence de mort prononcée par une belle bouche incarnate et bien riante[11] ?

L'âge d'or du conte de fées féminin décline avec les Lumières. Si la formule fait toujours recette, les canons évoluent. Les éléments de critique morale, sociale, politique et religieuse s'y glissent ouvertement. Les hommes, cette fois, sont plus nombreux que les femmes à adopter le genre merveilleux, qu'ils tirent vers la satire et le pastiche subversif, voire le conte érotique ou obscène, tandis que la production féminine faiblit et abandonne la fantaisie débridée pour se cantonner dans ce ton édifiant où excelle Mme Le Prince de Beaumont. Quelques femmes cherchent encore à faire rire au prix d'un peu d'audace comme la prolixe Mme de Gomez, mais elles se limitent surtout au genre galant :

> Quittons le sérieux, dit un jour Célimène à Uranie ; badinons ; faisons des contes ; un peu de trêve avec la morale y ramène avec

plaisir. J'y consens, lui répondit son amie ; la proposition est de mon goût. Commencez : vous en avez sans doute un tout prêt puisque vous parlez si hardiment ? Cela peut être, dit Célimène en riant ; mais en toutes choses convenons de nos faits. Quand je dis que nous fassions des contes, j'entends que ce soit des nouvelles divertissantes ; qu'il y en ait des galantes, de tendres et de comiques[12]...

La naissance d'un journalisme « à l'usage des dames » accueille également les conteuses qui veulent s'exercer à de légers récits fantastiques ou satiriques, à côté des rubriques de faits divers et des nouvelles mondaines. Instruire en amusant, tel est le propos affirmé du *Journal des dames* (1759), c'est-à-dire « fournir des riens délicieux aux femmes qui s'ennuient », placer « Montesquieu et Racine à côté des pompons et des rubans », plaisante Mme de Beaumer. Rire, badiner, rêver, s'évader du réel sont les fondements de l'écriture et de la conversation féminines, au point que l'écritoire et la table de toilette finissent par se confondre.

Mme Le Prince de Beaumont est bien consciente de l'ambiguïté de cette production marginalisée par les hommes et elle fait semblant de s'accommoder des préjugés misogynes, pour mieux ironiser : « Il serait inutile que je déguisasse mon sexe : la négligence de mon style, aussi que le peu d'arrangement que vous trouverez dans mon ouvrage vous l'eût indiqué [...]. Il n'en faut pas davantage pour déceler un auteur femelle, et une Française qui pis est[13]. » Les auteures femmes se contentent de moins en moins d'être confinées dans un exercice guetté par l'infantilisation ; elles veulent se rapprocher du réel et prendre part aux débats littéraires de l'époque. Le destin des femmes est leur affaire.

Rire et sentiments

L'*Histoire littéraire des femmes françaises* en cinq volumes, publiée à Paris par une « société de gens de lettres » en 1769, recense environ cent dix noms de femmes auteurs dans les deux premiers tiers du siècle. L'écriture féminine est florissante, même si l'anonymat demeure la règle. Le comique n'est jamais évoqué comme genre, ce qui n'a rien d'étonnant en un temps où la sensibilité du public réclame de la vertu, du sentiment et du pathétique, qualités qui mettent à la mode la comédie larmoyante et le drame bourgeois et détrônent le rire jugé immoral et malséant.

UN RIRE DÉSABUSÉ

Le sentiment a la première place et il entre en rivalité avec la raison. Les romanciers masculins et féminins choisissent des thèmes romanesques voisins, les amours contrariés, et des mêmes cadres, le roman épistolaire ou la confession, et il n'est pas aisé de distinguer les uns des autres ; les œuvres se croisent, volontairement ou non :

Mme Riccoboni donne une *Suite* à *La Vie de Marianne* de Marivaux ; elle est elle-même copiée par Laclos qui reprend son titre, *Ernestine* (1761), quinze années plus tard, ou par Boutet de Montvel qui adapte pour le théâtre les *Lettres de Mme de Sancerre*[1].

Mais on pourra parfois repérer de subtiles nuances dans la part de l'imagination féminine et la prévalence de certains sujets – ainsi de la relation mère-fille ou du thème de l'infidélité plus souvent traités par les femmes – sans parvenir toutefois à élaborer clairement des critères durables de différence[2]. Romanciers et romancières prennent la défense des jeunes filles sacrifiées à l'intérêt des parents ou victimes du désir masculin. Le mariage n'est presque jamais présenté comme une fin heureuse mais plutôt comme une dure réalité vécue au quotidien. Les héroïnes rivalisent de sensibilité, une sensibilité qui ne fait pas leur bonheur, et l'inconstance, la frivolité, la perfidie masculines y sont de part et d'autre dénoncées. Ces romans ont une sonorité féminine, voire féministe, où le scripteur masculin prend l'habit de son double féminin.

On peut cependant déceler une stratégie ironique, exploitée de façon quasi systématique dans les romans féminins, et à plusieurs niveaux. Pour ne pas être perçue comme femme et disqualifiée, la romancière choisit d'introduire une distance au moyen d'une présence critique plus ou moins explicite, dont le rôle est d'empêcher toute identification entre l'auteur, la narratrice et son personnage. Le décalage entre la maîtrise du narrateur qui organise le récit, l'aveuglement de l'héroïne empêtrée dans les péripéties, l'appel à la conscience critique du lecteur invité au décryptage par l'auteur juxtaposent des voix différentes.

Franchement parodique et picaresque, l'alerte aventure de Pauline dans *Les Malheurs de l'amour* de Mme de Tencin joue de cette liberté : elle caricature les piliers de la société contemporaine, l'éducation des jeunes filles, les stratégies matrimoniales, l'autorité paternelle, l'argent, la noblesse, les valeurs prétendument aristocratiques. Ainsi à propos de l'argent : « Mon père était né pour penser plus raisonnablement [...] mais on ne sent guère cette nécessité quand on jouit d'une grande fortune qu'on n'a pas eu la peine d'acquérir. » Ou à propos de la jeune Pauline : « Ma fille est délicate, disait ma mère (car il est de l'essence d'une riche héritière de l'être). »

Ou encore à propos de la supériorité évidente de la noblesse : « Mais pourquoi, demandai-je, cette noblesse est-elle tant estimée ? C'est, me répondit-elle, parce que son origine est presque toujours estimable. » L'héroïne se laisse prendre aux pièges de l'amour-propre que l'auteure, elle-même libérée, a affrontés et su éviter. Au lecteur d'accommoder sans cesse son regard et de « lire par-dessus l'épaule ».

C'est cette même lucidité ironique et désabusée – « J'écris pour m'amuser » – que déploie Mme Riccoboni en écrivant une *Suite de Marianne*, où elle reprend le roman inachevé de Marivaux (*La Vie de Marianne*) là où celui-ci l'a laissée, c'est-à-dire au moment où Valville semble préférer Mlle Varthon, tandis que Marianne désolée médite au couvent sur ce qu'il lui convient de faire. La Marianne de Mme Riccoboni ne ressemble pas exactement à l'ingénue malicieuse et mobile de son illustre prédécesseur, et c'est peut-être son ironie trop savante qui fait la différence. Le décalage ne s'opère plus depuis le regard de la narratrice, une Marianne mûrie qui se penche sur sa jeunesse et raconte sa vie, mais dans le cœur même de la Marianne de dix-huit ans, passant d'un rôle à l'autre, de l'amoureuse blessée à la jeune fille désabusée et lucide.

L'ironie est le pivot psychologique de son comportement, par laquelle elle transforme son statut de victime en celui de bourreau, en stigmatisant l'immaturité de l'amant. La jeune fille s'était donnée et elle s'est reprise. Alors que Valville attendait à la fois son pardon et le spectacle de son chagrin pour s'assurer qu'elle était encore bien sienne, il ne rencontre que raillerie : le cœur de Marianne, dit-il justement, ressemble à « un pays nouvellement découvert, on y aborde, on n'y pénètre pas ». Marianne s'est durcie et son sourire lui sert de bouclier, sous la protection duquel elle peut tenter ses manœuvres de séduction en montrant son bras, ses mains, sa gorge, car tout est toujours théâtre, mimique, gestuelle :

> Et voilà encore ce malicieux sourire qui revient, m'embellit et rend Valville furieux. Il se lève, renverse sa chaise, marche à grands pas, s'agite, ouvre une fenêtre, la referme, me regarde, retourne, se promène, respire avec peine, joint ses mains, les lève, les baisse, ne sait ce qu'il fait. Et moi de m'applaudir et de sourire encore...

L'insistance de Mme Riccoboni à souligner ce sourire piquant, « un peu peste », de Marianne, qui plane d'un bout à l'autre de la scène et conclut la fin de l'apprentissage en même temps que la fin du roman : la jeune fille ironise sur la touchante petite fille qu'elle était. Ce sourire lui assure sa vengeance, car Valville mesure sa perte, mûr pour un revirement. Marianne, pour des raisons aussi subtiles que la princesse de Clèves renonçant à Nemours, feint l'indifférence et choisit de refuser cette main tendue. Mme Riccoboni achève son dispositif par une ultime ironie en imposant au roman sa propre perspective et sa propre conclusion à l'exclusion de toutes les autres interprétations, quitte à contredire Marivaux.

Marianne a-t-elle aimé, ou non, Valville ? Rien n'est moins sûr, et qu'importe à la narratrice : « si vous oubliez mon caractère à tout moment pour me chicaner, tout sera bientôt fini. » Alors que Marivaux représentait en Marianne les facettes multiples de l'être intime, Mme Riccoboni brode délibérément un « féminisme » discret où les femmes ont l'initiative et se libèrent de toute emprise, sociale ou amoureuse. Obsédée par l'infidélité qui tue l'amour, la romancière ne peut s'empêcher de laisser filtrer son amertume lorsqu'elle dénonce ironiquement la vanité des hommes et la médiocrité de leurs petits manèges : « Dès que le vent agite la surface des eaux, il s'arme de ce grand mot : je suis homme ! Aussitôt, la tempête s'apaise et le calme renaît... L'orgueilleux personnage ment[3]... »

Nous ne saurons jamais les derniers mots de l'histoire : « Avant d'entrer dans la partie la plus intéressante de ma vie, permettez-moi de me reposer un peu ! »

LES PETITS RIENS SOUS LA LOUPE

L'ironie, inscrite au cœur même du sentiment, fait aussi partie des stratégies de Belle de Charrière pour dénoncer une autorité patriarcale rigide qui condamne les femmes à une éternelle sujétion. Elle décrit minutieusement des situations banales. Comme chez beaucoup de ses consœurs, une part de son talent consiste à soumettre au grossissement de sa loupe des petits riens, une rougeur, un soupir, un geste, un mot, un froissement, minuscules indices où se révèle une vérité inaccessible : « Tous ces faits sont si petits que le récit m'en sera ennuyeux à moi-même, et l'impression si forte que je ne saurai la rendre[4]. » Sans chercher l'effet, elle dévoile ainsi les rouages de la société et les manipulations des sentiments, avec un esprit libre qui saisit par le simple déplacement du projecteur la structure comique et secrète de la réalité ordinaire : ce qui est secondaire devient presque toujours ce qui est le plus important.

Avec un talent digne de sa contemporaine Jane Austen, Mme de Charrière utilise toutes les conventions du genre romanesque, histoires d'amours contrariés ou de réputations perdues, jeunes orphelines naïves, veuves..., mais ces conventions sont constamment interrogées et remises en cause par une phrase sceptique : les hommes raisonnables qui incarnent les exigences de la société provoquent le malheur des femmes sensibles. Les amants se dérobent et l'esprit ne fait pas le bonheur. La vertu finit par devenir un mot creux dont le principe est de permettre surtout aux jeunes filles de se marier.

L'éducation des couvents, de nobles origines ne servent à rien : Julie, une jeune aristocrate qui s'enfuit du château paternel pour épouser un roturier comble le fossé peu profond qu'elle doit franchir en se débarrassant des portraits d'ancêtres : « Le grand-père fut jeté dans la boue et, celui-là ne suffisant pas, il fut suivi d'un second puis d'un troisième... Jamais Julie n'avait cru qu'on pouvait tirer si bon parti des grands-pères » (*Le Noble*). C'est l'art du roman lui-même qui n'est tout entier qu'un vaste mensonge dans sa prétention à « enflammer, élever et ennoblir les lecteurs ».

Et Isabelle de Charrière parodie ouvertement la mode sentimentale en composant l'histoire de *Trois femmes*, partition à plusieurs voix où le fil de la narration est déconstruit par l'enchâssement de récits secondaires narrés au masculin et au féminin, et qui mettent en scène trois héroïnes peu conventionnelles, « une catin, une friponne et une bégueule » comme elle l'écrit ironiquement à Henriette l'Hardy (1794). Point d'heureux dénouements, la romancière n'espère pas changer la société, mais simplement faire voir la brutalité de ses fondements – dont font partie les mariages « arrangés » autour de l'argent et du nom : elle sait par expérience qu'une femme doit se conduire et même se juger selon l'ordre injuste des préjugés[5] sans jamais renoncer pour autant à l'intégrité de sa conscience. Belle de Charrière joue avec ces contradictions, tout en rêvant à la promotion des femmes, et même à un ordre matriarcal qu'elle explicite dans les *Lettres de Lausanne*.

Elle ne croit guère aux grands mythes, mais plutôt à l'amour vaincu par le poids de la vie quotidienne et par la faiblesse des hommes. Aussi définit-elle la vie conjugale quelque part entre convenance, gratitude, ennui, respect : « Un mari qui est tué par les chagrins domestiques de tous les moments, une femme qui périt par sa sensibilité et sous les peines de famille » (*Mistress Henley*, 1785). À Belle de Charrière font écho les romans de Jane Austen, se moquant ouvertement du mariage et des grands sentiments dans un commentaire ironique :

> Bien qu'Henry fût sincèrement épris de Catherine, bien qu'il fût conscient et enchanté de toutes ses perfections morales, je dois avouer que son amour ne provenait de rien d'autre que d'un sentiment de reconnaissance. En d'autres termes, la seule raison à l'origine de son intérêt pour elle avait été qu'elle avait un faible pour lui. Voilà qui est nouveau dans le roman, je le reconnais, et qui porte une terrible atteinte à la dignité de l'héroïne, mais, si une telle situation est tout aussi nouvelle dans la vie quotidienne, on le mettra totalement au crédit de ma folle imagination[6].

L'une et l'autre romancières ont conscience de « porter atteinte » aux règles du jeu sentimental. Une mélancolie amère tisse leurs récits, cachée sous la vivacité, les pointes, les démolitions fines et les persiflages subtils. À l'exemple de beaucoup de femmes de son temps, Belle de Charrière voudrait bien croire aux douceurs de la conversation, à la vérité des sentiments, à la force de la raison, mais son esprit est incapable d'hypocrisie. Tenues à la position de soumission forcée par l'ordre patriarcal, ces filles des Lumières en viennent à se débarrasser des masques.

Plutôt que tactique agressive à l'adresse de l'autre, l'ironie se retourne alors contre elles-mêmes en autodérision. Elles rient de leur physique, de leur vieillesse, de leurs mésaventures, de leurs déficiences, et font taire leurs émotions par une pirouette spirituelle. L'autoportrait de Belle de Charrière, sous le nom de Zélide, est un chef-d'œuvre de réflexivité ironique, où chaque retouche au portrait dément la figure précédente et réfracte la contradiction fondamentale de tout être humain :

> Compatissante par tempérament, libérale et généreuse par penchant, Zélide n'est bonne que par principe. [...] Naturellement vaine, sa vanité est sans bornes : la connaissance et le mépris des hommes lui en eurent bientôt donné. Cependant elle va encore trop loin au gré de Zélide elle-même. [...] Zélide, qui ne voudrait pas sans raison frapper un chien ni écraser le plus vil insecte, voudrait peut-être dans certains moments, rendre un homme malheureux, et cela pour s'amuser, pour se procurer une sorte de gloire, qui même ne flatte point sa raison et ne touche qu'un instant sa vanité [...]. Vous me demanderez peut-être si Zélide est belle, ou jolie, ou passable ? Je ne sais ; c'est selon qu'on l'aime ou qu'elle veut se faire aimer. [...] Tendre à l'excès, et non moins délicate, elle ne peut être heureuse ni par l'amour, ni sans amour. [...] Des sensations trop vives et trop fortes pour sa machine, une activité excessive qui manque d'objets satisfaisants, voilà la source de tous ses maux. Avec des organes moins sensibles, Zélide eût l'âme d'un grand homme ; avec moins d'esprit et de raison, elle n'eût été qu'une femme très faible[7].

L'ironie qui affleure constamment est une manière de se défendre contre la souffrance, de s'amuser de ce qu'elle ne peut changer. Belle de Charrière trouve spontanément le ton épigrammatique, parfois à ses dépens, mais l'intelligence chez elle n'éteint jamais les sentiments, et c'est de leur conflit non résolu, de la fatalité sociale, ou économique, que surgit son regard résigné et amusé.

UN ROMAN FÉMININ ?

Il existe, ou il a existé, une certaine tonalité du roman féminin, produite par les conditions de l'écriture et par les contradictions inhérentes au statut de la femme auteure : « Vous aurez beau faire, vous ne pourrez jamais vous imaginer ce que c'est que de posséder en soi la force de génie d'un homme et de souffrir de l'esclavage d'être une fille », écrivait George Eliot dans *Daniel Deronda* en 1876. Inhibition, culpabilité, temps volé à la société, à l'enfant ou à la famille, humiliation, impuissance : le rire est proportionné au manque. À la question posée par l'académie de Châlons sur les moyens de perfectionner l'éducation des femmes, Laclos répondait qu'il n'en connaissait pas, car une femme dotée d'une bonne éducation serait très malheureuse si elle restait à sa place et dangereuse comme la Merteuil si elle cherchait à la quitter. L'ironie naît de la contradiction assumée. La critique d'une société où la femme auteur ne trouve pas sa place la pousse à s'affranchir plus aisément des stéréotypes.

Coupable de transgression, elle a besoin d'un retour en grâces pour se faire pardonner la tare originelle, à moins de se révolter ouvertement en embrassant un féminisme inconcevable pour l'époque. Il lui faut donc sourire et faire sourire, comme Mme Riccoboni, Mme du Deffand, Mme de Charrière, Jane Austen et tant d'autres, avec une finesse que les critiques masculins du siècle suivant reconnaissent n'appartenir qu'à elles[8].

Au fond, ce sont peut-être ces romancières qui ouvrent véritablement dans la littérature l'ère du soupçon en subvertissant le récit et en écrivant dans les marges du texte. La parodie, la digression, le commentaire ironique, instruments exploités pour fissurer une narration, ont été pendant longtemps des marqueurs de l'esprit féminin par lesquels elles expriment ensemble leurs doutes, leurs paradoxes, leur volonté d'émancipation en même temps qu'elles sollicitent l'adhésion de leurs lecteurs. L'ironie est un miroir à double foyer, où l'auteur se reconnaît telle qu'elle est perçue par l'homme et telle qu'elle se voit elle-même.

Mélodrames romantiques

Un jour d'août 1793 : Mme de Custine a une ultime entrevue avec son mari qui attend son exécution, incarcéré à la Bastille. Ils échangent des adieux émouvants. Tout à coup un vieillard enveloppé d'une petite robe de chambre bordée de peau de cygne, les pommettes très fardées, traverse la salle et passe près d'eux : « Sans songer que le rouge était peut-être destiné à empêcher un homme de pâlir devant l'échafaud du lendemain, ils partent ensemble d'un éclat de rire terrible. Les rires désordonnés dégénèrent bientôt en spasmes effrayants[1]. » Irrésistible, ce rire qui tord les entrailles tient de la décharge nerveuse, de l'hystérie, du blasphème, mais aussi du défi et de l'humour.

Rire emblématique d'une panique retournée : le macabre et le burlesque, le comique et le tragique, l'hilarité et l'effroi s'y mêlent intimement en un sentiment double et contradictoire. Démocrite et Héraclite bifaces. Le spectacle incongru du vieillard grimé prêt à mourir ressemble à la pantomime d'un clown ou d'un Pierrot, ce Pierrot, la bouche fendue par le rire, couvert de rubans et paré pour l'échafaud qu'évoque Baudelaire dans son article sur « L'essence du rire », pantomime où il voit « une épuration de la comédie », une « métaphysique du comique absolu » propre à l'humanité déchue, par laquelle le rieur reconnaît la dérisoire faiblesse humaine sans renoncer à sa grandeur, en une sorte de création poétique, grotesque et jubilatoire[2].

Au lieu de satiriser le réel, le rire de Mme de Custine met en évidence l'effet de contraste, ou plutôt il exprime « le sentiment » même du contraste, la plaisanterie du destin qui regarde se parer sa victime avec d'autant plus d'élégance que sa tête va tomber dans un instant. Le point de vue comique, qu'une conscience absorbée par la douleur ne pourrait percevoir, est le pur arbitraire subjectif du rieur, c'est-à-dire une disposition, une invention de son imagination semblable à la vision d'un artiste interprétant le réel.

SONT-ELLES ENCORE DES FEMMES ?

La Révolution française a contribué à nouer un nouveau rapport culturel au rire. Dans le bouleversement de la société, quelque chose de cette bonne vieille mythique « gaîté à la française » liée à la conversation et à l'oisiveté, à l'esprit aristocratique et aux polissonneries poissardes, est en train de disparaître. Le comte de Ségur, écrivant ses Mémoires (1824), se souvient de l'optimisme de la jeunesse à la veille de la Révolution : « Pour nous, jeune noblesse française, sans regret pour le passé, sans inquiétude pour l'avenir, nous marchions gaiement, riants, frondeurs des modes anciennes, de l'orgueil féodal de nos pères et de leur grave étiquette... La philosophie riante de Voltaire nous entraînait en nous amusant » et réunissait « les avantages du patriciat et les douceurs d'une philosophie plébéienne ».

Il y a dans la mixité urbaine et le goût français pour la conversation un gage de confiance et d'union que confortent les plaisanteries, les tours imprévus, les épigrammes, par où s'exprime la liberté de chacun[3]. Cette sociabilité résistante, l'Encyclopédie la relie, sous la plume de Jaucourt, à un régime monarchique tempéré où l'amour du roi incarne la figure protectrice de père, s'accommodant au besoin des pamphlets et des caricatures.

Avec la chute de la monarchie, la parole et les débats obéissent à de nouvelles lois : la jeune République réclame des résolutions sérieuses. La politesse, les salons et leurs hôtesses, cette culture de la conversation piquante sont accusés d'entretenir un jeu frivole réservé à quelques privilégiés. Une autre convivialité est à inventer où la raison doit triompher. Quant à la place de la femme, son rôle n'est pas de briller dans un monde de savants et d'érudits, et encore moins d'écrire : « la femme la plus honnête est celle dont on parle le moins » écrit Rousseau, pour qui le bonheur ne peut être que grave.

LA FÊTE SUR COMMANDE

Irrépressible, le rire est toujours plus ou moins anarchique, mais il est cependant nécessaire à la cohésion : il cimente la communauté par la fête, il canalise les émotions, éloigne les peurs et dans la cohue des manifestations, il est là pour empêcher les émeutes, les processions grotesques ou turbulentes, les éclats de folie inséparables d'un sentiment neuf d'émancipation. Le rire se met au service d'une « nouvelle pédagogie festive » qui tente d'instaurer des spectacles joyeux mais paisibles, semés d'allégories et tendus vers un noble but[4]. La fête de la Fédération du 14 juillet 1790 donne l'exemple en exaltant l'amour fraternel et en offrant aux Corps constitués des banquets joyeux ponctués de chansons.

L'année suivante, la fête poursuit le même dessein de joie populaire : cortèges burlesques jusqu'aux barrières de Paris et bals, spectacles et mascarades lors de l'adoption de la Constitution, avec la bénédiction des autorités municipales. La multiplication des petits théâtres dans la capitale contribue à démocratiser l'accès à la comédie[5]. Le rire est de la partie, mais la gaîté est un peu forcée. Les poissardes boivent à la santé du tiers-état à l'occasion du Mardi gras : « Chantons toujours le carnaval en attendant mieux ; il sera peut-être cette année comme le dernier. Le Mardi gras s'en allions à vauliau ». Espoirs, inquiétudes, peurs s'entrechoquent.

Dans les fêtes révolutionnaires, selon Antoine de Baecque, on rit bien davantage qu'on pourrait le croire, et cette émotion vive traduit une forme d'engagement ou de coopération : « Le rire de la Révolution devient affection politique », un facteur d'ordre. Ainsi récupérée, la fête est mise sous surveillance, prise au sérieux par une société grave, masculine, réformatrice ; la légitimité des amuseurs publics est reconnue, mais contrôlée de près, loin des cabarets paillards ; la félicité de tous passe par la surveillance de chacun, et la fraternité n'exclut pas la méfiance ; le rire léger et mondain est soupçonné de créer des réseaux de connivence avec des personnalités de l'ancien régime.

Mais à mesure que s'installe la violence, le rire grinçant des carnavals et des mascarades patriotiques devient de plus en plus transgressif, mimant ces archaïques carnavals avec leurs utopies et leurs « exorcismes », selon l'expression de

Mona Ozouf : le mannequin du tyran est promené sur un âne ou un porc, les brochures satiriques circulent, les effigies de contre-révolutionnaires sont brûlées, une chèvre figure Marie-Antoinette.

Et les femmes ? Entre 1789 et 1791, subsistent encore à Paris quelques salons hérités de l'Ancien Régime issus de milieux libéraux et cultivés ; des cercles mixtes[6] prennent le relais des salons moribonds ; ils accueillent des patriotes modérés, des bourgeois et sont souvent animés par des femmes, Sophie Condorcet, Olympe de Gouges, Madame Roland, qui prennent part aux débats sur l'égalité des droits civils ou sur la séparation des pouvoirs.

Beaucoup d'entre elles ne veulent plus faire les figurantes ; exclues de la vie politique et décidées à faire entendre leur voix – elles ne votent pas aux états-généraux – elles accompagnent leurs compagnons, pétitionnent, se rassemblent en clubs et s'affranchissent de la tutelle masculine[7] pour réclamer une condition égale à celle des hommes, en particulier le droit à l'instruction. « Femme, réveille-toi » clame Olympe de Gouges ; « reconnais tes droits ! » (*Déclarations des droits de la femme et de la citoyenne*, 1791). Certaines militantes entrent plus vigoureusement dans la révolte et participent à des émeutes ; pour rompre avec leur image de femme légère, souriante et soumise, elles renoncent à tout ce qui faisait leur identité, elles sacrifient robes et parures à leur engagement.

Provocantes et déterminées, les plus rebelles sont ces « tricoteuses » qui s'affichent à côté des sans-culottes, en réclamant des armes ; femmes de la halle issues des milieux populaires, elles comptent parmi les éléments les plus violents et indociles de la Révolution, jusqu'à revendiquer la création d'une garde nationale féminine ; mais ces amazones, ces « grenadiers femelles », terme que choisit Fabre d'Églantine en octobre 1793, ces « enragées » ne sont pas les bienvenues. Sont-elles même encore des femmes ?

Elles font peur. Les poncifs sur l'hystérie circulent. Le procureur Chaumette les interpelle : « Depuis quand est-il permis de voir les femmes abandonner leur sexe, de se faire des hommes ? Depuis quand est-il d'usage de voir les femmes abandonner les soins pieux de leur ménage, le berceau de leurs enfants ? » Sanguinaires, cruelles, défigurées, scandaleuses, le regard masculin les condamne. Qui voudrait au foyer ces « hideuses coquines », « laides à faire peur » ?

Lorsqu'elles ne sont pas guillotinées, les femmes de la Révolution doivent se taire, sourire, être de bonnes ménagères ; elles n'ont pas d'autre mission. Dès la Convention, les revendications « féministes » sont jugées irrecevables, contraires aux « droits de la nature » ; tous les poncifs sur leur déraison remontent à la surface. Hors de leur foyer, elles sont déplacées. Mais comment retrouver le sourire lorsque le pain est de plus en plus cher, que le sucre a disparu, que les greniers sont vides, l'approvisionnement impossible et la banqueroute imminente ? La Révolution s'achève, les échafauds sont démontés, mais l'hiver glacé de 1795, la pénurie, les trafics en tous genres menacent les citadins et dans la France mutilée, les rancœurs s'accumulent. Un petit monde de parvenus fait la loi, que l'agiotage, les fournitures de l'armée, les pots-de-vin ont renfloué. Les femmes sont écartées de l'espace public ; le Directoire ne veut rien entendre des espoirs d'émancipation nés de la Révolution.

DE « CITOYENNE » À « MADAME »

Paradoxalement, la société reprend des couleurs. Puisqu'elle ne rit plus spontanément, on la gave de distractions, de comédies, de vaudevilles. Quelques salons s'ouvrent à nouveau et renouent avec les cercles d'hier en accueillant des femmes d'influence, Parisiennes élégantes, femmes auteures, amies de banquiers et d'affairistes. La comédie facile chasse la morosité. *L'Intérieur des comités révolutionnaires, les Aristides modernes* de Ducancel remplit en 1795 le théâtre de la Cité-Variétés qui résonne d'un brouhaha de rires et d'acclamations. Le théâtre Montansier est le temple du rire grossier, le vaudeville fait salle comble, où parfois les femmes se rendent discrètement, travesties en hommes, le théâtre italien semble renaître.

La Comédie-Française rouvre ses portes en 1799. La délicieuse actrice Louise Contat, qui a échappé de justesse à la guillotine, joue Marivaux et Beaumarchais et offre son talent à un public charmé ; elle a son salon, ses habitués. Déjà on ne s'appelle plus « Citoyenne » mais « Madame ». Les salons de danse s'ouvrent partout ; « la France danse du haut en bas de la société, les marchands dansent avec leurs voisines [...]. La bonne compagnie est entrée dans le branle général »[8]. « Madame Angot » fait rire des ambassadeurs. Épigrammes, caricatures et moqueries inondent les journaux. Une vie d'agitation et de plaisir semble s'installer, mais ce n'est qu'un décor.

LE PROCÈS DU RIRE

Après le siècle des Lumières, le siècle des ténèbres ? Mme de Staël défendait la supériorité d'un comique consensuel à la française contre un « humour » anglais morose, en y voyant l'heureuse influence des femmes ; elle déplore à présent l'« insipide gaîté » des nouveaux cercles de parvenus élevés par Bonaparte : ces femmes sans esprit « gâtent la société au lieu de l'embellir. Elles y introduisent « une sorte de niaiserie... qui finit par éloigner les hommes » – il est vrai que son exil ne la réconcilie pas avec le nouveau régime[9]. Mme de Genlis, Mme de Chastenay, Mme de Boigne, Mme Récamier tiennent des salons, que Napoléon surveille en croyant y déceler des foyers d'agitation. Toutes regrettent cette gaieté décente et spirituelle d'antan, refoulée par la montée du sérieux bourgeois et par la ségrégation des sexes.

Mme Vigée Le Brun trouve lugubre, à son retour de l'émigration, le coup d'œil des têtes sans poudre et des fracs noirs des messieurs. Mme de Staël a des formules à l'emporte-pièce : le salon réunit des « jeunes gens qui n'ont rien à faire et des jeunes femmes qui n'ont rien à dire ». La Révolution a encore accentué la dichotomie masculin/féminin : pour ces épouses et mères dont le code napoléonien a consacré la minorité civile, la famille et les affaires domestiques doivent être les seules ambitions et les seuls devoirs.

Le Consulat a eu beau rendre à la société les joyeux bals de l'Opéra et le carnaval, les princes de l'Empire ont beau organiser de somptueuses réceptions officielles et des bals masqués, on ne s'amuse guère : « Tout cela ne sera point du plaisir » conclut Mme de Rémusat, qui décrit les courtisans s'écrasant à la porte de Pauline Bonaparte un 1er janvier, dans la confusion : « On arrivait chez la princesse, on lui faisait une révérence à laquelle elle répondait gracieusement, puis on se hâtait de recourir après sa voiture, qu'on ne pouvait rejoindre qu'après une heure. »

Le luxe reparaît, et les enrichis de fraîche date paradent. Dans les grandes et froides réceptions privées, Mme de Genlis ironise sur les « entrées bruyantes et triomphales des invités », car il s'agit de « figurer ». La conversation est menée par des hommes de parti et les femmes sont animées par l'esprit de coterie, provoquant le « dégoût » de la jeune duchesse de Broglie, qui se souvient des brillantes soirées de Coppet. On évite de parler de la décennie précédente par besoin de paix et de tranquillité ; les jeux d'éventails ne suffisent pas à effacer l'acrimonie des souvenirs politiques et cachent seulement beaucoup de désillusion.

Il faut le regard indulgent d'un touriste allemand pour apprécier un dîner chez la princesse Dolgorouki en février 1803, qui s'achève par de joyeuses chansons fredonnées par le vicomte de Ségur et le marquis de Lally-Tollendal, ancien député : « Pareille soirée ne peut se rencontrer qu'à Paris dans un cercle de Français doués de cette heureuse humeur. On comprend que des hommes de ce caractère arrivent à conclure après avoir passé mille épreuves que tout le mal que l'on peut se donner ici-bas n'est que fumée s'il n'assure pas le moyen de jouir des charmes de la société[10]. »

Et de constater que, malgré la grippe qui fait de nombreux morts durant cet hiver 1803, le peuple parisien est descendu dans la rue pour profiter au maximum des plaisirs du carnaval : les jardins du Palais-Royal sont « le rendez-vous d'une multitude d'hommes et femmes masqués se livrant à mille fantaisies drolatiques » ; les corbillards ne peuvent plus avancer, bloqués par des pyramides de masques, et les bals sont plus nombreux que jamais. « Nous avons trouvé le secret de nous dérober l'aspect de toutes les choses tristes » note à cette occasion la *Gazette de France*.

Le bilan qu'en font les acteurs eux-mêmes n'a rien de joyeux. Les talents d'une femme supérieure ne lui servent à rien au foyer et sa sensibilité ne la rend pas plus heureuse. Pas plus que la femme, l'homme moderne ne saurait se plaire dans des cercles dédiés aux intrigues et aux besoins de l'avancement, où le rire sonne faux ou amer, jamais innocent : « Ma gaîté est comme le masque d'un histrion » se plaint Octave-Musset dans *Les Caprices de Marianne* (1833). Les petites polissonneries d'auteurs mineurs, les vaudevilles et les ariettes sentimentales s'épanouissent au détriment de la vraie comédie qui devient moralisatrice ou mélodramatique : « La niaiserie a pris la place de l'esprit », assène encore Baudelaire. Même son chez Balzac : « Nous ne pouvons aujourd'hui que nous moquer. La raillerie est toute la littérature des sociétés expirantes » (*La Peau de chagrin*).

Contre les pesanteurs du matérialisme bourgeois, la satire, les bouffonneries, la chanson façonnent une contre-culture du dénigrement ; au lieu d'affirmer la cohésion d'un groupe, le rire est utilisé comme arme idéologique pour déstabiliser toute organisation trop sûre de son assise – au point d'effrayer Baudelaire lui-même, grand amateur de caricatures, contemplant « le monde à l'envers » crayonné en noir par Grandville[11].

La bonne vieille tradition grivoise n'échappe pas à cette décadence : les sociétés chantantes comme le Caveau ou la Lice chansonnière, les académies populaires où quelques rares femmes ont été reçues à la fin du XVIIIe siècle, sont toujours friandes d'histoires friponnes et de plaisanteries scatologiques ou loufoques ; Élisa Fleury y entre en 1833 en proclamant : « Acceptez-moi, Messieurs, je suis un garçon ! » Les gaillardises tournent de plus en plus souvent en un genre plus obscène que drôle, peu inventif, tout juste bon à réveiller les noceurs fatigués[12].

ENTRE HILARITÉ ET EFFROI

S'il faut se garder de figer cent ans de production et d'imagerie littéraire autour d'un thème dominant dans un siècle aux régimes politiques multiples, il n'en reste pas moins que les femmes sont écartées des grands mouvements culturels à quelques exceptions près, et qu'il y a « un problème du rire, plus précisément du comique, ou du risible en général, et donc de ses représentations[13] ». Un esprit de désenchantement parasite le plaisir innocent et assombrit le rire.

Rousseau déplorait les effets redoutables des comédies de Molière qui, au lieu de corriger les mœurs, ne faisait que pointer les ridicules et avilir la vertu ; l'esprit comique du XIXe siècle ne reflète aucune espérance, aucun progrès, et c'est là son péché suprême. Baudelaire ironise sur une société de bons vivants où des inspecteurs puniraient les gens qui n'auraient pas sur leurs lèvres la grimace du bonheur[14] ! « Pépin dans la pomme », le rire serait-il le cadeau empoisonné d'une Ève malade des nerfs ?

La culture moderne lit le rire postrévolutionnaire dans le contexte d'une réalité désormais toujours double, comme un choc perpétuel entre l'idéal et le réel, la beauté et la laideur, le sublime et le ridicule, le mépris d'un monde conçu comme un vaste Charenton et la conviction que chacun de nous en fait bien partie. Le rieur ne s'exclut pas du rire ; chacun est tour à tour Bouvard et Pécuchet, M. Prudhomme, Mme Angot. Le dandy rit. Théophile Gautier rit pour déguiser sa mélancolie et s'il reconnaît que le siècle ne possède pas d'auteur intentionnellement comique, il loue la drôlerie lucide des croquis de Gavarni, où les gentilles Lorettes côtoient de médiocres soupirants[15].

Nerval, l'homme qui va se pendre, rit, et on sait avec Hugo que le rire du pendu, yeux et bouche troués, emblématise celui de tous les bouffons du monde : « les dents étaient demeurées humaines, elles avaient conservé le rire »[16]. Le bouffon hugolien a pour mission de montrer à l'homme heureux le comble du grotesque et de la misère, et ce rire spasmodique qui pleure est au cœur de chacun de nous. Bientôt zutistes, fumistes, hydropathes jetteront leurs mystifications et leurs rires comme poudre aux yeux[17].

Le siècle qui a commencé par un rire fondé sur la table rase révolutionnaire, s'achève par le rire-canular et une dérision grand-guignolesque. Flaubert s'interroge sur la valeur du rire qui lamine tout : « Cela a commencé par des rugissements d'ironie (Byron), et le siècle tout entier regarde à la loupe et dissèque la petite fleur du sentiment qui sentait si bon… jadis » (Lettre à Louise Colet du 12 avril 1854). Le monde n'est qu'une blague supérieure, une pantalonnade, du moins l'artiste peut-il l'illuminer par son talent. L'esthétisation des conflits est la réponse des intellectuels.

LE RIRE FÉMININ VU PAR LES HOMMES
UNE MIMIQUE DE SINGE

Point ou peu de femmes écrivains dans cette entreprise artistique de négativité ravageuse. Non qu'il y ait moins de femmes auteures qu'au siècle précédent. Mais elles ne rient guère, comme si leur rire pouvait infirmer leur statut d'adultes intelligentes et capables d'idées ; aussi leurs voix se font entendre en mineure et la critique masculine, condescendante ou exaspérée, boude leurs œuvres, sauf pour ridiculiser les bas-bleus et se moquer de tous « ces sacrilèges pastiches de l'esprit mâle »[18]. Quelques-unes écrivent comme autrefois, avec naturel et brio, dans la continuité de l'esprit de salon.

Une Delphine de Girardin observe moqueusement les illusions perdues ; elle sait bien que seules les larmes instruisent les femmes mais malgré son amitié avec Balzac, elle se meut dans une société trop mondaine pour narrer autre chose que de spirituelles bluettes ; son esprit pétillant et son rire bruyant ont quelque chose d'artificiel qui exaspère Lamartine : elle rit parfois si fort au théâtre que les acteurs sont contraints de s'arrêter !

Mme Ancelot s'efforce de mettre un peu de gaîté dans ses comédies, sans échapper au ton « rance d'un vieux sirop jaune » selon Sainte-Beuve. Mme Audouard fait la guerre aux hommes qu'elle range dans sa ménagerie avec plus de hargne que d'humour. Bien qu'il soit impossible de dresser un tableau des auteurs femmes bravant l'ostracisme masculin, celles qui écrivent parlent de leurs souffrances et de leurs insatisfactions, solidaires de leurs contemporaines opprimées. Chacune a son roman douloureux.

Les mémoires féminins sont surtout mélancoliques, mûris dans la contradiction. L'ardente Marceline Desbordes-Valmore chante les langueurs des sentiments : par ses plaintes et ses déluges de larmes, « elle fut toujours femme et ne fut absolument que femme », ce qui explique sans doute que Baudelaire l'épargne. Quant à George Sand qui, dans la vie, adore les farces, respire de santé et se délecte des spirituels dîners Magny, elle ne présente guère dans ses romans que des héroïnes passionnées et douloureuses, même si le retour fréquent au monde de l'enfance y ramène la gaîté. Bien qu'elle lutte contre le système patriarcal, on trouve chez elle une méfiance générale à l'égard du corps, du désir et de ses manifestations inopinées, et en particulier à l'égard du rire qu'elle qualifie dans *Lélia* de « satanique ». Lorsque Lélia ose s'y abandonner, elle provoque l'effroi : « Pourquoi riez-vous ? Est-ce que l'esprit du mal l'emporte ? Il me semble que je viens de voir votre bon ange s'envoler[19]... »

La femme qui rit devient sorcière ou diablesse. Traitées de viragos par les hommes, les « féministes » militantes doivent, dans un climat de misogynie, maîtriser leur parole pour la rendre tolérable sur la scène publique. Leurs revendications sont perçues comme une atteinte carnavalesque à l'ordre du monde, thème qu'exploite volontiers la comédie de boulevard pour faire rire un large public bourgeois.

« TÂCHE DE RIRE UN PEU »

Le rire féminin léger n'est pourtant pas absent de ce siècle, mais il n'a de fraîcheur que chez les jeunes filles et les enfants ; autrement, il est toujours équivoque. Il fait circuler de l'agrément dans les relations intimes en participant au charme des femmes qui ne prétendent pas concurrencer les hommes. On peut rire encore dans certains salons chez Mme de Duras ou chez Mme Sabatier – en revanche, chez la princesse Mathilde, dont le beau et généreux sourire ravit les Goncourt, les femmes sont presque totalement absentes car la princesse les trouve ennuyeuses. Le jeune Stendhal, qui s'intéresse tant à la question du rire et du ridicule, avoue aimer toujours « passer pour un homme d'esprit auprès des femmes qui en ont », et il encourage ainsi sa sœur Pauline : « Écris-moi souvent et tâche de rire un peu ; il n'y a que cela qui soulage » (25 septembre 1804).

Ses héroïnes rient volontiers. Mathilde de la Mole, en digne fille de l'aristocratie, maîtrise admirablement le vocabulaire de la moquerie, tandis que Mme de Rênal, dans l'innocence heureuse de son séjour à Vergy, retrouve les fous rires de sa jeunesse et « une folle gaîté » sous les baisers de Julien. Flaubert reconnaît à Louise Collet un talent railleur, l'art des saillies, une manière déliée de voir les ridicules (lettre du 27 mars 1852). Chez Balzac[20], certaines rieuses sont des femmes désillusionnées et supérieures comme la coquette et habile duchesse de Carigliano, ou parfois ridicules comme la Muse du département, Dinah de la Baudraye victime de la province, ou encore manœuvrières sous des airs insouciants comme Nathalie de Manerville : leur rire alors révèle la mesquinerie plus que l'esprit ou l'irrévérence.

Seuls les bons rires font du bien, le rire innocent qui signe de son sceau la grâce féminine et qui évoque, par la voix rieuse d'Henriette de Mortsauf, une gaîté ingénue de jeune fille, lorsque le corps et l'âme font encore bon ménage. Significativement, les rires féminins les plus gais et les plus inventifs de la *Comédie humaine* viennent de la rue ou du monde du spectacle : celui d'Esther, l'ancienne prostituée transfigurée par son amour pour Lucien de Rubempré, celui de la danseuse Tullia ou de l'actrice Florine : n'appartenant pas au grand monde, elles s'expriment librement – c'est leur état de se montrer drôles.

Pour une jeune fille rayonnante et rieuse comme Déa, l'amante hugolienne de l'*Homme qui rit*, combien de grimaces de bonheur où affleure la méchanceté ! Balzac rapproche à plusieurs reprises la mimique du singe et ce rire qui contredit l'âme ; les Goncourt traitent également la femme de « joli singe » et Zola, à propos de Mme de Sourdis qui achève les tableaux de son mari, évoque « cet unique génie féminin de la singerie ». Même franc et vivant, sinon toujours désintéressé, l'homme doit craindre le rire féminin, ses bons mots, car « ces anges-là redeviennent femmes tôt ou tard ; or la femme a toujours des moments où elle est à la fois singe et enfant ! Deux êtres qui nous tuent en voulant rire », grince l'abominable Vautrin (*Splendeur et misère des courtisanes*) !

En dépit de quelques gracieuses figures, le soupçon ne cesse de peser sur l'insubordination féminine. Les frères Goncourt redoutent même la gaieté des jeunes filles : « La gravité de la vie présente a fait à l'homme une jeunesse sérieuse, réfléchie, mélancolique. Pourquoi la sœur de ce jeune homme, pourquoi la jeune fille du jour est-elle ironique, blagueuse ? » (2 décembre 1880). Et le terme de blague, sous leur plume, n'a rien d'une bonne plaisanterie : c'est « la formule légère et gamine du blasphème, la grande forme moderne, impie et charivarique du doute universel et du pyrrhonisme national ; [...] l'empoisonneuse de foi, la tueuse de respect[21]. »

Femmes singes : l'expression est récurrente sous la plume des romanciers et désigne toutes celles qui veulent changer de rôle. Une vaste littérature, romans, journaux, traités médicaux, savoir-vivre, s'efforce de les remettre à leur place, c'est-à-dire au cœur de l'espace domestique. Veulent-elles devenir des artistes, des muses ? « Où vous croyez trouver son cœur, vous ne rencontrerez que son talent » (Sainte-Beuve, *Mes poisons*). Obsessionnelles et surabondantes, les images du XIXe siècle vantent la grandeur de la vocation féminine identifiée aux vertus de Pénélope, compagne passive et attentive de l'homme, à la sainteté de la Madone, mère penchée sur son enfant.

Toute entorse au cliché ramène une image inquiétante ; si l'homme qui rit est « une cariatide du monde qui pleure », la femme qui rit n'a que des appétits et des caprices de courtisane. Illogique, irréfléchi, sceptique, voire cynique, difficile à endiguer, le rire féminin mêle le vrai et le faux ; il reste au long du siècle l'expression d'un visage simiesque ou d'un corps indécent. Pire, d'un esprit dérangé.

Hystériques et grisettes

En portant en lui une part de l'inquiétante étrangeté féminine, le rire des femmes questionne quelque chose des valeurs masculines. Il parle aux hommes de leurs angoisses et réveille leurs fantasmes. Deux pôles opposés traversent ses représentations littéraires, fixant deux versants de la féminité, et plus précisément de la féminité amoureuse, le rire frais de la grisette et le rire dévorant de la femme lubrique. Ces rires irriguent l'imaginaire masculin depuis des siècles et ils ne prétendent pas tout dire de la femme ; mais leur charge symbolique s'est accrue en même temps que la société s'est engouée pour les traités de physiologie qui étiquettent les rôles, en renforçant de leur poids pseudo-scientifique une mythologie du sexe faible.

La femme du XIXe siècle est enfermée dans son image ou son destin par la réflexion philosophique, littéraire et médicale. Ses élans de gaîté ne sont jamais que des enfantillages ou des pulsions bestiales, les médecins le prouvent avec leurs nouveaux systèmes de mesure et d'analyse, en surenchérissant sur les vieux clichés misogynes : « Tous les physiologistes qui ont étudié l'intelligence des femmes [...] reconnaissent aujourd'hui qu'elles représentent les formes les plus inférieures de l'évolution humaine et sont beaucoup plus près des enfants et des sauvages que de l'homme adulte civilisé[1]. » Paul Moebius, largement cité par Freud et Breuer dans leurs études sur l'hystérie, insiste également sur la faiblesse naturelle de leur cerveau. Chez elles, la nature est une matrice si exclusive et si aveugle qu'elle finit toujours par l'emporter sur l'éducation et la culture.

LE RIRE INNOCENT ET LE RIRE ASSASSIN, DEUX FIGURES DU RIRE FÉMININ

L'ambiguïté de leur gaîté est dénoncée depuis toujours par les écrivains comme par les médecins : le rire féminin frôle la pathologie. Vif mais confus, spontané mais inconstant, excessif et parfois convulsif, il éclate sans raison, il déborde et figure parmi les symptômes de l'hystérie, dont le pendant inverse serait l'hypocondrie liée à l'intellectualité masculine. L'hystérique pleure, rit, embrasse, sa raison est toujours vaincue par l'émotion : l'hystérie serait tout simplement, « le symptôme d'être femme, tout abruptement ». Lorsque les femmes sont élevées dans la mollesse et que la lecture des romans renchérit sur leur nature impressionnable, les accès vaporeux redoublent, qui troublent leur imagination : « Elles rient, chantent, crient et pleurent sans sujet[2]. »

Irritable et sensible, aisée et oisive, tel est, pour un siècle, le portrait de la femme atteinte de « petite hystérie », terme médical qui légitime et banalise la maladie en tant qu'affection ordinaire des femmes, par opposition à la spectaculaire « grande hystérie » beaucoup plus rare et redoutable. L'hystérie est perçue comme une chaleur interne excitant les sens. Durant le XIXe siècle, le discours ne varie guère, bien que de nombreux médecins commencent à attribuer ces désordres au système nerveux plutôt qu'à l'utérus. Charcot, un de premiers à reconnaître et étudier les cas d'hystérie masculine, compare les symptômes des deux sexes en relevant le caractère sombre et dépressif des malades masculins, qu'il oppose aux malades féminins – les hommes sont toujours difficilement pensés comme de possibles hystériques.

Et malgré une enquête menée à La Salpêtrière entre 1870 et 1890, où ne sont recensés que six cas sur trois cents connotés de rire[3], la médecine continue, à la fin du XIXe siècle, de sexualiser la maladie et d'attribuer à l'hystérique féminine un tempérament léger, charmeur et insouciant, proche de celui de l'enfant, concluant parmi ses troubles divers qu'elle rit bien plus souvent qu'elle ne pleure[4]. Pendant un bon siècle, un lien physiologique, fantasmatique et idéologique unit hystérie et rire des femmes, sur lesquelles pèse constamment un soupçon de folie, surtout lorsqu'il s'y joint une gestuelle fantasque ou débridée. Captive de ses humeurs, de son utérus et de ses nerfs, mais moralement innocente, la femme doit donc apprendre à contraindre les expressions de son visage et de son corps.

La grisette, ou la lorette, rend pourtant à l'homme l'illusion d'un monde heureux et léger. Cette fille du peuple, qu'on l'appelle Mimi Pinson comme Musset ou Rigolette comme Eugène Sue, gazouille et chantonne parce qu'elle est toujours gaie, et elle ne cesse de rire malgré son indigence. Le type sociologique existe bien avant que les ouvrages de physiologie et la littérature s'en emparent. La grisette doit son nom à ces étoffes légères, grises, de coton et laine mélangée qui servaient autrefois à confectionner les blouses de travail des femmes. L.-S. Mercier décrit ces jeunes ouvrières fraîches et coquettes, obligées de gagner leur vie, mais que leur pauvreté protège de toutes les sordides combinaisons matrimoniales ; elles jouissent de leur jeunesse et de leur beauté beaucoup mieux que les filles bourgeoises en attente d'un médiocre mariage en échange d'une médiocre dot.

Toujours bien mise malgré ses faibles moyens, la grisette est joyeuse, désintéressée, imprévoyante, pleine de santé, ce qui la distingue des demi-mondaines fardées ; elle adore danser, ce qui ne l'empêche pas d'être pieuse, et ses aventures sont sans conséquence ; fille facile, elle se donne par amour à des étudiants timides.

Gavarni crayonne sa physionomie pétillante et Jules Janin plante sa silhouette menue dans le décor parisien : elle habite une mansarde, ne mange pas toujours à sa faim, mais elle a des fleurs à sa fenêtre et nourrit de petits oiseaux. Pour plaire, il faut qu'elle soit innocente : « Avec si peu que rien, elle est bien plus que riche, elle est gaie, elle est heureuse » (*Les Français peints par eux-mêmes*, 1841). La littérature, le feuilleton, la caricature et les illustrations qui prennent le relais des stéréotypes des traités de caractérologie, diffusant largement son image.

La Mimi Pinson de Musset (1845), sans être vraiment une jolie femme, séduit les jeunes gens avec son nez retroussé, ses yeux noirs brillants, son visage rond sous le petit bonnet ; ses jolies dents et son rire, signes d'un bon naturel, lui gagnent les cœurs. Elle met son unique robe en gage pour secourir son amie Rougette tombée dans la misère et s'habille alors d'un rideau qu'elle porte en châle. L'étudiant Eugène, attendri, se propose de l'aider, lorsqu'il découvre soudain les deux jeunes filles gaiement attablées chez *Tortoni* où elles dépensent leurs derniers sous dans un éclat de rire.

La grisette suit son instinct ; elle a gardé un peu de l'innocence heureuse de l'enfant, ce qui lui vaut la bienveillance masculine. Ignorante, elle ne remet pas en cause la répartition des rôles et rejoint ainsi la volière des honnêtes filles même si sa vie galante n'est pas un modèle de moralité, car elle n'est point responsable de la dureté de la société, une dureté qu'elle subit sans rien perdre de ses qualités de fraîcheur et de désintéressement. Elle donnera peut-être naissance à ces petites femmes gentilles et volages que le comique de boulevard multiplie à la fin du XIXe siècle pour renouveler ses gags. Mais elle n'est pas non plus sans parenté avec la femme enfant, composante de l'éternel féminin, dont la fragilité découle de la faiblesse de cerveau. Devant sa confiance sereine, l'homme rêve d'un monde où son désir est pur, dénué de culpabilité ou de peur, innocemment partagé. Comme un ange, la femme enfant comble les aspirations viriles, création d'une sensibilité romantique inquiète.

Que l'on songe aux grâces naïves et recueillies de la petite Pauline dans *La Peau de chagrin*, et l'on mesurera ce que vaut un rire frais comme une source, capable de laver toutes les dépravations du désir. Raphaël observe sa jeune maîtresse qui dort, « gracieusement étendue comme un jeune enfant et le visage tourné vers lui. Pauline semblait le regarder encore en lui tendant une jolie bouche entrouverte par un souffle égal et pur. Ses petites dents de porcelaine relevaient la rougeur de ses lèvres fraîches sur lesquelles errait un sourire ».

Mariée, Pauline est fille et femme ensemble, elle ne rougit de rien et sa bouche comme son sourire disent l'absence de toute résistance au désir masculin : « rieuse dans un songe », amoureuse même en rêve, elle offre dans le mystère du sommeil « les joies printanières de l'amour, de même que les rires de notre jeune âge[5] ». Ces joies ne mentent pas mais elles sont éphémères, toujours guettées par la destruction et la mort que figure la peau de chagrin. S'il n'y a pas de femme supérieure par l'esprit, comme le répètent à l'envie les physiologistes[6], en revanche l'instinct féminin, tant que la société ne l'a pas encore perverti, est capable de donner à l'homme toutes les joies de la nature.

Ces rires et sourires innocents de la femme ange ou de la femme enfant, dont la naissance de l'ingénue Bécassine[7] fournira en 1905 un nouveau modèle, font contrepoint à cet autre rire récurrent du mythe féminin, un rire castrateur, corrupteur, dissolvant qui appartient à la femme mais peut aussi ronger déjà la jeune fille ou la fillette. Outre les travaux médicaux, on assiste durant tout le XIXe siècle à une « psychiatrisation des comportements déviants féminins », que véhicule l'ensemble de la littérature, les grands romans de Balzac et de Zola, mais aussi d'innombrables feuilletons populaires[8]. Depuis Ève, la femme est toujours cette enchanteresse alliée du diable et vénale, qui rit pour mieux tromper, consumer ou usurper les énergies viriles.

Wagner lui a donné sa puissance lyrique. Le Klingsor de *Parsifal*, interpellant Kundry, en fait précisément le symbole d'une féminité dévastatrice, « démon femelle en ton rire ! » Incarnant la luxure, Kundry traverse les divers états de l'âme féminine, depuis la sensualité toute païenne de la nature jusqu'à l'amour sublimé par le sacrifice, et son rire maudit désigne la tragédie de l'amour humain. Kundry hérite ses traits des sorcières d'antan ; elle cristallise les angoisses d'une société expirante, « dérangée » par les bouleversements sociaux et travaillée par la peur d'un retour à un matriarcat caché, cette peur que les frères Goncourt croient reconnaître en ces femmes écrivaines, amazones modernes qui attendent secrètement leur revanche : « Les femmes n'ont jamais fait quelque chose de remarquable qu'en couchant avec beaucoup d'hommes, en suçant leur moelle morale » (19 février 1862).

La folie des sens inséparable d'un rire qui ne se maîtrise pas désigne la folie hystérique de femmes vampires, de tribades et de jeunes filles nymphomanes, cédant à leur imagination et leurs caprices, folles de leur corps, le cerveau faible, à la fois niaises et rouées ; un instinct débridé remplace leur raison, mais lorsque leur raison parle, c'est pire encore car elles perdent alors leur grâce narcissique. Une vaste littérature de seconde zone, surtout parisienne et alimentée par les faits divers des villes[9], se complaît dans le tableau de leurs perversions en peignant des personnages dépravés, la demi-vierge, la bourgeoise coquette qui se conduit comme une grue, la femme adultère et névrosée, la lesbienne droguée, la femme entretenue et les filles tentées par la prostitution ; parfois comique, comme dans le théâtre d'Alphonse Allais, parfois glauque ou tragique, l'hystérique traduit l'angoisse des élites devant la menace que l'émancipation féminine constitue pour le corps social.

L'écrivain belge Camille Lemonnier souligne le « caractère luciférien » de ces femmes panthères qui « lâchent leur rire éternel à travers la ruine et la mort » (1885). C'est ce même rire que Jean Richepin donne à la Glu forçant son amant à s'esclaffer avec elle de sa mère, ou que Lorrain prête à ses héroïnes, « rire de quelque Satan en un gosier de femme »[10]. Si le sourire suave, « volontairement assoupli de la courtisane[11] », s'infiltre comme un lent poison mortel, l'éclat de rire exhibe les dents d'ogresse rangées pour la morsure du baiser, forme symbolique du cannibalisme : son plaisir est lié à la cruauté. Un poème de Maurice Magre dresse une statue d'airain à cette dévoreuse illustrant les rapports de haine noués entre l'homme et la femme : « Ma bien-aimée avait un visage d'airain […] / Et cette merveilleuse et cruelle statue / Éclatait par moments d'un long rire assassin[12]. »

Et lorsqu'elles vieillissent, dans la fange et l'ordure, les chairs minées par la maladie, il ne reste de leur beauté qu'une grande bouche peinte et édentée, qui entretient l'effroi.

NANA, LULU, LE DIABLE ARTISTE

Les femmes à plaisir, vénéneuses, malfaisantes, lucifériennes, qui cachent leurs vices sous un rire outrancier, contaminent la société : la syphilis tue, Maupassant, Toulouse-Lautrec en sont les victimes. Selon l'étude de Mireille Dottin-Orsini sur diverses œuvres de cette fin de siècle, « ces rêveries autour d'un féminin primordial » révèlent les peurs des hommes face aux résidus d'un matriarcat tout puissant et anticipant « la revanche de secrètes amazones qui attendent leur heure ». Le rire de triomphe donne aux femmes un pouvoir qui fascine. Nana jouit de ce pouvoir sans jamais pleurer, avant de mourir de la syphilis. Elle incarne la luxure, la bête monstrueuse mangeuse de vies humaines, et trouve à s'avilir une fierté et un bonheur exaltants.

Ni bonne ni méchante, son inconscience même la rend invulnérable. Son visage est celui, souriant et hideux, de Méduse qui renvoie leurs désirs à ceux qu'elle séduit en les pétrifiant ; presque nue sur la scène, les blagueurs du théâtre la fixent en silence lorsqu'elle s'exhibe dans ses voiles transparents : « Personne ne riait plus, les faces des hommes, sérieuses, se tendaient, avec le nez aminci, la bouche irritée et sans salive. Un vent semblait avoir passé très doux, chargé d'une lourde menace. Tout d'un coup, dans la bonne enfant, la femme se dressait, inquiétante, apportant le coup de folie de son sexe, ouvrant l'inconnu du désir. Nana souriait toujours, mais d'un sourire aigu de mangeuse d'hommes[13]. » Devant Muffat obsédé d'elle, son rire amoureux s'élance en vagues, un rire qui fait tordre son corps mais ne s'adresse pas à l'autre, un rire mêlé de moquerie, de jubilation et de défi, concentré sur son propre plaisir.

Nana est une version moderne de la Salomé de la Bible, la séductrice rousse et sanglante qui a inspiré tant d'œuvres de cette fin de siècle, à ceci près que Salomé est encore vierge. Arrogante, ondulante, tentatrice, frémissante, Huysmans dans *Les Rêveries de Des Esseintes* tout comme Richard Strauss dans *Salomé* font d'elle la « déesse de l'immortelle Hystérie », une nymphomane toute aux pulsions de ses sens, tandis qu'Oscar Wilde lui prête des sentiments passionnés pour sa victime : par excès de désir, transgressant les interdits, elle tue Jean-Baptiste et embrasse les lèvres glacées de la tête décapitée. L'Hérodias de Flaubert zézaie comme une enfant pour demander la tête du saint.

Le peintre Régnault concentre sa perversité dans des cheveux serpentins et dans une bouche rouge, charnue, qui rit en laissant voir des dents acérées comme un glaive. Le rire de Salomé jaillit comme une ivresse primitive et barbare, en deçà de la civilisation. Il devient spectacle, mime la joie et communique à l'homme sa frénésie. Porteur de mort, impudique, blasphématoire mais aussi envoûtant, il cristallise la différence des sexes, hyperbole de la féminité qui aspire à la domination.

Nana, précise Zola, rit avec la « gaîté nerveuse, le rire bête et méchant d'un enfant que la destruction amuse[14] ». Salomé n'est encore qu'une jeune fille, mais une jeune fille perverse. La petite danseuse au bouquet de Degas, sœur de Salomé, connaît la grâce acide de son sourire faunesque et de ses gestes disloqués. La fillette enjouée et rusée, dans le paysage romanesque de cette fin de siècle, n'a plus rien de l'innocence de l'enfance, même si son rire sonne argentin.

Elle est l'adolescente vicieuse qui a conscience de son pouvoir de séduction et en use pour asservir l'autre, babillant et dansant, irritante et pourtant séduisante. Sensible, certes, mais déjà experte car son âge ne la met pas à l'abri du désir. Les recueils de chansons paillardes et d'histoires grivoises regorgent de fillettes de 12 ans, analphabètes, insouciantes mais disponibles, qui allument une envie bestiale.

La jeune Conchita de Pierre Louÿs « sourit avec ses jambes et parle avec son torse » ; elle n'a pas 18 ans lorsqu'elle joue avec son amoureux Mateo comme avec une marionnette ; elle l'aguiche et se refuse jusqu'à le torturer, le trompant sous ses yeux, ou faisant semblant, avec un garçon du quartier, riant et pleurant, défendant précieusement sa liberté d'un éclat de rire souverain qui est aussi une profession de foi féministe : « Ah oui ! Je ris, je ris, comme personne n'a ri depuis que rire est sur les bouches. Je me pâme, j'étouffe, j'éclate de rire. [...] Libre, je suis libre de toi, libre pour toute ma vie[15]. » L'éducation, loin d'assagir les filles, les rend plus ambitieuses.

Beaucoup d'entre elles ont appris les « choses défendues » dans des ouvrages médicaux savants mais rares sont les femmes qui osent explorer les champs de la transgression : perverse jusqu'au sadisme, Mary, l'héroïne de Rachilde (*La Marquise de Sade*), a lu des pages de dictionnaires qui l'ont affranchie. Son rire incessant et frénétique claque comme « un coup de fouet ». Enfant, elle a vu abattre un bœuf et sa mère s'abreuver au sang recueilli dans un récipient, pour recouvrer la santé ; désormais seul le sang, seule la mort, peut assouvir son désir sadique ; fillette intelligente et vicieuse, elle a laissé mourir son petit frère d'un rire silencieux, un rire qui devient dans sa maturité le « rire aigu de la faunesse, montrant ses dents ». Tueuse de mâles, elle excite le désir des hommes jusqu'à les épuiser ; son rictus démoniaque ne connaît aucune pitié.

L'adolescente devient le centre d'une littérature moderne qui parle à travers elle de la femme éternelle, une femme que seule la maternité sauve de ses désirs troubles. La puberté est vécue comme un désordre. Souvent privée d'amour et de protection maternelle, elle grandit en sauvageonne, en deçà de toute morale. La troublante Lulu, la petite clownesse inventée par Champsaur à la fin du siècle – la pantomime (1888) va servir de canevas au roman de 1901 – fascinera l'expressionnisme allemand par la violence de ses instincts et sa duplicité : Frank Wedekind, le cinéaste Pabst qui lui donne les traits de Louise Brooks, et le compositeur Alban Berg en font un être habité par une force démoniaque.

Chez Champsaur, Lulu ne cesse de rire, femme lutin dont la gaîté cache à peine un pessimisme profond, car « Dieu n'a créé le monde que pour se donner la comédie à lui-même... », écrit son préfacier Arsène Houssaye. C'est l'époque où le clown trouve dans le spectacle une place nouvelle proche du héros tragique. Ce qu'elle sait, Lulu l'a appris en observant sa mère et en feuilletant un grand carton d'eaux-fortes « démoniaques » de Félicien Rops, où les femmes ont deux bouches et les hommes d'étranges queues antérieures.

Sorcière, prêtresse de Satan ou fée, un peu androgyne ou hermaphrodite, adorant se déguiser, elle reste inaccessible. Sa bouche ressemble à une fleur pourpre, ou au rideau cramoisi du théâtre qui s'ouvrirait sur une scène de séduction. Virevoltante, les entrechats moqueurs, les jupes envolées, elle distribue ses railleries cinglantes comme des coups de cravache. À Paris, où elle multiplie les conquêtes, elle tire la langue à ses amoureux, avec un rire clair de gamine toute puissante :

> C'est un cœur d'homme, dit-elle méprisante. Si je lui faisais du mal, pour voir ? Et elle rit, montrant ses quenottes blanches comme

autant de petites lampes nacrées, en rampes lumineuses au bord de ce théâtre minuscule : sa bouche. [...] Elle a levé le pied, puis sur le cœur appuie un peu. Puis elle presse plus fort. Ses lèvres s'écartent, dans un rictus de jolie bête cruelle, sur les dents aiguës[16].

LA FEMME CLOWN

Champsaur a l'audace de faire subir à son héroïne la dégradation assumée par le clown de cirque, un monde d'où les femmes étaient jusque-là absentes, mais sa petite héroïne au cœur de pierre y gagne une liberté de tous les instants sans perdre sa séduction, et sa modernité annonce des sœurs à naître. Le cirque, la pantomime attaquent l'honorabilité bourgeoise ; ils se moquent en de multiples pirouettes de tous les sages de ce monde, du triste Schopenhauer promu clown, de tous les pessimistes, mais aussi de la vieille comédie et des arlequinades d'un monde révolu. Le monde nouveau est un monde de cochons et d'argent devant lequel Lulu se révolte, pareille à des milliers de femmes.

Lulu, la clownesque aphrodisiaque, résume la féminité idéale selon Champsaur, changeante comme une « vague de mer au sourire innombrable et perfide », dotée d'un « pouvoir effroyable... effroyablement délicieux », et qu'il s'empresse de faire disparaître dans un ciel meilleur, étoile parmi les étoiles. C'est ainsi que la femme nouvelle germe dans l'enfant toute puissante, accueillie par la critique de son temps comme l'annonciatrice de la gynécocratie : « Elle dévorera l'homme ; elle sera l'exécutrice de la sentence éternelle... Elle le réduira à l'état de bourdon, esclave de la ruche. Voilà, Maîtres, ce qu'il me semble entrevoir dans ce tumultueux gynécée ouvert, dans cet énorme domaine de la femme libre qu'est le Salon, le Théâtre, le Concert, le Cirque, le Bal en Europe[17]. »

La femme nouvelle ? Elle fascine et fait peur aux hommes, de plus en plus peur par sa libido démesurée et par le pouvoir qu'elle brigue. Son image obsédante, sa bouche écarlate et dévoreuse règnent sur la création artistique. Lorsque Villiers de l'Isle Adam se représente l'Ève future, il a soin de la doter d'un corps idéal et d'une âme calquée sur son rêve. C'est au savant Edison qu'il incombe de fabriquer cette « andréide » qu'il destine à son ami Lord Ewald, en utilisant le corps de Miss Alicia, une ravissante idiote, et l'esprit d'une femme d'exception tombée en léthargie. Par son art, le savant maîtrise tous les clichés de la beauté féminine, peau nacrée et parfumée, hanches de faunesse, « belles petites dents lumineuses enfantines et fraîches », grandeur calme des yeux, « apprêt du sourire ingénu, malin, câlin ». La bouche surtout : elle doit être de rose et les dents de perle, si fine qu'elle n'évoquera aucune mastication.

La belle Alicia qui prête son corps à l'opération magique n'a pas eu recours aux dentistes américains qui sévissent à Paris en cette fin de siècle et qui remplacent les dents irrégulières des « misses » par des dentiers impeccables, de sorte que le savant se contente de prendre l'empreinte parfaite de sa bouche. Ainsi le sourire de la femme « idéale » devient-il celui d'une merveilleuse poupée avec laquelle l'homme joue sans danger, puisqu'elle est le produit de son rêve, tandis que meurt la femme réelle. Femmes poupées, femmes bibelots, femmes automates, marionnettes, le mystère du féminin, la « femellité » ou la « féminilité » disent les Goncourt, s'exprime à travers la bouche et le rire, converti par une opération esthétique pour en ôter l'inquiétante étrangeté.

À défaut d'exorciser le danger par la fabrication d'une poupée, on peut en dégoûter l'esprit par une image repoussante et morbide – deux pôles de la dénaturation. Les lèvres, suggérant la souillure, sont réduites à des muqueuses, la vue obscène du sexe se substitue au visage angélique, et les caricatures de matrones adipeuses et pileuses envahissent les cartes de la Belle Époque, en alimentant les imprécations masculines : « Que pareil aux gangrènes, aux lèpres et aux syphilis un venin s'en distille pour carrier tes mâchoires, liquéfier tes orbites... », fulmine Camille Lemonnier.

Deux images récurrentes traversent les représentations de la bouche sanglante, d'où jaillit le long rire assassin : protégeant de leur fourreau les dents qui brillent comme une « lame blanche », les lèvres carminées sont tantôt comparées à une « coupure » ou une morsure, tantôt faites pour la succion gloutonne, démesurément dilatées et transformées en vulve. « Sa large bouche sous ses lèvres un peu moustachues avait l'impudence d'une obscénité béante et saignante[18]. »

Les surréalistes ont largement évoqué ces visages de femme où la bouche est un pubis, le nez un nombril et les globes oculaires des seins (*Le Viol* de Magritte), où une bouche aux grosses lèvres roses occupe la place d'un cloaque (*Le Rêve de Quetzacoatl* de Bellmer), images mélancoliques et modernes de l'antique Baubô qui aurait perdu sa gaieté. Des portraits, des photographies, des tableaux de Vénus nues isolent en gros plan cette bouche écarlate dans un visage évanescent, une bouche hautement symbolique exhibant ses dents mais qu'une touffe ombreuse désigne à la noirceur et à la sexualité.

L'organe-trou insatiable : boire, manger, embrasser, rire, bavarder, baver deviennent les gestes et expressions d'une animalité hideuse ; ils profanent la grâce du visage, souillure où Bataille voit l'aliment de l'érotisme. Ou de la nausée. N'est-ce point encore une résurgence de Baubô et de la Gorgone qui hante le désir de Henri de Régnier – « Elles se troussèrent et laissèrent en riant couler d'elles-mêmes le trop-plein de leur nature » ou de Sartre observant ces femmes lasses, nues et molles, « qui s'abandonnent au rire et disent : c'est bon de rire, d'une voix mouillée »[19] ?

Telle serait la nature invariante de la femme, une ogresse riante, une gloutonne buveuse d'âmes. L'« hystérisation des femmes », la médicalisation de leur corps et de leur sexe, hantise de toute une société, visent peut-être, comme le suggère Michel Foucault, à contenir le désir bourgeois des fils de famille. Repoussoir du désir, sa représentation fonctionne comme une sorte de « camisole idéologique » destinée à sceller le corps féminin.

Femmes spectacles

ENTRE LA SALPÊTRIÈRE ET LE CAF'CONC

Cette esthétique ressasse les clichés misogynes jusqu'à l'hyperbole. Est-elle l'entreprise d'une poignée de marginaux jouant avec les tabous sexuels ? Une construction cérébrale inventée comme refuge contre le prosaïsme bourgeois ? Un épisode nouveau de la guerre des sexes produite par l'avancée du féminisme ? Une sous-production des discours scientifiques et des travaux de psychiatrie sur l'instinct sexuel, l'hérédité, la folie, le crime, la prostitution ? Une métaphore du détraquement social après les fêtes impériales, la défaite de 70 et la sanglante Commune ? De tout un peu, sans doute. La culture et l'art envahissent la vie, parfois en retard sur les progrès de la médecine, parfois en avance sur les problèmes de société.

Charcot a largement démontré que l'hystérie touche les hommes comme les femmes, mais la fiction littéraire continue de présenter des névrosées hystériques comme un trait de la féminité et d'associer l'amour vénal à une névrose ; les mêmes auteurs donnent souvent, dans les scènes d'orgies ou d'adultères, l'initiative aux femmes, en anticipant ainsi sur des revendications bien réelles autour de leur liberté sexuelle et de leur droit au plaisir. La vie et l'art, le réalisme cru et la construction idéologique se contaminent, constamment imbriqués et dramatisés.

Alors que cette littérature de fleurs vénériennes porte les fantasmes masculins, une forme d'art insolite et dynamique mêle les genres, danses, chansons, blagues, calembours et poésie en des spectacles éclectiques qui attirent un large public. La femme trouve là une scène où elle peut interpréter et aménager librement les rôles qu'une société raidie lui désigne : l'espace du cabaret, du café-concert, puis du music-hall. Pour la première fois, ou presque, elle monte sur la scène pour pleurer, rire et faire rire, et elle y tient la place principale. Le personnel artistique des spectacles les plus réputés comprend au moins cinq chanteurs et chanteuses comiques, une chanteuse à roulades, un contralto, un ténor et un baryton. Une guirlande de belles filles charnues et avenantes occupe le fond de la scène, conçue sans décor pour effacer l'aspect théâtre, et reprend les « scies » en scandant le spectacle de leurs rires ou de leurs applaudissements, tandis que les artistes, après leur numéro, quêtent auprès des tables.

La voix, le corps, les grimaces, les acrobaties sont les outils de l'artiste qui s'exprime sans interdit. Le contenu du spectacle varie d'une salle à l'autre mais tous misent sur le même panaché d'histoires grivoises, amours de fortune, gaudrioles égrillardes et rêves de rosières poussés jusqu'à l'allusion pornographique dans l'argot des bordels, mais aussi romances niaises et sentimentales, élégies patriotiques, chansons du soldat. La satire politique qui prend pour cible le pouvoir et la religion n'est pas oubliée.

Ce genre de spectacles a pris la place des sociétés chantantes fermées par la censure en 1852 et s'est installé dans d'anciens cafés, débits de boisson ou salles de bal tombés en désuétude et restaurés par l'architecture haussmannienne. En 1869 naissent les *Folies Bergère*. Vers 1885, Paris compte plus d'une centaine de cafés-concerts, relayés par les cabarets. Le spectacle du « caf'conc » reflète un désir sexuel latent et renchérit sur les tendances esthétiques en vogue, en effaçant les barrières entre l'art élitiste de quelques romanciers décadents et le public populaire.

Il mêle vérité et fiction, grivoiseries, outrance, érotisme et ton macabre, mélancolie langoureuse, et surtout il donne la parole aux filles aux côtés des garçons en les exposant sous les feux de la rampe. La figure la plus fréquente de la chanteuse est celle de la cocotte ou de la prostituée, qui chante, beugle et se déhanche en découvrant poitrine, bras et jambes sous des volants et des paillettes. Beaucoup de cabarets accueillent de médiocres artistes enhardies et juste capables de se contorsionner, dont l'audace libertine, voire pornographique, ne cesse de grimper. La prostitution s'y étale presque ouvertement. La plupart des critiques jugent l'esthétique vulgaire, dégradante même, et les sketches des paroliers « ineptes », mais l'ambiance électrise un public hébété et fait recette. Quand la danseuse Violette entre en scène[1], on lui crie : « Ôte ton pantalon ! » « Lève plus haut ! » « Fais-le voir »... Ces filles sont celles-là même que décrivent les romans « de filles » et que fabrique la rue ou l'hôpital. Spectacle réaliste, impitoyable, à peine artistique, qui terrorise par sa charge de vérité les frères Goncourt au Casino Cadet :

> Ces femmes enfarinées de poudre de riz blanche comme un mal blanc, les lèvres peintes en rouge au pinceau, ces femmes maquillées d'un teint de morte, le sourire saignant dans une pâleur de goule... ces femmes avec leurs figures de folles et de malades semblent des spectres et des bêtes de plaisir. [...] Une femme en robe havane dansait, la tignasse en désordre, sa grande bouche fendue par un

rire – le rire d'une bacchante à la Salpêtrière. Elle excellait à jeter follement par-dessus elle, tout autour d'elle, les volants de son jupon comme dans un remous de jaconas... Ce n'était par impudique, c'était blasphémateur[2].

LA PEUR ET L'ATTRACTION

La peur et l'attrait de la femme, émotions inséparables, racolent un immense public plébéien, jeune et moins jeune, à la recherche des frissons, qui s'encanaille, fraternise avec les artistes, communie dans la grivoiserie galante et croule de rire. Turbulente, vociférante, contestataire, « vibrante de gaîté », la foule en délire hurle des obscénités dans une ambiance de charivari. Mélange brûlant de l'effroi et du rire. Pour les Goncourt, il s'agit d'un « rire malsain », d'une « danse de Saint-Guy » à Bicêtre (1866), en tout cas d'un rire d'excitation indéfiniment relancée, sinon de véritable détente, que l'industrie des spectacles saura bientôt exploiter et commercialiser en système de production.

La référence des Goncourt à l'hystérie ravale le spectacle à une forme d'« idiotisme » : l'ivresse devient violence, entretenue par les mouvements disloqués des danseurs, par les grimaces, les pantomimes, les contorsions qui s'immobilisent d'un coup, « figures anguleuses aux cassures brusques »[3]. Les hommes – les artistes du *Chat noir* ou de l'*Élysée-Montmartre* – ne sont pas de reste pour exhiber leur corps ; les uns et les autres jouent pour fasciner et séduire par leurs gambades quasi épileptiques, autant de décharges électriques qui font du spectacle une scène de convulsion collective. Tout comme la Salomé de Flaubert achevait ses figures par une posture ressemblant à l'« arc hystérique », les danseurs et danseuses s'immobilisent en pauses lascives et exagérées, où le médecin décèle une position pathologique.

L'hystérie, mal sacré, envahit l'art. Le célèbre docteur Richer qui fait un tableau synoptique des attitudes cliniques, illustré de quatre-vingt-six figures et notations graphiques, repère chez ses malades agités ce qu'il appelle une « période de clownisme », de mimiques grimaçantes, corps tordus et gestes désarticulés, tétanisés, brusquement raidis en catalepsie. Le corps hystérique est une sorte de théâtre. Richer montre que le malade – et la malade narcissique de préférence – y joue des rôles de séduction : car l'hystérique s'emploie à « fomenter le désir de l'autre[4] » – qu'il s'agisse du médecin ou du public.

Les médecins de la Salpêtrière ont fait photographier méthodiquement (1876-1880) leurs patients afin de déterminer sur les faciès les signes visibles et comportements propres à chaque pathologie. Mais dans cette vaste collection iconographique, Charcot n'a fait figurer que des femmes. L'hystérie, grande invention artistique, est d'abord une pathologie de la femme impressionnable, la femme passionnelle, c'est-à-dire le « symptôme même d'être femme ». Augustine, une des malades vedettes de la Salpêtrière, arbore d'abord un sourire ostentatoire que contredit son regard, et son rire envahit son visage, éclipsant tout le reste. À demi déshabillée, elle s'exhibe dans une attitude de défi et de séduction. Dans chacune de ces photographies, s'expriment la joie et la douleur mêlées, les exigences de la libido, les postures excentriques et outrées de libération qui font échec au refoulement et aux frustrations et qui, en gardant la pose, s'élèvent à un degré extrême de beauté plastique.

Jeanne Avril, sujette dans son adolescence à de petites crises nerveuses et admise à la Salpêtrière en 1882 où elle resta plus d'un an, observe et décrit ce spectacle comique de ses compagnes, des « toquées », des rouées qui simulent parfois les attaques par d'extravagantes acrobaties et qui, lors de la fête du carnaval, se livrent à des danses déchaînées, provocatrices, souvent obscènes. Plus d'une, après sa sortie de l'hôpital, a fait carrière au cabaret. Sur la scène du caf'conc comme dans les salles de la Salpêtrière, les passions s'expriment par des visages fardés, hilares ou désolés, accompagnées de déhanchements frénétiques, pieds en l'air et jambes bondissantes, dans une désarticulation cruelle et jubilante où puise l'esthétique moderne du dernier tiers du XIXe siècle : une esthétique de dissonance qui veut communiquer par la chanson, le corps et le cri, tout ce que la censure et le « bon goût bourgeois » interdisent.

Ainsi va, dansante, la muse de Lautréamont : « Voici la folle qui passe en dansant tandis qu'elle se rappelle vaguement quelque chose. Elle lance des éclats de rire comme l'hyène, laisse passer des lambeaux de phrase. Sa robe exécute des mouvements saccadés autour de ses jambes osseuses et pleines de boue. Les enfants la poursuivent à coup de pierres, comme si c'était un merle[5]. »

FEMMES SPECTACLES

Sur ce fond de pot-pourri mêlé de vulgarité, de débauche et parfois d'hystérie, allant du cabaret huppé au beuglant sordide, les chanteuses se classent selon divers genres, en gommeuses, diseuses, tyroliennes, chanteuses ; au milieu de talentueuses et désopilantes figures, la puissante Thérésa (1837-1891) s'impose par sa maîtrise et son triomphe est foudroyant. Elle endosse la laideur du comique tout en se débarrassant d'un répertoire ordurier, joue de son corps et de ses bras autant qu'elle chante, rit des autres et d'elle-même. La presse célèbre son brio sur scène, sa présence dominatrice, sa voix qui éclate comme une canonnade – « elle a mangé de la cymbale » –, son rire communicatif.

Elle n'est pas belle, et dès son apparition sur scène, les critiques font un sort à sa bouche : « une bien grande bouche pour un si petit établissement (le café *Moka*) » ; « sa bouche semble faire le tour de sa tête », osseuse avec de grandes dents, des dents de « dogue déchaîné » ou de « requin », quasi masculine par l'énergie qu'elle suggère ; une grande gueule, « un avatar de la mégère », figure récurrente et toujours efficace de la littérature comique[6]. Thérèsa repousse toute image aimable de séduction : elle s'exerce plutôt à perdre sa grâce féminine ; « mais c'est là peut-être le piquant, la pointe suprême du ragoût », note le critique Louis Veuillot.

Ce qui ne l'empêche pas de jouer aussi les sentimentales, de chanter pour faire pleurer, de prendre l'accent du ruisseau, sans jamais oublier de renverser « le poivre de Cayenne dans les fades confitures ». Thérèsa a ses auteurs attitrés – toujours des hommes – qui écrivent pour elle des chansons truculentes et délurées, où elle se moque volontiers de ses sœurs femelles et de leurs mésaventures, tout en revendiquant pour elles la liberté et en brouillant à plaisir les repères identitaires hommes/femmes : *La Femme à barbe*, *La Glu*, *Les Trois Cents Femelles* mises en musique par Offenbach comptent parmi ses succès. On a parlé à propos de ses provocations de « Marseillaise des femmes ». Après elle, d'autres chanteuses endosseront le rôle de la femme athlète et gaillarde, ou de la grosse mégère aux seins pendants, comme Paula Brébion, surnommée « Tanagradouble » sanglée dans un uniforme de colonel, Suzanne Lagier, Victorine Demay qu'admire Jules Lemaître.

Jeanne Bloch chante à l'*Alcazar d'hiver* en 1872, puis à la *Scala* et au *Châtelet* : elle fait rire tout Paris ; petite et grosse, il lui suffit de paraître sur scène pour déclencher l'hilarité, et elle sait rire d'elle-même : « Comme je n'aime pas faire comme tout le monde, j'ai grandi en largeur. » Tandis que les jeunes hommes découvrent le rôle séduisant de chanteur de charme grâce à une envoûtante voix de ténor, ces femmes n'hésitent pas à fabriquer d'elles-mêmes une caricature ; elles portent le képi, une cravache et des attributs masculins, mais la menace qu'elles présentent s'atténue sous le rire, et si elles ridiculisent le mystère de la toute-puissance de la femme dévoreuse et surtout la toute-puissance maternelle, leur drôlerie plaide aussi, indirectement, pour l'émancipation des femmes. C'est par le biais du music-hall que les femmes s'emparent à leur tour du pouvoir de faire rire.

Disgracieuse, Yvette Guilbert (1867-1944) ne l'est pas moins que Thérésa. Mais la laideur devient à sa façon un instrument de séduction se parant de distinction. « C'est maigre comme deux angles et ça voudrait être comique », ricane le public. En fait le succès vient très vite, à l'*Eldorado*, puis parmi les poètes chansonniers de l'*Eden Concert* et au *Moulin-Rouge*. Rousse, dégingandée, blafarde, un grand nez burlesque, le cou très mince et très long qu'elle rentre ou sort en rythme, le corsage de satin vert découvrant une poitrine plate, toujours gantée de noir, elle joue la simplicité, la naïveté, l'élégance : « Je ferais d'abord rire, après on verrait. Mais il y avait rire et rire et je rêvais d'une gaîté, de pleurs, d'émotions, de formes nouvelles. [...] Je voulus surtout et avant tout paraître très distinguée pour me permettre de tout oser dans un répertoire dont je décidai qu'il devait être grivois mêlé de satire voilée[7]. »

Yvette est intelligente et sans illusion sur le monde. Son plaisir est de gratter le vernis, de découvrir ce qu'il y a de pervers chez les bourgeois rangés et d'innocent chez les filles déchues. Ses sketches ont l'air de bonnes farces, juste un peu ironiques comme « La Pocharde », « Les Vierges » ou l'histoire du « Petit Cochon », la queue en tire-bouchon qui caricature les ménages à trois. Elle écrit parfois ses textes, mais plus souvent elle ne fait qu'en donner le sujet. Sous des mots polis, avec l'accent anglais d'une nurse, ou en prenant des airs de petite fille affranchie, ou avec des gestes et une minceur de garçon, sa revendication n'en est que plus aigue :

> Je fais très rar'ment des folies,
> Mais quand j'en fais, ah ! Nom de nom !
> Je dépass'tout's les fantaisies :
> J'suis plus une fill' j'suis un garçon
> À moi l'plaisir, la rigolade...

Le café-concert et le music-hall deviennent une industrie et il s'agit pour les directeurs de « décanter » les talents susceptibles de faire rire les foules. À côté des petites femmes de Paris, affriolantes et un peu canaille, qui lèvent la jambe dans des revues et font tournoyer des mètres de volants à dentelles sur des airs de cancan dans un galop infernal, les chanteuses comiques reprennent la tradition et continuent de rechercher des émotions fortes, de faire rire à décrocher la mâchoire et tirer parti de leur gouaille. Leur rire est inconciliable avec les canons de la beauté, elles soulignent leurs défauts pour en tirer parti.

Colette a décrit pour la postérité la taille de « pinson » et les jupes ultracourtes d'une Polaire frémissante et frétillante jouant Claudine, les mines effrontées et vicieuses des filles maigriottes du music-hall, la frimousse étonnée, « inachevée » de Mistinguett, lorsqu'elle chante *Fleur de bille* avec son sourire vorace en clavier. Gommeuses ou diseuses, ces artistes imposent un nouveau modèle de femmes espiègles, encore enfants ou garçonnes provocantes, tenant un équilibre de funambule entre la « rigolade » et la mélancolie, l'acidité et la grâce, la laideur et la beauté. Les meilleures d'entre elles n'ont pas peur des jeux de physionomie, des contorsions et des accents comiques qui enlaidissent.

Chez Marie Dubas, la silhouette fine étale une féminité de bon goût sous la robe à volants de petite fille modèle, lorsque tout à coup s'animent les larges épaules, les bras solides : la brusquerie de gestes extravagants, les déformations de la voix, la figure hardie révèlent un garçon manqué, une caricature de fille. Les rires éclatent devant tant de drôlerie et d'intelligence : « une femme charmante et comique en même temps, autant dire un merle blanc », s'exclame Adrienne Monnier. Mais Marie Dubas elle-même n'échappe pas tout à fait à cette folie qui caractérise mystérieusement le rire féminin. Colette, si aiguë dans la critique de son temps, avoue aimer en elle ses airs de « louchonne névrosée qui profère en se voilant le visage de ses mains les mots – soudain enrichis d'hystérique mystère »[8].

LA GAÎTÉ MOROSE

Une certaine gaîté meurt après la grande guerre et celle qui la remplace n'est pas toujours aussi drôle, ni aussi franche, ni aussi talentueuse. Colette constate les effets de cet appauvrissement à travers les jeux de la mode et les nouveaux canons esthétiques, depuis que les couturiers imposent aux femmes, et plus encore aux comédiennes, des silhouettes efflanquées. Les filles jeûnent, d'où leur grinçante morosité et leur allure de garçon. Les *Folies Bergère* elles-mêmes ne montrent plus ces belles rondeurs d'antan. Où est passée une Réjane qui faisait « pincer sa jupe pour mettre en valeur son beau derrière » ? Les résultats de cette « gastronomie par omission » ne se font pas attendre : « Les théâtres abondent en ingénues ternes, en froides amoureuses. Ne parlons pas des comiques, nous assistons à la disparition d'un genre[9]. »

L'atmosphère de l'après-guerre avec ses bouleversements se prête moins encore au rire débridé. Orchestres hawaïens et premiers jazz effacent les dernières gommeuses des *Folies-Bergères* tandis que le cinéma américain exporte les sourires blancs et refaits de ses premières vamps – vamps ou vampires. La vamp cinématographique (Theda Bara) qui naît en 1914 embrasse pour la première fois publiquement son amoureux et véhicule une image sensuelle de l'érotisme hollywoodien. Mais cette séductrice fatale et agressive, au sourire dévastateur, n'est pas si populaire que sa beauté triomphante pourrait le laisser croire car les femmes ne se reconnaissent pas dans cette caricature du désir.

Les civilisations, écrivent les Goncourt en 1857, ne sont pas seulement une transformation des pensées et des habitudes d'esprit, « elles sont aussi une transformation des habitudes du corps ». Le rire fait partie de ces expressions corporelles nouvelles que les spectacles ont fait évoluer et que les traités de savoir-vivre ont bien du mal à apprivoiser et policer. Le rire s'accentue sur les visages de femmes, et il reste connoté d'une forme d'hystérie et de vulgarité ; s'il n'exprime pas la joie du bon vivant, il témoigne d'une certaine forme de liberté dont les femmes se sont emparées. Marie Krysinska, une des rares muses du *Chat noir*, compose des « Bacchanales » où le rire divin « sonne de somptueux tocsins » et sa ballade au rire ressemble à un chant de sorcières, qui désole l'amour :

C'est la gaieté – combien morose –
C'est la peur et la soif de l'oubli guérisseur,
De l'oubli destructeur
De toute chose,
Qui enlace : riant et criant,
Ces pauvres êtres en proie
À la pire joie,
Et fait ces fulgurantes étreintes d'amour
Sans Amour[10].

Le siècle s'achève dans un rire de bile noire pour les hommes comme pour les femmes : « Nihilistes du burlesque, Fumistes, Zutistes, Incohérents et autres Hirsutes font une apothéose du rire insensé[11]. » La vision désenchantée du monde nourrit une production littéraire où se déchaînent les écrivains loufoques, Alphonse Allais, Jules Renard, Courteline, Alfred Jarry ou Tristan Bernard pour qui le rire devient presque une idéologie[12].

Quant aux femmes, la jeune IIIe République, à ses débuts, ne leur donne aucun droit. « Il y a des citoyens mais il n'y a pas de citoyennes : c'est là un état violent » écrit Victor Hugo à Léon Richer, auteur d'un plaidoyer pour *La Femme libre* (1877). Pourtant, ce que les vedettes de la scène ne cessent de chanter à cœur joie, c'est précisément qu'elles entrevoient, à travers le rire et la liberté de faire rire, un nouveau pouvoir presque révolutionnaire.

L'esprit d'enfance

L'histoire des femmes a été longtemps celle de leur oppression. S'interroger sur leur rire revient à repérer les moments où elles peuvent rompre, sans colère, avec les figures féminines résignées ou victimes consentantes des générations précédentes, et où elles passent d'un rire défensif, voire vengeur, à un rire libre et fraternel. Les tabous ont la vie dure et les mutations sont lentes. Les désopilantes chanteuses de cabaret et de music-hall adaptent encore leurs sketchs d'allumeuses aux désirs des hommes qui attendent d'elles une évasion, pimentée de transgression.

Émile Zola ne peut imaginer une femme libre que célibataire, sans désir et sans joie. Proudhon, le maître à penser du prolétariat français sous le Second Empire, juge que la femme « ne peut soutenir la tension cérébrale » de l'homme. Le discours émancipateur se contente de renoncer aux images artificielles de la féminité : l'oie blanche, la mégère, la femme fatale, la refoulée déchirée par une bisexualité que caricaturent des romans de la fin du XIXe siècle. Jules Renard résume avec humour le combat féministe d'alors en quelques mots : « Le féminisme, c'est de ne pas compter sur le prince charmant » (*Journal*, 24 octobre 1904).

La lutte des sexes n'entre pas dans les stratégies de la lutte des classes. Malgré la création d'associations pour les droits civils et politiques des femmes sous la IIIe République et malgré l'essor d'une jeune presse féministe, la rébellion trouve peu d'appuis officiels, et les épreuves de la Grande Guerre ont tôt fait de ramener les épouses au foyer. C'est un homme, Victor Margueritte, qui invente la figure délurée et sulfureuse d'une certaine femme moderne, issue de la bonne société et entrée en dissidence contre le vieil ordre masculin figé : la « Garçonne » est publiée en 1922, cette même année où le droit de vote est refusé aux femmes par le Sénat ; le livre, dont le dévergondage et les « orgies » font pousser des cris d'horreur aux honnêtes gens, est vendu à des centaines de milliers d'exemplaires, déchaînant un scandale.

Les « intellectuelles » françaises[1] en nombre croissant, universitaires, journalistes, romancières, entrent sans fanfare sur la scène littéraire entre les deux guerres ; tolérées, on range leurs écrits dans la catégorie d'une sous-culture et elles ne gagnent que lentement leur légitimité d'écrivaines. En dépit des barrages, le combat féministe se poursuit au quotidien ; il touche tous les domaines qui engagent la destinée de la femme, familial, juridique, politique, sexuel : thèmes éminemment sérieux, où le rire serait malvenu. Le registre du rire n'est pas davantage invité dans la somme philosophique et historique que Simone de Beauvoir consacre à la condition féminine plongée dans « l'envers contingent, absurde, gratuit de l'imposant édifice bâti par les mâles[2] ». Malgré le succès du *Deuxième Sexe* en France et outre Atlantique, la contestation féministe est en reflux, dans « le creux de la vague ».

Les « salons littéraires » ont presque disparu et avec eux, le plaisir des conversations mixtes, rieuses. Les militantes, qui ont gagné des diplômes universitaires, reprennent peu à peu le flambeau dans les années 1960 ; inspirées par le modèle américain[3], elles profitent des grandes ruptures intellectuelles de l'après-guerre, structuralisme, « nouveau roman », Mai 68, déconstructivisme, pour s'engager dans le combat : le Mouvement de libération féminine (MLF) est fondé en 1970, groupe minoritaire, radical, mais symboliquement très actif ; le MLF réclame la séparation des sexes, il s'attaque au langage, plaide pour l'accès à toutes les professions, s'emploie à faire progresser l'usage de la contraception, mais il ne dédaigne pas l'humour pour accompagner ses manifestations de bons mots et de slogans comiques ; « Viol de nuit, terre des hommes », « ni faux cils ni marteaux-piqueurs »...

Quelques-unes d'entre elles ont une vision prémonitoire de la femme de demain, celle qui ne rit plus seulement pour railler et brocarder le pouvoir masculin, mais pour exprimer de l'empathie : « Les femmes ont beaucoup pleuré culturellement, mais une fois les larmes arrêtées, à la place des larmes, ce que l'on aura abondamment, c'est du rire. C'est l'éclat, c'est l'effusion, c'est un certain humour qu'on ne s'attend pas à trouver chez les femmes, c'est l'humour qui voit l'homme beaucoup plus loin qu'il ne s'est jamais vu » (Hélène Cixous, « Le sexe ou la tête », 1976). Rire, quelle souveraineté !

VIRGINIA WOOLF, PIONNIÈRE

C'est une jeune Anglaise de 23 ans, Virginia Stephen, future Virginia Woolf, qui, parmi les premières, met en mots la spécificité de la création littéraire féminine et le rôle émancipateur du rire dans un bel article intitulé « The Value of Laughter », écrit en 1905 pour *The Guardian*. En dépit d'une profonde dépression qui la mènera bien plus tard au suicide, Virginia Woolf reconnaît dans le goût naturel pour le rire une des propriétés essentielles de l'écriture féminine, microscope ajusté pour voir le monde « avec ses bizarreries, ses excentricités et ses dérives » par-delà les conventions ; le rire est décapant, il « nous montre les êtres tels qu'ils sont, débarrassés des oripeaux de la richesse, du rang social et de l'éducation » et il fait trembler les certitudes.

Or la femme est mieux placée que quiconque pour déceler les artifices de la société ; considérée comme inférieure, elle ne dispose pas d'un savoir susceptible de corrompre son regard ni d'interférer dans son jugement : son coup d'œil, naïf et perçant, se moque des prétentions sociales et son rire réhabilite ce qu'il y a dans la vie de plus ordinaire et de plus modeste, le bric-à-brac d'un humble quotidien. Le ton « solennel », emphatique, que prennent les hommes pour débiter leurs compliments ou imposer leurs avis déclenche chez elle un irrésistible fou rire. Son rire n'est pas un rire de sanction, mais un rire de sympathie pour les infractions à la logique et pour tout ce qui peut déranger l'ordre factice de la société patriarcale. « En faisant l'éloge du rire, Virginia Woolf revendique tout ce que la société dénigre et dévalorise[4]. »

Détrôner les hiérarchies, se délivrer des conventions littéraires, changer d'échelle en prenant soin de décrire la moindre bagatelle avec la pompe d'un grand événement : telle est l'ambition de Virginia Woolf dans *Une chambre à soi* (1929). Le roman est à son avis le genre le plus souple et le mieux adapté à l'inspiration féminine : la femme qui écrit pose un regard neuf sur la vie de tous les jours, et elle donne un cadre personnel, parfois discontinu et déroutant, à son récit : ainsi, « on pourrait se hasarder à dire que les livres de femmes doivent être plus courts, plus concentrés que ceux des hommes » car elles alternent toujours plusieurs activités et seraient interrompues ou en retard à l'heure du déjeuner » – cette heure cruciale du déjeuner pour une ménagère qu'évoquait déjà, cinq cents ans plus tôt, Christine de Pisan dans sa satire.

Dans *Une chambre à soi*, Virginia Woolf invente d'autres structures romanesques et elle crée un personnage fictif de romancière, Mary Carmichaël, qui n'est certes pas une lumière mais une femme raisonnable, juste assez intelligente pour ne pas se laisser prendre aux fausses évidences de la supériorité masculine : la narratrice, indifféremment Virginia ou Mary, observe le monde sans se sentir obligée de briller, ni d'utiliser un vocabulaire prétentieux, ni de raconter l'histoire de quelque prestigieux grand homme.

Elle décrit en détail une maîtresse de maison préoccupée de ses menus, de la qualité des plats, de la nature des pruneaux ou du pudding servi aux messieurs, ce qui la classe à l'évidence dans le lot des femmes que les hommes jugent inférieures ; les grands sentiments du cœur humain, l'amour, la mort, lui échappent comme si « sur le point de sentir les choses voulues au moment voulu » elle se trouvait « dans l'impossibilité de dérouler des phrases sonores ». Le roman fictif de Mary Carmichaël, sera à coup sûr « mis au pilon d'ici une dizaine d'années », ironise Virginia, mais Mary en écrivant n'est prisonnière d'aucune contrainte extérieure, et elle « se réjouit comme une plante nouvellement venue à l'air libre de tout ce qu'elle voit et qu'elle entend ».

Le rire de Virginia n'a rien d'offensif ; il est l'allié de la santé : il faut « apprendre à rire sans amertume des vanités – disons plutôt des particularités, mot moins blessant, de l'autre sexe… » Féministe (bien qu'elle refuse l'étiquette), elle déplore que les femmes ne disposent ni d'argent ni de lieu bien à elle, nécessaires à leur liberté, et elle défend leur cause sans brandir une arme de guerre, mais en sapant par petites touches comiques le terrain où les hommes confisquent le droit et le pouvoir.

Alors que l'ironie est impuissante à changer le monde, le rire féminin est un nouveau langage, porteur de plaisir jusque dans les pesanteurs de la vie quotidienne. Virginia réclame de toutes les révoltées une forme d'empathie avec l'autre sexe : le défoulement par l'humour permet de se détacher de ses passions comme de ses préjugés. Entrer à « voix égales » dans la littérature et user de toutes les formes du rire pour traverser les différences : ce peut être, sans renoncer au combat féministe, l'occasion de penser autrement la relation dans une « communauté par le rire »[5] et de trouver une complicité fraternelle, où l'homme n'est pas constamment sommé de prouver sa virilité, où la femme ne rappelle pas sans cesse son destin biologique[6].

L'histoire culturelle des femmes suit son propre tempo, non du côté d'un rire dévastateur, mais plutôt d'un projet vitaliste, rebelle et inséparable d'un affranchissement, en germe dès la fin du XIXe siècle. Car il y a un son spécifique, prophétique, de ces rires féminins qui se libèrent peu à peu au moment où l'autorité du savoir et l'idéologie patriarcale se fissurent. Les femmes puisent dans leur expérience un « contre-savoir » apaisant qui prend pour thème de prédilection la relation à la nature et au corps, jusqu'à assumer cette folie douce ou cette folie hystérique dont on les accuse si fréquemment[7]. Le rire devance le langage.

Lou Andreas-Salomé affirme que la femme n'est pas assez « présente à elle-même », mais qu'à l'écoute de son corps et de ses rythmes secrets, elle trouvera sa « secrète aptitude à vivre » dans sa différence et sa singularité. Marie Bashkirtseff, malade, tuberculeuse et à la veille de mourir, exprime encore sa jubilation de femme artiste : « Mon corps pleure et crie, mais quelque chose qui est au-dessus de moi se réjouit de vivre quand même » (11 mars 1884). Catherine Pozzi revendique comme un état de grâce ses « accès d'exubérance verbale » et ses actes de « folle » de son adolescence où elle repère l'« éternité du désir » (1904)[8]. En mûrissant, elle devient celle « que-les-autres-ne-font-pas-rire », autre façon de refuser un rire plaqué et frivole, « la camelote du bonheur » que lui propose une société qu'elle n'a pas bâtie[9].

Quant à Virginia Woolf, elle répète dans son Journal qu'elle aspire à la gaieté et que « le simple fait d'être en vie est une volupté » : « C'est un bijou que j'ai hérité de ma mère – un plaisir à rire. » Ces notes autobiographiques de Lou, Marie, Catherine, Virginia et bien d'autres expriment les aspirations d'une chaîne d'écrivaines pour qui le rire résonne d'abord comme une aptitude à vivre en secouant l'inertie de leurs congénères trop soumises, ces « dormeuses debout ».

Inventer par le rire un langage commun est un moyen sûr de déjouer les malentendus. Chacun est manipulé ou aliéné par des mots étiquetés et dévalués, d'où naissent les échecs de la communication. Décalés, détournés, pris à rebrousse-poil, ces mêmes mots retaillés sur mesure, rendent un son neuf dont les effets comiques sont assurés. Le rire offre peut-être alors ce moment introuvable de vérité, la seule expression juste que ne contamineraient pas les poncifs. Sondant la valeur expressive du langage, Jane Austen regrettait que les mots usés par les habitudes sociales soient « utilisés pour ne pas penser aux choses ».

Marie Bashkirtseff redoute d'écrire dans ses cahiers des termes grandioses et éculés tels que *génie* ou *amour*, Colette butine sa « pâture de mots frais » en rejetant le prêt-à-porter. Nathalie Sarraute fait un pas de plus ; elle se méfie tant des mots et de leur rapport à la réalité qu'elle ne veut plus les prononcer : « Je préfère me passer d'eux, qu'ils ne s'approchent pas, qu'ils ne touchent à rien » (*Enfance*).

Ainsi de la vérité : « C'est un nom ; dès qu'on le prononce, il impressionne. » Les unes et les autres ouvrent le chemin à une longue postérité de romancières à la recherche d'une tonalité bien à elles de « mots pour le dire ». Dans cet usage de l'écriture, le rire pèse autant que les mots.

Les femmes poursuivent leurs réquisitoires contre la domination masculine en inventant un style mi-amer mi-narquois qui retourne la souffrance en plaisir esthétique. Trois grandes figures d'écrivaines du XXe siècle affirment explicitement leur rapport au rire pour éclairer la polarité masculin-féminin et refouler la violence. « Toucher au nerf » avec Colette, « rigoler du malheur » avec Marguerite Duras, rire par effraction avec Nathalie Sarraute : aucune de ces pionnières n'a directement choisi pour s'exprimer le registre comique, mais toutes s'absentent du discours institutionnalisé, et toutes glissent dans leur langage des éclats de dynamite qui rendent leurs récits drôles et constructifs.

Le rire, utilisé comme une arme pour dénoncer le conformisme bourgeois ou permettre la communication lorsque la parole est devenue impossible, n'a souvent que bien peu à voir avec le bien-être ou le bonheur, mais il offre toujours une leçon de liberté. « Il y a une belle vengeance dans le rire contre le respect qui n'était pas dû », conclut le philosophe Alain dans son *Système des beaux-arts*.

COLETTE, UN RIRE DE SANTÉ

« Une sœur solaire de l'hystérique freudienne » : c'est par cette expression juste que Julia Kristeva désigne la sœur aînée des féministes, Colette[10], qui ose vivre pour elle-même en revendiquant le droit au bonheur et en égratignant l'univers masculin à coups de questions faussement ingénues. Si elle accepte de suivre par des chemins buissonniers le parcours commun à toute destinée féminine, elle « s'écrit » en choisissant pour pseudonyme un prénom féminin qui est aussi le patronyme de son père, un père mutilé – privé d'une jambe et ayant abdiqué une part de sa liberté par amour pour l'épouse – dont elle prend la plume.

Rire est chez elle une profession de foi répétée à plusieurs âges de la vie : « Me trompai-je quand plus d'une fois je décidais que rire serait ma part et non larmoyer, m'autorisant de ce que le rire, voire le fou rire ne dépend pas de la joie ? Rire, ta place à mes côtés, c'est plaisir de constater que, devenue vieille, je ne t'ai pas, bien au contraire, chicanée ni rétrécie. Ni même assourdie. Je rends le même son qu'il y a un demi-siècle[11]. » La fantaisie, le goût de la caricature et de la cocasserie équilibrent le versant sombre de son œuvre et lui donnent une dimension d'allégresse dont elle a pleinement conscience. La joie, le rire sont une bénédiction passagère qu'il faut accueillir comme un rayon du soleil, fût-ce dans les pires orages.

On déguste Colette comme elle a dégusté, gourmande, toutes les expériences de la vie. Le rire fait partie de ses humeurs, ou de ses parures ; elle tient ce don de sa mère, Sido la paysanne bourguignonne, dont elle compose le portrait en 1922, dix ans après sa mort, en chargeant ses souvenirs d'interprétations imaginaires. Sido représente aux yeux de Colette le mystère même de la féminité. Cette mère charmante, aimée et libre, gaie, possessive et dure aussi, détient les pouvoirs secrets d'une sorcière, pouvoirs qu'elle exerce sur son « Capitaine » de mari, sur ses enfants, sur les saisons, sur les plantes et sur les bêtes.

Telle une diablesse, elle est possédée par une « frénésie riante, un universel mépris, un dédain dansant », qui lui permettent de s'échapper du réel et d'émigrer vers un pays intérieur grâce à un savoir qui n'appartient qu'à elle. L'ironie lui épargne les credo encombrants et la protège des malheurs, y compris du deuil insupportable :

> Elle riait volontiers, d'un rire jeune et aigu qui mouillant ses yeux de larmes et qu'elle se reprochait comme un manquement à la dignité d'une mère chargée de quatre enfants et de soucis d'argent. Elle maîtrisait les cascades de son rire et se gourmandait sévèrement, allons voyons, puis cédait à une rechute du rire qui faisait trembler son pince-nez [...]. Elle riait, ma mère en deuil, de son rire aigu de jeune fille[12]...

Colette doit à Sido son statut magique d'« enfant éveillée ». L'enfance occupe une large place dans son œuvre, semblable à un paradis perdu dont la langue jamais oubliée serait le rire éclatant de Claudine, de Vinca, de Minne ou de Gigi. Claudine, la terrible écolière garçonnière, dompte les bêtes, accumule les insolences, triomphe de ses professeurs et de ses petites camarades, manifeste une supériorité éclatante sur les adultes. Au milieu de la difficulté de grandir, le rire est toujours l'expression de cette joie sensuelle qu'éprouve le corps jeune et sain au contact de l'air, du vent, de la pluie ou de l'eau, et surtout la marque de cette innocence en deçà de la morale, proche de la nature.

Le rire de l'enfance peut s'amuser de folichonneries ou d'événements graves, il se vit dans le présent et il impose la suprématie de l'instant. Mais ce qui était donné gratuitement à la fillette, la femme doit le reconquérir par volonté. Loin de conduire au bonheur entrevu, l'amour adulte mène à la déception et ne propose qu'un plaisir éphémère. Dans le mariage, l'épouse apprend la soumission et l'abnégation, et elle perd ses pouvoirs d'enfance. Elle se fait malgré elle la complice de l'oppression masculine, femme-objet soucieuse de plaire au regard masculin et de préserver savamment sa beauté ; femme ou plutôt « femelle » généreuse qui se laisser porter par sa sensualité et se prête avec gratitude au « ouimonchérisme d'esclave ».

L'œuvre romanesque de Colette invoque sans cesse la quête d'une liberté qui est celle d'avant les interdits, du gai savoir de l'enfance, où l'amour se vit sans culpabilité ni honte, par instincts. Renée, l'artiste « vagabonde » de music-hall, conquiert son autonomie économique et sociale, ainsi que la maîtrise de ses liaisons. Mieux encore, elle revendique le droit de penser par elle-même : alors que la jeune Colette n'osait pas contredire Willy, muselée par la peur, Renée prend le risque d'une rupture en affichant ses idées et en osant dire : « Je ne suis pas de ton avis. » Elle se révolte par le rire.

À la fin de *La Vagabonde* (1910), elle se dégage de cet amour qui l'étouffe en renversant la distribution traditionnelle des rôles : c'est Max qui souhaite le mariage et Renée qui se contente d'une liaison, c'est Renée qui se déshabille et se rhabille rapidement avant et après l'étreinte, c'est Max encore qui vit de ses rentes en oisif et Renée qui gagne sa vie en « petite commerçante honnête et dure ». Renée se comporte en sujet. L'étreinte réussie est placée sous le signe du rire féminin bien que, malgré l'intimité parfaite, Renée s'excuse de cet air joyeux qui peut paraître supérieur, face à l'amant inquiet : « Je ne ris pas, je m'étire. »

Ce renversement hiérarchique qui fait de l'homme un objet sexuel sous le regard féminin est cependant le versant sans gaîté de l'œuvre de Colette. Ses héros sont faibles et velléitaires ; ils subissent des crises de féminité ; leur sourire n'est souvent qu'un recul devant l'effort et la vérité pénible.

Renaud, léger, vif, ne répond pas à l'attente de Claudine : il l'« enveloppe » sans jamais la dominer. « Chéri » est un délicieux jeune homme aux traits androgynes, léger, capricieux, amoureux de lui-même ; il craint le vieillissement et la mort au point d'abandonner Léa, sa protectrice et sa maîtresse, parce que la seule vue de son corps fané au petit réveil, « pas encore poudrée, une maigre torsade de cheveux sur la nuque », le terrifie en lui renvoyant l'image de sa propre dégradation.

La Fin de Chéri écrite six ans plus tard accentue encore l'échange des rôles : Léa – Colette – devient la femme forte, gaillarde, drôle, satisfaite de sa vie ; elle ne pleure plus sur sa féminité disparue et, enfin libérée des exigences que la société fait peser sur la femme, elle gagne sa sérénité espiègle de vieille dame qui a renoncé au besoin de plaire, tandis que le faible Chéri, accroché à son miroir, finit par se suicider. Face aux déceptions, la femme, même vieillissante et interdite de séduction, continue de savourer la vie : « Sortis de là (l'amour), nous nous apercevons que tout le reste est gai, varié, nombreux[13]. »

Point d'amertume dans ces destins inaccomplis, ces échecs et ces refus. Comme de nombreuses héroïnes de Colette, Renée et Léa rejettent l'idée du mariage et la maternité calibrée. Leur souci constant, à mesure que le temps passe, est de marquer leur aisance, leur gaîté, la sérénité, plutôt que la fronde. Colette se moque volontiers d'ailleurs du mot « amour ». Si ses héroïnes finissent souvent seules au terme du roman, elles sont responsables de leur vie, elles ne cessent de rire, guéries, allégées, et elles trouvent en elles de quoi goûter, en silence, le bonheur.

Rire et violence

La bifurcation du langage par l'ironie ou l'oxymore, qu'elle soit celle de l'auteur ou du personnage, permet de passer d'un point de vue à un autre et elle a pour objet le réajustement des rôles masculin et féminin ; après deux guerres mondiales, l'homme ne peut plus prétendre détenir seul le savoir et l'autorité : « Ça n'est pas si grave un homme. Un homme, c'est… ce n'est pas plus qu'un homme[1] », susurrait Colette, narquoise. À quoi Marguerite Duras fait écho en riant : « Un homme, tu sais, comme on l'entendait il y a encore vingt ans, un homme fort qui bâtit l'avenir. (Rire). Ah ! Ah ! C'est fini[2]. »

Pour l'une et l'autre, il est urgent que l'homme apprenne à son tour à se taire, qu'il renonce à son identité supérieure, qu'il mesure ce que deux millénaires sous sa domination ont fait du monde ; à ce prix, il peut renaître à une vie nouvelle et entendre le message d'un certain savoir des femmes. Entre Colette et Duras, la guerre, les camps, la bombe atomique ont creusé un abîme ; la première dénonce les valeurs d'une société frelatée, la seconde hurle la violence faite à tous les opprimés, mais toutes deux jouent avec l'écriture pour en finir avec la peur. L'univers comique de Colette bouleverse avec élégance la place assignée à la femme sans cacher un certain mépris pour « le troupeau » de ses sœurs ; celui de Marguerite Duras dessine en creux les lieux de l'exclusion féminine par une écriture chaotique et cassée, qui renonce à décrire le réel mais permet à la différence et l'hétérogénéité de s'insinuer[3].

Chez elle, le rire n'est ni un moyen, ni un procédé, ni même une trêve ; soudé au désespoir et à la mort, il fait « dégringoler » l'autorité, il devient un barrage contre le déferlement de haine et, sinon un moment d'amour, au moins un moment de complicité. C'est la médiatisation du rire qui réconcilie les sexes, les classes, les races, pour les rendre pareils dans leur singularité. Le rire casse le langage machiste, inadéquat et bavard ; geste vocal, il convainc mieux encore que le blanc du silence ; il jaillit du corps, frôle la folie, pulse l'air même s'il ne change pas la situation désespérée.

Ce rire fou explose dans une œuvre grave et douloureuse où pourtant l'on pleure peu : « C'était terrible et c'était marrant » – Colette détestait d'ailleurs non moins que Duras l'incontinence des larmes. Le rire illumine le présent, revisite le passé et trompe l'avenir. Il est gai comme le gai savoir, mais le gai savoir du désespoir. Rire libre, énorme, irrationnel, de la femme opprimée, auquel l'homme est à son tour convié à participer pour se découvrir différent.

UN BARRAGE CONTRE LA HAINE

L'humanité de Marguerite Duras est broyée par la douleur et la violence[4] ; une violence portée par la nature et la force des choses, car que peut-on contre les marées du Pacifique ?

Une violence qui procède aussi de la cruauté des hommes capables de se détruire entre eux et dont les femmes ne sont pas exemptes : d'une œuvre à l'autre la romancière décrit avec obsession l'enchevêtrement de ces forces combinées qui régissent les rapports humains et divisent les êtres entre oppresseurs et opprimés. *Un barrage contre le Pacifique* (1950), son troisième roman, est l'histoire de l'oppression légale qu'exercent les colons en exploitant les indigènes, et que métaphorise l'océan ravageant les terres de la mère. La mère s'acharne contre les marées, contre les crabes, contre l'agent cadastral qui veut lui reprendre son bout de terrain et représente le pouvoir colonial, contre l'injustice et, à la fin, contre ses enfants eux-mêmes, qu'elle charge de tout son désespoir.

Vaincue par la société, devenue l'amère, insensible et monstrueuse mais toujours folle d'amour, la mère bat ses enfants qu'elle nourrit et couve avec excès, qu'elle soigne en allant chercher des plantes, à la fois dévorante et dévorée, tyrannique et coupable, qui porte en elle la démesure du destin. Inscrite sur ce fond de peur et de folie, la vie quotidienne continue de tisser ses petits événements, le vieux cheval meurt d'épuisement, le phonographe joue ses rengaines, Joseph part chasser (l'échassier et la femme) et Suzanne la frangine sillonne la ville en découvrant le pouvoir insolent de sa beauté. L'ironie de la narratrice, en parfaite connivence avec ses personnages, ne cesse de détruire, telle la vague sur le sable, les petites digues de respectabilité édifiées par ces marionnettes qui s'activent et « inexistent » autour des trois héros.

Le rire de Duras est un tsunami dévastateur. La première cible est la figure masculine « genre tête de veau », minable et craintive malgré ses prétentions, ses belles autos et sa pseudo-autorité : M. Jo, au désir obsessionnel, obscène, baveux, s'identifiant au diamant qu'il offre à Suzanne, un diamant impur avec un crapaud, et que la mère n'appellera plus que « le crapaud » ! Puis M. Barner, plein de lui-même, représentant en fils de soie d'une usine de Calcutta, « très représentatif en effet ». Les deux hommes ont tous les deux les mains fluettes, une chevalière au doigt, des mains blanches de prétendants sérieux, des mains qui tripotent argent et sexe.

À travers la masculinité, Duras se moque férocement des valeurs en cours, l'autorité, le commerce, le profit, la position sociale, remparts artificiels sous lesquels se cache le cru désir. L'ironie se déchaîne contre le colonialisme arrogant que représente la blancheur « couleur d'immunité et d'innocence », ce blanc triomphal de la race blanche qui habille ses garçons de café indigènes de smoking blanc « comme les palmiers des terrasses sont en pots » et arrose ses rues asphaltées pour défendre son hygiène de ville blanche contre la saleté indigène[5].

Cette candide blancheur de probité vêtue couvre en fait l'exploitation, le cynisme, le mensonge, l'artifice, l'usurpation, la bêtise, et sa puissance financière n'a pour corollaire que l'impuissance du sexe... Joseph invente une grosse farce, brandit un fusil, et son rire fait fuir l'agent terrorisé qui n'osera jamais revenir. Le rire n'est pas la dérision ; plein de santé il s'alimente au « rire clair et fou, fou de l'enfance », anarchique et rebelle, sauvage et innocent.

Dressé contre la mort, le rire de Duras a une portée métaphysique plus que sociale. Il n'a pas grand-chose à voir avec la vieille analyse des sentiments tels que le bonheur ou la joie. Il ne s'inscrit pas dans une satire du réel mais du côté d'une force, substitut à la parole qui raisonne. « La grande rigolade du grand malheur » ne modifie pas la situation, mais le rapport à l'épreuve. Alors que l'ironie subversive se contente de déstabiliser les fausses supériorités, l'intrusion du rire dérange l'argumentation.

Il est d'abord le propre des enfants, la jeune fille, le frère ou la mère folle, sans doute parce que leur sentiment d'identité est moins figé. Ce rire-là est un signe de disponibilité qui informe l'autre que quelque chose de différent peut exister ; il devient complicité, et il se propose de jeter les protagonistes dans une folie commune où commencerait alors une histoire d'amour capable de faire contrepoids aux désastres de la vie.

LE RIRE CONTRE LA VIOLENCE

Au centre de la crise de la pensée et de l'illusion romanesque, le rire de Duras, comme l'amour, survient à l'improviste, presque sans raison, « d'une faille soudaine dans la logique de l'univers[6] » pour faire déraper ou transcender les événements. Le rire éclate au hasard des rencontres. Les protagonistes des *Yeux bleus cheveux noirs* ne se connaissent pas, ne se parlent guère, murés dans leur histoire individuelle, une histoire fragmentaire dont on ne sait rien. Ils se retrouvent dans une petite chambre d'hôtel où résonne seulement le bruit de la mer. L'identité des amants est incertaine, la conversation est chaotique, ils n'ont en commun ni souvenirs, ni rites, ni vocabulaire. Seul compte le fait d'exister, par-delà toute psychologie et toute capacité d'évoluer.

Mais le rire que la situation burlesque provoque chez la femme lève le poids d'incompréhension et fait craquer les rôles ; il finit par rire avec elle : « Il la regarde rire. Il est émerveillé par ce rire. Il se rapproche d'elle et il reste là à la regarder rire, mais rire, rire, embarquer toute leur histoire dans un fou rire. [...] Ils rient. Se voir rire les rend fous de bonheur[7]. » Avec le rire tout peut arriver ; il appartient au corps et c'est le corps qui expérimente le monde. À la lucidité destructrice de l'ironie, répond le rire éclatant qui annule le savoir et exprime une simple présence. Le rire de Duras évolue sans cesse sur ces deux registres pour les opposer.

Le rire, comme solution à la violence, comme accompagnement de la vie, comme jouissance enfin, symbolise d'un texte à l'autre une disponibilité de la femme toujours prête à s'affranchir de la logique. Rien de castrateur ni de sectaire dans ce rire féminin mais une porte ouverte sur l'imaginaire... Et tandis que l'homme s'identifie au savoir / pouvoir, les rires, les blancs, les silences, tout ce langage qui échappe au discours appartient à une sorte de juvénilité ou d'état d'enfance que les deux sexes sont appelés à rejoindre.

NATHALIE SARRAUTE : CE QU'ON VOUDRAIT CACHER

Rien de moins métaphysique, rien de moins sexué, rien de moins romanesque que le rire chez Nathalie Sarraute. Et pourtant, il est saturé de sens. Convulsion de la bouche, le rire et le sourire selon Sarraute font partie de ces micro-comportements et jeux éphémères que produit la vie sociale, jeux infiniment petits qui relayent le langage, compensent ses insuffisances, introduisent une complicité. Il y a bien, à l'évidence, un « il rit » et un « elle rit », un rire masculin et un rire féminin, un rire de gorge de la coquette qui veut plaire par ses agaceries, et un faire-rire de l'homme habile à capter son auditoire en racontant des histoires drôles.

Il y a bien aussi un rire de classe, un rire de groupe, un rire de famille, un rire de tempérament et de caractère. Mais là n'est pas le véritable observatoire que choisit Nathalie Sarraute. C'est en amont de la différence des sexes, naturelle ou culturelle, que se place la romancière. Avant le conflit et l'intrigue du roman traditionnel, avant la constitution du personnage et des rôles, au niveau de ces petites pulsions et réactions corporelles communes à tous, par-delà la pellicule de la singularité de chacun. Le rire précède le sentiment ; il n'a rien à dire sur le chagrin, l'amour ou la sexualité, mais il dévoile quelque chose qu'on voudrait bien cacher.

Le Planétarium (1959) offre une de ces grandes scènes où Sarraute décortique la nature du rire dans un épisode qui ressemble à un psychodrame. Lorsqu'Alain Guimiez, commence à raconter, chez sa belle-mère, les petites manies décoratrices de sa vieille tante Berthe[8] avec un talent et une drôlerie inséparables du jeu de la médisance, il n'a d'autre idée que fraternelle, d'autre intention que de faire plaisir à son entourage, chercher le contact, lire dans leurs yeux cette lueur d'excitation du plaisir. Bref, contribuer au consensus social et, en retour, se faire cajoler avec force remerciements : « Oh ! écoutez, il faut que je vous raconte, c'est à mourir de rire… Ma tante, quel numéro, ah ! Quelle famille… On est vraiment tous un peu cinglés… »

Alain fait figure de meneur ; lui, si souvent écorché vif, tient le scalpel. Mais il dépend intimement des autres, groupés en cercle en train de boire ses paroles, des partenaires qu'il faut constamment amuser et subjuguer, car de leur mimique de détente ou d'agression dépend son intégration, faute de quoi le voici rejeté et renvoyé à lui-même. Le monde intérieur selon Sarraute n'est que le reflet des codes sociaux : la plupart des vies ont besoin d'être replâtrées par la vie sociale. Pourtant, raconter des cancans mesquins, colporter des petites histoires, vider l'eau sale rendent Alain plutôt honteux et mal à l'aise ; après s'être épanché, il voudrait bien se rétracter ; il se renfrogne, mais déjà il s'est trop livré. Un autre rire a jailli d'une bouche féminine en captant quelque chose d'invisible et de déplaisant, comme une poche qui se vide ou un abcès qui crève :

> Ce rire-là, sur ses arrières, il le reconnaît ; rien de commun avec les roucoulements heureux, les tendres gloussements... Un rire lourd qui se vautre, un gras rire épais qui se roule partout, puis tout à coup s'enfonce dans la gorge, disparaît presque, réduit à une sorte de chuintement, chemine longtemps quelque part en dessous – et personne ne bouge, on attend – et puis reparaît, enroué, grinçant, long... il vous écorche...

Un rire de mise à mort. Pourtant Alain n'aime pas médire, il joue seulement à médire ! Le voici soudain l'élément perturbateur, coupable de faire rire, accusé d'avoir enfreint les règles de la pitié ou seulement les conventions de la sociabilité. À présent, le petit cercle se montre gêné, méfiant, il se resserre et dévoile sa force répressive en découvrant le « cadavre » de tante Berthe. Arroseur arrosé, les rapports de force s'inversent ; ceux qui ont sollicité, tarabusté, adulé Alain pour qu'il les fasse rire, le tiennent à leur merci, et le salon est devenu un huis clos où chacun se fait juge.

L'univers de Sarraute ressemble soudain au tribunal de Kafka : le rire est l'instrument du meurtre. Pour sa défense, Alain plaide qu'il n'existe aucune différence entre les gens, que nous sommes tous des « tante Berthe » maniaques, ridicules, nus, peureux et interchangeables dès que craque le vernis de surface. C'est alors qu'éclate le rire singulier, redoutable ou nauséeux de la jeune femme qui, tout en ayant savouré le moment comique, choisit de se retrancher de la communauté et de se placer hors d'atteinte en désignant le perturbateur pour bouc émissaire du groupe : « Elle renverse la tête, le rire s'étrangle dans sa gorge en un interminable chuintement, un long sifflement avant l'explosion finale… Ha, ha, ha, quel rigolo vous êtes… Quel drôle de numéro… Oh non, moi, je vous garantis que je ne suis pas comme vous… »

IL N'Y A PAS DE RIRE INNOCENT

Pouvoir meurtrier du rire : le sacrifice consommé, la peine de mort prononcée, la mini-tempête s'apaise, la conversation reprendra avec ses couches de certitude et ses artifices, le tissu social se recoud, tandis que sous l'eau dormante, la vase retombe, instable. Le lecteur hésite entre vertige, inquiétude et dégustation. Sous le regard d'entomologiste de Sarraute, le rire est un catalyseur subtil des émotions, une décharge : on rit toujours sur un volcan

Par-delà les personnages et les histoires, le rire ironiquement mis en scène par Nathalie Sarraute détruit toutes les situations bien cimentées et cohérentes, les liens sacro-saints tels que l'amitié, le couple, la famille, les solidarités mère-fille ou père-enfants, les rapports à la vieillesse, à la culture et à la mort. Personne ne sort indemne du filtre de l'ironie qui joue avec des effets d'exagération, de disproportion, d'associations ; le lecteur est pris à partie dans cette toile d'araignée, et il entrevoit un portrait de lui antipathique et inavouable, mais si juste dans son écriture insolite qu'il est contraint d'en rire malgré l'inconfort de la vérité. Car une des leçons de Sarraute est que nous sommes tous semblables, hommes, femmes, prisonniers des lieux communs qui nous fabriquent, nous contentant de copies inauthentiques de sentiments et de mots préfabriqués.

En trompant l'angoisse, le rire desserre l'oppression. Dans *Martereau*, il est comparé à « des caresses à rebrousse-poil, des pinçons légers qui agacent[9] », destinés à exciter le vivant. Car le rire, même s'il ne triomphe jamais et ne peut rien corriger, même s'il n'épargne personne, contribue toujours à pétrir, aérer, retourner, façonner la « petite boulette grise de la vie[10] ». Il sauve, provisoirement, de l'engluement. Inutile de chercher une identité sexuelle dans ces rires. Le regard extralucide de Sarraute ne privilégie ni les hommes ni les femmes. Sauf à admettre que le talent de la romancière se surpasse quand il s'agit de représenter ces dernières comme des pies voraces et les rapports mère-fille comme une cuisine peu ragoûtante.

À l'encontre des dogmes, les mères n'ont pas le beau rôle à travers ses récits, mères stakhanovistes du ménage, douces manipulatrices avec « leurs mains raides, fouineuses », leurs « molles étreintes », « leur mission de fouiller sans cesse, gratter les recoins obscurs, tout nettoyer, choses, corps et âmes, racler, ravauder, pétrir, tailler » (*Martereau*), mères qui pénètrent par effraction dans le cœur de leurs enfants, traquent leurs sentiments, les infantilisent, font le vide, mettent leur autorité et leur amour dans un plat de carottes râpées, semant la discorde et qu'un seul mot sert à justifier : « Tu sais bien, ma chérie, je ne désire que ton bonheur[11]. »

DES PETITS DÉMONS SANS SEXE

Un écho de l'enfance rend sans doute ces lignes plus émouvantes et plus personnelles que toute autre satire, toute autre démystification, si cruelle soit-elle. Dans ce texte autobiographique qu'est *Enfance* (1983), Sarraute laisse entrevoir, à sa manière métaphorique et fragmentaire, la substance de son écriture[12] : des paroles semées dans les jeunes années, enfouies et oubliées, ont germé et, par la fécondation de multiples associations, ont produit leur fruit. C'est aux strates profondes des déceptions et obsessions enfantines que la romancière fait remonter le besoin d'écrire, et peut-être l'expérience du premier « soupçon ».

La mère hante ses souvenirs, mère si puissante qu'elle sait tout mieux que le docteur et « distingue seule ce qui est bon pour moi de ce qui est mauvais » ; pour trancher ce lien, la petite fille Nathalie plante délibérément ses ciseaux dans le canapé de soie bleue du salon, comme pour chercher ce qu'il y a derrière la texture lisse de l'image modèle. Très tôt, elle décèle en elle des pensées étranges qui s'installent, sans qu'elle puisse les contrôler et les déloger, des idées fixes qui pointent leur dard et la laissent sans défense. Nathalie appelle ces pensées « mes idées » et celles-ci s'attaquent sournoisement à la figure de la mère. Une mère qu'elle voit moins belle que sa poupée, une mère presque grotesque :

> Elles sont ainsi maintenant, ces idées, elles se permettent n'importe quoi. Je regarde le décolleté de maman, ses bras nus, dorés, bronzés, et tout à coup en moi un diablotin, un petit esprit malicieux, comme le *domovoi* qui joue toutes sortes de farces dans les maisons, m'envoie cette giclée, cette idée : Maman a la peau d'un singe[13].

Au lieu de rire avec sa petite fille, de l'apaiser pour que l'idée folle reparte d'où elle est venue, la mère se fâche, repousse l'enfant, et la culpabilité prend corps : une enfant qui aime sa mère doit trouver que personne n'est plus beau qu'elle ! Le monde sécurisé de Nathalie s'effrite, la voici écartée de l'enchantement maternel, transformée en fille ingrate et sacrilège, en monstre. Mère-fille, le rapport complexe alimente beaucoup de récits féminins, et parfois des récits comiques. Le même petit démon malicieux taquine aussi les fillettes de Colette, mais celles-ci, loin de s'en effrayer, se glorifiaient de leur transgression, premier pas vers la liberté. Que l'on compare aux angoisses de Nathalie les réflexions féroces de Gigi face à sa pâle mère et à l'amie inepte : « ... Cette dame est stupide ! Elle est laide. Elle a une petite verrue sur la joue et elle appelle ça un grain de beauté... Elle doit sentir mauvais toute nue... Oui, oui, qu'elle soit toute nue et emportée par *Eux*, qu'ils dessinent, à la pointe du couteau, des signes fatidiques sur son vilain derrière. »

Eux, les bouffons, le *domovoi* de Sarraute, les idées fantasques et malignes, nullement bienséantes, seront désormais toujours là pour assurer que le bonheur total n'existe pas, qu'il est souvent frelaté, du toc, une malfaçon, du trompe-l'œil. Ils ressemblent aux lutins des contes d'enfants ou aux bouffons ancestraux qu'évoque Bakhtine, jouissant de droits insolites : « Étrangers dans ce monde, ils ne sont solidaires d'aucune situation existant ici bas car ils entrevoient l'envers et la fausseté de chacun[14]. »

Dans *Le Planétarium*, le *domovoi* prend la forme de deux petites vieilles présentes au mariage de Gisèle et d'Alain, qui guettent l'apparition du malheur ; Gisèle, comme la Gigi de Colette, sent leur menace pareille aux effluves d'une vapeur malodorante, menace que, jolie mariée de photo au milieu de demoiselles d'honneur, elle n'a pas su percevoir à temps. « Cette ébauche de rire, quand elle passait de l'un à l'autre dans le salon, tout excitée, appelée de toutes parts, félicitée, ce chuchotement comme un chuintement, des deux vieilles maléfiques, des mauvaises fées penchées l'une vers l'autre[15]... »

Nathalie Sarraute reste hantée par ces puissantes créatures surgies de son monde intérieur, ou du monde maternel – car la mère écrit justement des contes pour enfants – mais la déchirure métaphorisée par les ciseaux est à la source de sa délivrance et de l'indépendance qui marque son écriture. La confession, ou la rumination se poursuit. Rabrouée par son père parce qu'elle s'est conduite comme un bébé, la petite Nathalie de 11 ans se rebiffe, se redresse, laisse désormais surgir les pensées drôles au moment de se coucher : « Je ne m'arrête pas de rire, je pleure de rire tandis que je m'endors. » Le rire a sauvé l'enfant de sa culpabilité, indice du rire et du sourire dont elle accompagnera ses textes. Nathalie Sarraute aimait beaucoup rire.

Ni chez Colette, ni chez Marguerite Duras, ni chez Nathalie Sarraute, le comique n'est la tonalité dominante de l'écriture romanesque ou d'une écriture féministe. Néanmoins, le rire fluide, même cousu au désespoir et à la médiocrité, jaillit et reconstruit du sens. Le renversement hiérarchique qu'opère Colette entre supériorité masculine et infériorité féminine contamine l'ensemble de son œuvre, et la moquerie s'appuie sur le clivage des sexes pour prendre son élan : au lieu de s'épuiser en larmes et regrets, elle fait rire de cette société patriarcale et de ses entraves, parce qu'elle s'en est affranchie, et elle entraîne son lecteur spectateur avec elle.

Avec Marguerite Duras, le terrain de la révolte, de la frustration ou de la moquerie est abandonné au profit d'une sorte de gai désespoir qui invente des communautés éphémères et finit par dissoudre les contradictions de l'existence. Chez Sarraute, l'intelligence ironique traverse l'écran des lieux communs, non pour livrer des psychologies individuelles mais pour énoncer une loi éthologique qui fait des êtres égaux.

Le XXe siècle a fait sa place au rire, un rire protéiforme qui va de la moquerie à l'autodérision, du rire léger au rire provocateur, du rire loufoque au rire de l'absurde. Le rire féminin, puisant dans son réservoir d'amertumes, ne se contente pas de relever d'une culture de consolation ; il s'en prend à un certain nombre de poncifs et triomphe dans un registre de finesse ; exutoire aux tensions, il est bien, selon Freud, cette « épargne » émotionnelle, ou cet « allègement de la dépense psychique » qui neutralise une violence, ou exorcise une pulsion forte.

Drôles, jolies, laides, bêtes ou méchantes

Enfin, elles ont gagné le pouvoir d'être drôles, jolies, laides, bêtes ou méchantes ; le pouvoir de rire et faire rire en renonçant à leurs atouts millénaires mais aliénants, beauté, charme, séduction, sentiment ; le pouvoir de jouer avec les mots mais aussi avec leur corps et leur visage ; le pouvoir surtout de dire comiquement le monde et de poser les problèmes de la société civile d'un point de vue féminin. Cette petite révolution culturelle dont la forme la plus provocante est la montée sur les planches d'humoristes qui tiennent, seules, le spectacle plusieurs heures durant, couronne un processus engagé depuis longtemps par l'écriture ironique et étayé par le combat féministe des cinquante dernières années. Affranchi, jaillissant, combatif, qu'est-ce que le rire des femmes du troisième millénaire peut apporter aux sociétés modernes ?

Accélérée depuis le dernier tiers du XXe siècle, la bataille égalitaire continue de faire son chemin ; les codes ancestraux du féminin semblent s'estomper pour laisser la place à ce que le sociologue Gilles Lipovetsky appelle *La Troisième Femme*, une femme « sujet » qui cesse d'être pensée par l'homme et assujettie à lui. Après avoir conquis leur liberté sexuelle et leur liberté économique, les femmes peuvent accéder à toutes les sphères du pouvoir et de la décision ; au moins en principe ; mais ajoute Lipovetsky, leur égalité ne sera vraiment complète que lorsqu'elles auront la capacité de prendre, par le rire, du recul sur leurs acquis : « Les conquêtes économiques, sociales et juridiques des femmes représentent des étapes majeures vers la liberté, mais celle-ci restera abstraite sans la raison indépendante et moqueuse, sans le rire et l'ironie[1]. » L'ouvrage date de 1997 et Lipovetsky craint que leur victoire sociale ne ruine leur gaieté.

Un quart de siècle plus tard, l'humour des femmes s'est emparé de nouveaux terrains et de nouveaux outils : non seulement elles aiment à se montrer drôles, mais elles sont devenues des « professionnelles » du rire ; elles ont conquis le public masculin par leur capacité d'invention : elles plient leurs gestes et leur corps aux besoins de la caricature, de la bouffonnerie et de l'autodérision. Elles se sont investies dans tous les arts du spectacle et partout où l'image est plus prompte, plus percutante, plus inquisitrice que l'écriture, de la caricature à la bande dessinée, du dessin humoristique au sketch. Aujourd'hui un tiers des humoristes sont des femmes.

Si le féminisme radical continue de porter des exigences idéologiques sur un ton grave, le rire sape le refrain misogyne et la morale bourgeoise de la femme soumise. Le rire est un irrésistible atout du processus égalitaire ; il permet de prendre de la distance face aux offensives masculines, et si l'on en croit les statistiques, il fait de plus en plus partie de l'attente des jeunes couples : s'aimer et rire ensemble. Mais il ne met pas fin à la différence des sexes et il est impuissant en situation d'agression et de violence.

VARIÉTÉS ROMANESQUES DE L'HUMEUR À L'HUMOUR

Le rire, on le sait, est l'arme la plus sûre des minorités pour épauler leurs revendications[2] ; il fait certes un détour pour atteindre son but mais il invente une relation de détente en tournant le dos aux procédés agressifs ou à « l'obsession victimaire »[3]. Les deux sexes doivent se renouveler « sans modèle social directif ». Les hommes affrontent aussi leur une crise d'identité : « Qu'est-ce qu'un homme qui ne domine plus les femmes ? », interrogeait malicieusement Élisabeth Badinter ; le rire n'est pas absent des réponses.

Même si l'égalité des sexes est encore loin d'être une réalité dans les faits, la société postmoderne, fondée sur l'individualisme, mais aussi sur la représentation et sur la communication[4], adopte un « code humoristique » commun à tous : par un « effet de capillarité », ou de solidarité, les deux sexes se rejoignent dans un tour d'esprit qu'on pourrait dire « post-féministe », qui ne fait pas disparaître les différences des sensibilités et des choix, mais les rend tous également possibles et négociables. Selon Lipovetsky[5], ce n'est pas la similitude des rôles sexuels qui gagne, mais « la non-directivité des modèles sociaux », dans une société ouverte et libre, où chacun rebondit et s'invente en se débarrassant de mythes jugés archaïques.

Le XXe siècle est trop riche en productions culturelles variées, et trop proche de nous, pour permettre une vision d'ensemble sur le rire des femmes, compte tenu de la variété des situations et des acteurs[6]. Le roman avait ouvert les premières brèches à l'ironie et il est demeuré longtemps le principal instrument culturel propice au comique féminin, relayé par le cinéma. Grossièrement, deux versants de l'écriture romanesque se sont succédé durant les premières décennies du féminisme militant : une satire violente et agressive d'auteures qui ont adhéré activement au premier MLF ; puis dans la décennie suivante, une version plus décontractée, plus ludique, moins explosive, sous l'impulsion de personnalités et de mouvements devenus assez forts pour ne pas avoir peur de perdre leur pouvoir s'ils s'autorisaient à rire.

Peut-on militer et divertir ? Les féministes engagées ont tôt mesuré l'impact du rire dans leur lutte comme étant « la première forme de libération d'une oppression séculaire[7] ». L'humour s'absente rarement tout à fait de l'écriture féminine. La colère des romancières qui s'est réveillée dans les années 1960 se soulage par un rire plus ou moins crispé. Dans une offensive sarcastique, la romancière Christiane Rochefort s'en prend à toute la société avec ses *Petits enfants du siècle* (1961), en faisant la caricature de ce modèle normatif, quasi mystique, de la femme au foyer que l'État, dans l'Entre-deux-guerres, encourage à lutter contre la dénatalité.

Christiane Rochefort appartient à la génération des débuts du Planning familial et elle sait ce que vaut « le bonheur de la maternité » lorsque la mère passe sa vie en grossesses successives, que le mari joue au PMU et met ses économies dans une « quincaillerie » à moteur plutôt que dans un frigidaire ou une machine à laver, que les enfants grandissent sur le pavé ou recueillis par des maisons pudiquement baptisées « spécialisées pour Arriérés » et que toute l'ambition du couple consiste à pouvoir, un jour, habiter Sarcelles… Machines à désirer, machines à produire et à consommer, tous vivent de la même façon dans leur cité-dortoir, « les bonheurs de la façade ouest pouvaient voir de chez eux les bonheurs de façade est comme s'ils s'étaient regardés dans la glace ».

Au fur et à mesure de ses romans, tous les fondements de la société patriarcale sont passés au crible d'un rire acide, et d'abord, la condition des femmes, ces têtes de linotte, ces impertinentes bavardes (il s'agit cette fois des bourgeoises oisives) qui parlent sans cesse pour ne rien dire : « Ils se réjouissent, Jean-Pierre et lui, de notre charmant babillage et il faut dire qu'à force de nous exercer, notre numéro de perruches est maintenant au point, on leur passe de vrais festivals de connerie féminine tels qu'ils l'attendent… Comme ça, ils sentent qu'ils ont des femmes » (*Les Stances à Sophie*, 1963).

Sur un ton plus combatif, la chanteuse de cabaret Brigitte Fontaine, punk avant l'heure, s'attaque avec violence au patriarcat : elle reconnaît qu'elle a envie de s'amuser et d'amuser les autres, elle fait volontiers le clown sur les tréteaux ; mais « femelle invétérée », engagée, elle dégaine pour rétablir l'honneur des femmes après avoir lu Montherlant : « me venger, moi et les femmes ».

L'ironie continue de jouer un rôle de levier libérateur, plus efficace que le ressentiment et la révolte. Se moquant allègrement du sexe masculin dans *Ainsi soit-elle*, Benoîte Groult rejoint les thèmes de la lutte féministe, en l'étendant à toutes les victimes des abus et fantasmes masculins, de tous les continents. Dans les années 1970-1980, les romancières humoristes ont gagné assez de maîtrise et de maturité pour pasticher leur propre discours antisexiste : *Mersonne ne m'aime* de Mireille Cardot et Nicole-Lise Bernheim[8], parodiant le roman noir, raconte le meurtre d'une adepte ardente de la cause des femmes, et la recherche du coupable par une « pervenche », gendarmette indécise, qui sort lestement son carnet de contraventions tout en affichant sa sympathie pour la cause des femmes.

Sur un ton jubilatoire est retracé le parcours sinueux de ces combattantes pour l'émancipation féminine, antisexistes, égalitaristes, universalistes, différentialistes ; insuffisamment sérieuses pour figurer dans un répertoire noble d'écrivaines mais néanmoins expressives, elles organisent des meetings et affrontent les machos pleins de morgue, en inventant des slogans pour les plus exaltées du mouvement des GARCES (Groupe autonome révolutionnaire contre l'environnement sexiste) ou des FAF (Femmes au fourneau).

Le rire est bien là et les plaisanteries aussi, comme celle visant un journaliste suspect qui voit dans la femme « un charmant sujet sur lequel il aime s'étendre », ou encore cette inquiétante quinquagénaire qui postule pour faire partie du club féministe et espère que ses références paraîtront suffisantes : « J'ai tué mon mari », toutes histoires ayant pour but de s'approprier le pouvoir ironique.

Aucun thème n'est tabou, mais la « rigolade » a aussi ses lois, le mot même de rigolade fait peur car « il n'est pas féminin », note Benoîte Groult. Qu'il s'agisse des féministes radicales, qui invoquent leur différence pour écrire avec leur chair et leur sang, ou de celles qui font valoir l'égalité de l'intelligence et de la raison, leurs meilleures armes sont la raillerie, l'esprit, l'humour enfin, toutes les tournures capables de retourner les prétentions d'un mâle qui se révélerait brutal ou vaniteux.

Le triomphe de la satire et de l'humour caractérise l'ère postmoderne, aux antipodes de la fête populaire collective d'autrefois[9] ; l'humour remplace les bonnes farces carnavalesques qui n'ont plus de pouvoir sacré à détrôner, et il renonce aussi aux critiques cinglantes et agressives, tant les raisons de désespérer, misère, terrorisme, épidémies, sont devenues communes et dévaluées sous l'effet de la médiatisation, et tant les responsabilités diluées rendent les acteurs « tous coupables » ou tous innocents. Chacun se prévaut de sa petite dose d'humour, de sorte que l'humour est devenu le nouveau pacte, minimaliste, de nos sociétés modernes, où il n'y a plus ni agresseur ni agressé, ni vrai ni faux.

L'humour est entré dans le *Dictionnaire de l'Académie française* en 1762 avec le sens positif d'excentrique ou de fantasque. Longtemps considéré comme une propriété masculine, il ne cherche ni l'insolence ni le ridicule ; il relève de ces « rires minoritaires » qui servent de soupape dans des situations d'infériorité, cette arme des faibles dont parle Judith Stora-Sandor pour caractériser l'humour juif[10], et que déjà les romancières, Jane Austen ou Isabelle de Charrière, avaient adoptée si naturellement face à la domination masculine.

Rire voilé, l'humour n'ignore pas sa faiblesse ; il est une façon de ressaisir sa dignité et de désarmer l'interlocuteur en contournant l'obstacle : « L'humour ne se résigne pas, il défie, écrit Freud ; il implique non seulement le triomphe du moi, mais encore du principe du plaisir, qui trouve ainsi moyen de s'affirmer en dépit de réalités extérieures défavorables. » Là où la femme blessée devrait éprouver colère ou souffrance, la plaisanterie verbale dont elle maîtrise les ressorts lui permet de se sentir supérieure, rire de pur plaisir qui « provient de l'économie d'une dépense de sentiment[11] ». Produit du surmoi et non de l'inconscient comme le mot d'esprit, la fameuse « humour » des Anglais, au double sens de *fluid* (fluide humoral) et *witt* (esprit), a pour vertu de rendre « la vie plus légère et plus coulante ».

L'humour ne promet pas l'avenir radieux, mais il permet de vivre avec ses faiblesses, l'instant d'une brève euphorie ; il écarte le sérieux par la surprise d'un jeu langagier, tout en donnant satisfaction à l'esprit ; loin de classer, ordonner, informer ou critiquer le monde, il jette un pont d'un mot à l'autre, entre différents registres dont il juxtapose incongrûment les logiques. Non seulement l'humour évacue le négatif comme le ferait la satire ou le ridicule, mais il aide à soutenir l'estime de soi. L'humour invente et stimule des liens en ménageant l'autre et en dédramatisant le réel. Mais il renonce aussi à transformer les choses, il vide le contenu des échanges en les délestant de toute référence au vrai et de tout engagement, en les réduisant à des combinaisons de signes apaisants, voire bienveillants.

LE SAUGRENU DE LA VIE

Jusqu'à un temps récent, l'écriture féminine ne semble pas avoir cherché à construire un « genre » spécifiquement comique, car le comique, en tournant tout en ridicule, prend le risque de détruire la matière romanesque à mesure qu'elle s'édifie[12]. Les stéréotypes centenaires contre la femme mégère, la virago ou la femme fatale ont fait leur temps. Sur ce terrain, hommes et femmes battent ensemble leur coulpe en se débrouillant comme ils peuvent face à leurs échecs et ils pratiquent à égalité l'autodépréciation pour faire surgir le rire à partir des mêmes petites catastrophes humaines.

Virginia Woolf fut assurément une des premières à poser son regard neuf sur nos contradictions et sa leçon est toujours d'actualité. Loin des grands thèmes inaccessibles, les femmes se plaisent à ajuster leurs lorgnettes pour grossir, minimiser ou isoler les détails de la vie quotidienne, jusqu'à recomposer une autre scène où les éléments familiers deviennent étranges et portent à rire. Ainsi en va-t-il du langage qu'elles remanient, en observant cet impératif de Humpty-Dumpty dans *Alice au pays des merveilles* : « Quand je me sers d'un mot, il prend le sens qui me plaît. Il s'agit de savoir qui est le maître. » La critique s'en prend au réel et à l'ordre imposé, non à partir d'un jugement moral ou d'une référence objective, mais à partir d'une subjectivité qui reconstruit l'histoire à sa façon.

« Poétique du désastre », dit Macha Makéieff[13], mais aussi poétique de l'humour et du saugrenu, c'est-à-dire transformation esthétique d'une réalité banale et médiocre par un regard créateur qui les illumine : le rire fait vibrer quelque chose qui serait indicible sans lui, un peu comme un projecteur par ses jeux de lumière reconfigure les formes d'un monument grisâtre dont il fait oublier la pesanteur.

Les Deschamps (Macha Makéieff et Jérôme Deschamps), auteurs et metteurs en scène, fournissent un modèle de cette autodérision tendre et amusée face aux objets du passé, où chacun de nous est invité à regarder la part de soi infantile qui se fabrique ses jouets à partir de « choses » bizarres et d'objets familiers, dont la fonction est détournée, métamorphosée : coupes gagnées à des concours, vaisselle, cabas, blouses de nylon, ventilateur, étoffes, objets récupérés dans un bric-à-brac, autant de traces d'un univers imaginaire et personnel, que rattrape parfois la violence du réel lorsqu'un petit tyranneau chef de rayon – le censeur détenteur du pouvoir – casse le jeu en décrétant que ces débris pétrifiés ne sont rien qu'une faïence ébréchée, une poupée cassée, un résidu, bref un leurre...

Point de paroles inutiles, point de jugement de valeur dans les spectacles des Deschiens : mais une collection burlesque, un univers sensoriel de gestes, de bruits, de mimiques, d'émotions qui remplacent le logos raisonneur, et par lesquels filtrent des rêves et des résignations. « Ah c'qu'on est bien, nous ! », s'exclame le couple des Deschiens[14], affalés dans des fauteuils pliants et contemplant un paysage de débris ou une décharge. Le spectateur indécis hésite à rire face à ces témoins dérisoires et cocasses de ce qui fut en son temps un trophée ou un outil performant à la pointe du progrès. Dans cet univers triste et tendre, on ne parle point de mort, mais de récupération, qui mime le retour à la vie, et mieux vaut en rire que pleurer.

La poétique du désastre quotidien fait rire, d'un rire complice par lequel acteurs et spectateurs communient dans la conscience commune de leur fragilité : entrez dans la danse, suggèrent les Deschiens à leurs spectateurs, à tous les laissés-pour-compte de la terre, hommes et femmes qui consentent à faire rire à leurs dépens et se débrouillent par de petits arrangements, parce que le rire a gardé quelque chose de l'enfance : il fabrique un corps social cohérent et finit peut-être par changer quelque chose. Alors que « la célébration de pauvres choses » ressuscitées par un regard affectueux fait rire à l'unisson, le bonheur ou son illusion, au contraire, isole. L'homme heureux est un autiste, ou un autosuffisant qui doit ignorer le malheur des autres pour pouvoir rester joyeux : comment partagerait-il alors son rire ?

À l'envers du désastre au quotidien, ce sont nos rêves de bonheur que Yasmina Reza, a choisi de dénoncer dans beaucoup de ses pièces et romans, pour arracher ce certain sourire fait de loufoquerie, de tendresse et de pitié si caractéristique de la fin du XXe siècle occidental. Yasmina Reza doit à Nathalie Sarraute cette observation aiguë de laboratoire, qui parcourt le spectre de notre civilisation, famille, culture, religion, art, psychologie, santé, beauté, voyages, autant d'enveloppes fallacieuses, pour y pointer les petits tropismes ridicules, les prétentions et les grandes utopies, dont la plus répandue et la plus envahissante consiste à vouloir « croupir dans le loisir ».

Les « militants du bonheur » ne rient jamais pour de bon, « optimistes en tutu », car il faut le désespoir pour provoquer cette secousse de santé joyeuse qui tire un instant l'être de la pauvreté de l'existence en lui montrant la mort à venir. Le héros grincheux d'*Une désolation*[15] s'essaye bien à « agiter la vie », voire « à agiter Dieu », en fait les mouvements de son cœur, ses rêves de danse et jusqu'à cet ultime sursaut qui le pousse dans les bras de la rieuse Geneviève, ne sont qu'« infimes, infinitésimals déplacements ». Le bonheur côtoie de bien près l'ennui.

C'est encore un homme, *Adam Haberberg*[16], un écrivain hypocondriaque surtout préoccupé de lire des notices de médicaments, qui déballe son désarroi en découvrant qu'il risque de perdre un œil et que, faute d'inspiration ou « d'histoire à raconter » sa carrière littéraire est compromise : « Un beau jour on s'assoit et ça y est, on se fout d'être Adam Haberberg. » Tout est dit. L'atmosphère de déréliction naît de l'accumulation d'infimes déceptions, conjugales, paternelles, professionnelles, déceptions qui s'achèvent grandiosement en une soirée sinistre en compagnie d'une camarade de lycée rencontrée par hasard après trente ans de silence : Marie-Thérèse Lyoc, dont la conversation est insipide et parvient à lui faire douter de son présent et de son avenir comme de son passé. Hommes et femmes rivalisent de travers égoïstes ou parano. Et aux uns comme aux autres, la romancière demande bravement de savoir « rire du pire »...

De l'autre côté de l'Atlantique, la vie moderne menace aussi le foyer et les auteures s'emploient à détricoter le rêve américain. Une célèbre humoriste du *New Yorker* dans les années 1920, féministe avant l'heure, Dorothy Parker (1893-1967), réinvente le récit des « petits ratés de la vie de couple ». C'est parfois l'étrange qui fournit la matière à rire ; dans les années 1950, Patricia Highsmith invente un ton subversif d'humour noir : son *Journal d'Edith* (1977) ressemble d'abord à une bluette de la plus grande banalité

– un couple conventionnel, bien assorti, où le mari est actif, l'épouse gaie et courageuse, le petit garçon un peu trop gâté. Mais l'histoire tourne en un cauchemar diabolique à cause de l'excessive bonne volonté maternelle qui étouffe ceux-là qu'elle veut sauver.

Rien de moins idyllique non plus que la vie familiale racontée avec beaucoup de drôlerie par une autre romancière contemporaine, Grace Paley, dont une héroïne, Ginny, se voit offrir à Noël un beau balai avec « la jolie petite pelle à poussière qui va avec » par un mari qui choisit de s'engager, c'est-à-dire s'évader, à l'armée sans laisser un sou à sa femme et à leurs quatre enfants ; et Ginny de méditer sur cette incompréhension totale entre les aspirations des deux sexes, unis un instant par le plaisir pris à la hâte sur le carrelage de la cuisine.

CONSOMMER DU RIRE

L'appropriation par les femmes du « septième art », qui mettrait en scène une critique drôle et mordante de la société et des travers masculins, ne prend vraiment son élan qu'à partir des années 1990. En 1997, Françoise Puaux, spécialiste du cinéma, se risque encore prudemment à parier sur la féminisation du comique : « Il n'est pas exclu que les femmes s'imposent dans l'art difficile de faire rire[17] » ! De fait, le cinéma reste encore longtemps après-guerre une affaire masculine ; le rire repose avant tout sur la bonne humeur et le consensus ; l'adultère bourgeois du vaudeville est le ressort convenu des scénarios, et le public s'esclaffe sans tirer la moindre leçon. Quant au théâtre de Boulevard, en dépit de quelques créations fines et originales, il fabrique des formules de comédies coloriées comme des cartes postales, légèretés grivoises du ménage à trois avec parfois des rôles de femmes rieuses et provocantes, qui rentrent dans le rang à la fin du spectacle.

C'est d'outre atlantique, du Canada et des États-Unis que souffle le vent de liberté. La comédie américaine amorce tôt une réflexion sur la condition des femmes qui accèdent au droit de vote en 1920 et sur le lien conjugal. Les recherches récentes des sœurs Julia et Clara Kuperberg ont largement montré que le cinéma fut d'abord un métier aux mains des femmes qui travaillaient comme réalisatrices, productrices ou scénaristes, et qui n'avaient pas peur d'aborder des sujets difficiles et engagés. Après la crise de 1929, les hommes ont pris les rênes en renvoyant les femmes à des métiers secondaires de monteuses et de techniciennes. Hollywood produit alors des divertissements légers et brillants pour ramener le public dans les salles ; les comédies burlesques et loufoques au rythme endiablé, la *screwball comedy*, mettent en scène les relations de couples, des couples souvent mal assortis et parfois agressifs, sans craindre de bouleverser les codes des comédies romantique ; les actrices y trouvent un rôle prépondérant parce qu'elles sont belles, séductrices et intrigantes.

À partir de déboires stéréotypés, mensonges, jalousie, adultères, le cinéma véhicule des idéaux égalitaires où les épouses savent prendre des responsabilités, où les maris apprennent à reconnaître la valeur de l'affectivité et où l'homme et la femme, à égalité, se transforment l'un par l'autre en renouant le lien conjugal[18]. La conversation cocasse résout les conflits mieux que le juge, incapable d'arbitrer un différend aussi mince et pourtant capital tel que « qui gardera le chien ? » Le modèle hollywoodien se clôt sur un bonheur conquis de haute lutte.

La société de consommation veut du rire. Loisir populaire, le cinéma français a commencé par exploiter des recettes éprouvées en profitant d'un vivier de comédiennes qui se sont formées sur les planches des théâtres, dans les cabarets ou sur les tréteaux du music-hall. Mais malgré la personnalité de quelques célèbres actrices, les numéros comiques n'apportent guère de surprise – l'humour de Tati faisant exception dans le répertoire – et ils sont encore écrits par des hommes, toujours inspirés par une même vieille misogynie allègre[19]. D'excellents réalisateurs et dialoguistes, comme Gérard Oury, Georges Lautner, Michel Audiard, font le succès des comédies de mœurs des années 1960-1980, et de truculentes comédiennes déploient leurs talents, Micheline Dax, Sophie Desmarets, Jacqueline Maillan ou Maria Pacôme, dont la carrière comique se poursuit sur plusieurs décennies.

La vague féministe d'après Mai 68 n'a que des répercussions tardives sur le cinéma féminin, à quelques exceptions près comme cette parodique *Fiancée du pirate* de Nelly Kaplan (1969) qui fait largement rire aux dépens des hommes du village rendus fous par la grâce provocante de Bernadette Laffont. Rien de révolutionnaire dans les premières comédies que proposent Nina Companez et Diane Kurys, Nicole de Buron et Charlotte de Turckheim pour parler des aspirations, parfois des révoltes, de leur sexe[20]. L'intrigue, soumise à des impératifs commerciaux, cultive l'optimisme et invite à rire ; le couple apprend à vivre ensemble, les tensions se desserrent avec le bien-être économique, et les femmes finissent par imposer leur droit au travail (*Une journée chez ma mère*, *Ma journée à moi*) ; les valeurs traditionnellement accordées à l'« ange du foyer », la compassion et l'altruisme, sont sauves.

Le renouvellement du cinéma comique et de la présence féminine est le fait d'une jeune génération de comédiens et de comédiennes, de réalisateurs et réalisatrices qui entrent en scène dans les années 1970-1980, et partagent la même veine satirique : la troupe de théâtre du Splendid s'installe dans l'arrière-salle d'un bistrot et offre une nouvelle galerie de personnages. Aux côtés de Christian Clavier, Michel Blanc, Gérard Jugnot ou Thierry Lhermitte, les comédiennes sont des partenaires libérées, des femmes prêtes à se moquer de tous les stéréotypes classiques, famille, amour, séduction, loisirs, machisme. Josiane Balasko en bonne copine ou en fille complexée, Dominique Lavanant en vieille fille un peu godiche, Anémone qui triomphe dans une pièce devenue un film culte, *Le Père Noël est une ordure* (Jean-Marie Poiré, 1982) : les unes et les autres contribuent à créer un comique corrosif sous un air bon enfant, qui n'épargne pas plus la société branchée que le Français moyen dragueur ou parasite, les femmes sottes ou les coquettes prétentieuses.

Le rire est porté par un féminisme consensuel. Avec le succès magistral de *Trois hommes et un couffin* (1985), où trois hommes empotés doivent apprendre à se débrouiller avec un bébé exigeant (« le paquet ») lorsque la mère part en voyage, le rôle des pères fait l'objet d'interrogations inédites : sur un mode drôle et indulgent, Coline Serreau suggère aux hommes qu'ils ont beaucoup à recevoir de l'apprentissage de la vie domestique à laquelle ils ont condamné pendant des siècles les femmes. On retrouve dans *Romuald et Juliette* (1989) le même ton léger et la même foi dans la solidarité des êtres humains, qui recouvre une satire virulente des rigidités sociales autour d'un P-DG aux dents longues, recueilli par la femme de ménage de son entreprise : mère au grand cœur de cinq enfants et femme de couleur de surcroît, Juliette apprend au grand patron aliéné la valeur des relations affectives.

Pour mesurer le chemin parcouru, il n'est pas inutile de mettre face à face deux films que leurs titres semblent rapprocher, *Les Bonnes Femmes* de Claude Chabrol (1960) et *Les Nanas* d'Annick Lanoë (1984), deux regards, l'un masculin et l'autre féminin, portés à vingt-cinq ans de distance sur les aspirations et les frustrations féminines. Mi-apitoyé mi-caustique, Chabrol décrit la vie quotidienne de ces « petites mains » indispensables à l'enrichissement de la société, secrétaires, coiffeuses, employées de magasins (Bernadette Laffont, Stéphane Audran), aspirant à l'indépendance mais aliénées par le travail et payant le prix fort du progrès et de leur émancipation. Leurs rêves de bonheur occultent l'indigence de leur vie privée ; le travail féminin et les allocations diverses font vivoter des foyers « éprouvés par le manque d'argent, par les violences du mari qui boit, par la laideur et la bêtise ».

Le public a admiré le talent du réalisateur, mais boudé cette vision cruelle où la bêtise côtoie impitoyablement le drame sous une drôlerie de façade. *Les Nanas*, vingt-quatre ans plus tard, offrent un scénario à rebours : aucun homme n'apparaît à l'écran ; les femmes, de tous âges et de toutes situations (Macha Méril, Anémone, Dominique Lavanant, Marie-France Pisier) affrontent les obstacles en nouant des relations joyeuses, exubérantes et complices malgré leurs rivalités amoureuses, et s'accordent pour dénoncer les luttes de la vie quotidienne et les travers masculins[21]. Un film féministe et gai, mais sans doute trop loufoque pour convaincre. Certes, tout n'est pas dit.

La comédie sociale, vue du point de vue féminin, peut aussi tourner à l'aigre en laissant ouvertes et sans conclusion les contradictions de la vie féminine : *Vénus beauté (Institut)* de Tonie Marshall (1999) offre une image drôle amère de la femme de 40 ans indépendante économiquement et affectivement (Nathalie Baye), dragueuse insatisfaite et esthéticienne amusée qui observe les manies de ses clientes sans parvenir à donner un sens à sa vie. À quelques exceptions près, le cinéma féminin choisit plus aisément le registre de la drôlerie que celui de la colère ou de la provocation, et adopte le rire comme la meilleure arme de persuasion.

LE RIRE EN BULLES

Casser la langue de bois, se moquer des conventions sociales, secouer les idées toutes faites par des imitations comiques aux effets grossissants : le rire invente des microspectacles, capables par enchantement de cicatriser les plaies et de changer les inquiétudes en plaisir. Il y a dans la bande dessinée et dans le sketch comique une force de frappe immédiate, brève, directe, que ne peuvent atteindre ni le théâtre ni le cinéma ni même la télévision, même s'ils ont contribué à leur réussite. Tout s'y joue en quelques instants, combinant jeux de langage et rapports au corps, et la sanction tombe aussitôt, hilarité ou dédain. Bécassine fut la première héroïne d'une bande dessinée avant l'heure, conçue en 1905 par une femme, Jacqueline Rivière, puis reprise par un homme en 1913, pour les jeunes lectrices de *La Semaine de Suzette* : la petite bonne bretonne, drôle, tendre, un peu sotte mais débrouillarde, a séduit un large public, et on ne sait pas trop si ce sont ses bévues ou le moyen de les rattraper qui font le plus rire.

Mais durant des décennies, ce sont les seuls humoristes masculins qui ont occupé le terrain de la caricature. Il faut attendre le « phénomène Bretécher » à la fin des années 1960 pour que la BD féminine, avec ses éditeurs, ses dessinatrices et ses humoristes, sorte de l'ombre. On regarde d'abord les femmes comme des illustratrices, et peu à peu leur talent se confirme ; en janvier 2000, c'est une femme, Florence Cestac, qui reçoit le grand prix du Festival d'Angoulême de la bande dessinée, décerné par un jury d'hommes ; son dessin, cactus, personnages aux dents carnassières, rotondité des gros nez, n'épargne personne.

Vingt ans plus tard, en 2020, le Festival international de la BD met à l'honneur les créatrices, parmi lesquelles Catherine Meurisse croquant avec un humour féroce les *Scènes de la vie hormonale* (2016), Gwen de Bonneval, Nicole Claveloux ou Pénélope Bagieu, dont *Les Culottées* (2016) font l'objet d'une adaptation en série animée et proposent des portraits de femmes oubliées de l'histoire.

Les femmes n'hésitent pas à rire d'elles-mêmes. Claire Bretécher a commencé dans *Pilote* où Goscinny raconte les aventures de son célèbre petit Gaulois Astérix et elle y crée le personnage de Cellulite, princesse aux grands pieds et au nez carré (1969). Puis c'est au tour de Gotlib de lancer deux journaux de BD, dont *L'Écho des savanes,* auquel elle participe ; elle collabore également avec *Le Nouvel Observateur* à qui elle donne en 1973, chaque semaine, *Les Frustrés* : une satire drôle et réaliste de la génération d'après mai 68 où les personnages sont névrosés et sympathiques et où le seul message est le droit à l'autodérision ; son trait évolue ; elle commence ses silhouettes par le nez, ce nez qui campe déjà une ambiance. Peut-on parler d'un crayon féminin ?

Claire Bretécher, comme Florence Cestac, pense qu'« il n'y a pas de dessin féminin », seuls les sujets, les petits riens de la vie glanés ça et là, font deviner une inspiration féminine : conflits de génération, éducation soixante-huitarde, scènes conjugales, parents dépassés et donnant le mauvais exemple, mères impatientes et coincées au foyer, mémés excédées par les « pourquoi » des petits-enfants (*Clair Foyer*). Son adolescente Agrippine, savoureuse caricature de l'époque, s'invente une langue pleine de gouaille, mi-verlan mi-satirique (1988). Dans *Jeux et ris*, ce sont deux enfants qui pouffent de rire en échangeant des mots grossiers ; ils voient tout : croqués sans pitié, leurs parents les grondent et leur font honte de leur vocabulaire alors qu'ils sont eux-mêmes en train de lire un traité de « sémiologie de la scatologie ». Le rire s'attaque à la vie quotidienne. Trop solitaire et personnelle pour entrer dans un mouvement militant, Bretécher vise en même temps hommes et femmes, et elle ne craint pas de se moquer parfois des féministes engagées, tout en défendant beaucoup de leurs idées. Indépendante, la BD attire de plus en plus les lectrices et ces bulles sont en passe de devenir un huitième art.

Art mineur, certes, mais phénomène de cette fin de siècle où les femmes avancent modestement et finissent par imposer leur coup d'œil perçant. En même temps que la bande dessinée trouve son public féminin, le sketch offre aux rieuses dans les années 1980 un mode d'expression mouvant, instable, où le sérieux et le rire, la raison et les émotions s'entremêlent et doivent pour réussir créer la surprise au moment opportun. Le sketch existe depuis plus de vingt ans mais il est alors presque uniquement masculin. Coluche débute sur les planches d'un café-théâtre : son personnage de clown en salopette et nez rouge connaît un triomphe à la fin des années 1970. Télévision, café-théâtre, cinéma, cabarets révèlent alors des talents de comédiens qui se présentent en duos ou en solos pour épingler la vie politique, l'actualité mondaine ou le conformisme social.

Le ton est libre, rapide, adapté à une société qui va de plus en plus vite et les petits récits, écrits et mis en scène avec soin, laissent une part à l'improvisation. Vivifié par son succès, le « one-man-show » ouvre son espace aux actrices comiques qui commencent leur percée, en jouant d'abord en duo : Guy Bedos et Sophie Daumier sont parmi les premiers du genre au milieu des années 1970, axant leurs numéros sur le couple et la famille, suivis par d'autres, Pierre Palmade et Michèle Laroque, Palmade et Muriel Robin (1988), Laurent Gerra et Virginie Lemoine... L'étude de mœurs est l'inépuisable fonds où les comédiennes, après s'être rôdées à la radio ou au théâtre, trouvent les sujets de leur « one woman show » : Marianne Sergent, Zouc, Sylvie Joly, les Trois Jeannes, puis pour la deuxième génération des années 1990, Muriel Robin, les Vamps, Anne Roumanoff, Charlotte de Turckeim, Michèle Bernier, Chantal Lauby, Michèle Laroque, Valérie Lemercier, et la relève continue... Le sketch est un exercice d'équilibre, où le corps devance souvent l'esprit : il faut braver les préjugés et se confronter à un regard masculin condescendant. Faire rire, c'est renoncer à la beauté et à la séduction. Or le public regarde et entend d'abord la femme, avant de voir l'humoriste.

Les rieuses ont de la pugnacité pour répondre aux plaisanteries masculines ; elles n'ont pas peur de la provocation, le rire peut être un combat, mais elles avancent sur un chemin miné où le mauvais goût, l'insolence, la méchanceté, la vulgarité ne doivent pas altérer le plaisir, car il faut que la critique soit acceptée. La plupart s'en prennent aux conduites « macho », le sexisme sert fréquemment de ressort au rire, mais elles dénoncent aussi les situations aliénantes du monde moderne avec un rire d'autant plus sarcastique qu'il a été bâillonné longtemps.

SATIRE ET COMPLICITÉ

Une des premières humoristes à connaître le succès, Anne-Marie Carrière, s'est formée au Théâtre de Dix heures en 1950 et elle s'est livrée à de petits monologues comiques qu'elle compose elle-même ; un peu rondelette, elle rit de ses défauts ; ses railleries sont indulgentes, sans grossièreté, épinglant le démon de midi lorsque l'alcool « a un goût de vieux tonneau » et cherchant « l' éléphant blanc », l'homme introuvable. Bien plus tard, elle reconnaîtra que ses plaisanteries d'alors étaient légères, comparées à une agressivité qui n'a cessé de croître avec la montée d'un féminisme lâchant parfois « du vitriol[22] ». Mots crus, liberté gestuelle, goût du grotesque, les rieuses n'ont pas que des admirateurs enthousiastes : dans les années 1970, les Trois Jeannes, qui commencent leur carrière sans cacher qu'elles viennent de divorcer, reçoivent des lettres d'injures et des menaces : des spectateurs quittent bruyamment le spectacle en faisant claquer leur fauteuil !

Les femmes humoristes ne sont pas toujours des militantes décidées à bouleverser le monde. Elles ont souvent fait des études supérieures, quelques-unes ont exercé un métier avant de monter sur scène, et leur rire sanctionne d'abord les dérives de la société, l'individualisme ou l'inégalité des chances. Si certaines choisissent des thèmes franchement sexistes, beaucoup travaillent avec des partenaires masculins et considèrent que les hommes et les femmes pointent les mêmes cibles, le mariage, l'univers domestique, le monde du travail, le pouvoir – peu de femmes en revanche exercent leurs talents sur la vie politique, « du pipo » selon elles ! Mais quels que soient les supports du rire et l'agressivité de la satire, on peut reconnaître dans la plupart des sketchs un style et des ressorts comiques propres aux femmes.

Elles ont presque toutes la volonté de dire le monde du point de vue des faibles, des humiliés, de ceux qui ont échoué, des laissés pour compte face au système patriarcal : situation qu'elles ont elle-même vécue durant de longs siècles. Tout en raillant sans ménagement les faiblesses des hommes, égoïstes, puérils, vantards, tyranniques, parfois déficients physiquement ou intellectuellement, elles souhaitent faire de leurs spectateurs des complices en créant une empathie à partir d'émotions et de sentiments partagés devant les injustices, et leurs critiques s'adressent également aux femmes trop bien adaptées, ignorantes et outrageusement respectables, de sorte que personne ne sort tout à fait indemne de la satire.

Beaucoup plus franchement que les hommes, les femmes n'hésitent pas à se raconter elles-mêmes, en résistant au regard soupçonneux et tout-puissant masculin ; elles parlent de leur histoire, de leurs angoisses, de leurs complexes, directement, ou indirectement, parfois à travers un travestissement, et l'émotion est souvent au rendez-vous. Sylvie Joly n'oublie pas ses origines de grande famille bourgeoise, à qui on a appris à ne pas se donner en spectacle, Anne Roumanoff incarne son propre personnage de « femme ordinaire » en plaisantant sur ses débuts professionnels difficiles. Valérie Lemercier élégante, jamais vulgaire, fait de la distance sa meilleure protection, Muriel Robin évoque ses rêves de jeunesse insatisfaits et ses déprimes, Florence Foresti est si naturelle qu'on ne distingue pas l'humoriste de son personnage, Blanche Gardin explore son apprentissage de jeune femme dans un monde où la drogue et le sexe font la loi. Toutes ont un exceptionnel don d'observation. Les monologues, hachés et brefs, les gestes, les postures du corps révèlent à la fois le besoin de parler de soi et font remède à la difficulté à communiquer.

La plus émouvante de toutes, Zouc, revit son enfance et les diverses situations de sa vie dans son *Alboum* : son ennui de petite fille au village – « Il y avait heureusement des enterrements » –, la pension, l'hôpital ; avec son œil rond et sa face lunaire elle joue d'une façon troublante un bébé vagissant en train de sucer son pouce et de couiner dans son berceau ; elle revêt la peau d'une fillette de 5 ans, dans toute la splendeur de la rouerie enfantine. Elle se dandine avec des mines de petite femme et sa voix, placée un peu haut, câline, est légèrement vicieuse (1987) ; puis la voici adolescente confrontée à l'école, à M. le curé, à la gymnastique, aux garçons.

Hilarante et pathétique, méditative et visionnaire, toute la force de son message réside dans la difficulté à tenir à distance ses monstres, dans le rapport quasi impossible enfant-adulte et dans l'incapacité à entrer dans un monde « crépi de mensonges » qui condamne l'adolescente au silence ; assise sur une chaise, ses formes obèses boudinées, les gestes mécaniques, elle se balance deux heures durant comme on se berce et elle conduit son spectateur au seuil de l'hôpital psychiatrique (*R'Alboum*). La critique comique, ici, déborde largement la satire sociale, elle unit le rire, la mélancolie et la poésie ; pour toucher aux zones intimes de l'être, il faut « ouvrir toutes les clôtures » : du grand art.

De quoi rient-elles ?

De quoi rient-elles ? De tout, de rien, de nos attaches, des blessures comme des plaisirs ; elles réajustent le regard masculin, s'approprient des stéréotypes qu'elles retournent, déroulent des thèmes habituels de la vie quotidienne. Crue, burlesque et désopilante, médiatique, la rieuse invente son histoire, même lorsqu'elle met en scène des textes masculins. Les rêveries de la midinette, l'amour et les désillusions de l'« ange domestique » leur inspirent à presque toutes le refus de se laisser berner : Anne Roumanoff joue à la femme romantique, Sylvie Joly se moque des illusions du « beau monde », Muriel Robin se fait présentatrice de télévision et intitule par antiphrase un de ses sketchs « Le bonheur a encore frappé » (1986).

LE BONHEUR A ENCORE FRAPPÉ

Le grand amour, idéalisé par la littérature, le cinéma, les magazines du cœur et les chansonnettes sentimentales, n'est qu'une forme d'aliénation, la pire peut-être : Sylvie Joly campe l'univers d'une fleur bleue engluée dans la sujétion amoureuse (« Lettre à Johnny ») et les déboires causés par la recherche de l'homme idéal (« La si jolie vie de Sylvie Joly »). Les filles se pâment devant les happy-ends des feuilletons et les recettes de bonheur de magazines indigents. Guy Bedos et Sophie Daumier s'en donnent à cœur joie pour feindre le coup de foudre en dansant tendrement ensemble alors que leurs voix intérieures font entendre leur discordance : « – Lui : Mine de rien, je suis en train de l'emballer. – Elle : Quel pot de colle... Ça n'en finit pas... Il s'est aspergé d'eau de toilette » (« La drague », 1973).

Rire chaque fois que possible des bévues, des blessures ou des prétentions masculines fait partie de la victoire féminine : système de défense irrésistible pour faire reculer les assiduités importunes, pour prendre de vitesse des situations avant qu'elles ne dérivent en offenses. La liberté de conquête est parfois aussi du côté de la femme : l'entreprenante Anne Roumanoff, après son divorce, se présente en dragueuse et en « battante ».

L'amour comique se conjugue au conditionnel et au passé : ils s'aimeraient si..., ils se sont aimés mais... Les femmes accaparées par les tâches ménagères n'ont d'autre sujet de conversation avec leur mari que les repas, la météo et l'intendance domestique : le mariage est presque toujours la fin de leurs aspirations. La maternité entraîne beaucoup de désillusions et de culpabilité, et la vie quotidienne, saturée de tâches matérielles, s'empêtre jour après jour dans les rayons des hypermarchés débordants de marchandises.

Le thème des enfants est marqué de déceptions : criards, insatiables, menteurs, collants, morveux, marmots maltraités ou délinquants en puissance, ils sont là pour cristalliser l'éternelle culpabilité de mères écartelées entre leurs devoirs domestiques et la « vraie » vie. « Ah lala ! ça fait du souci les gosses ! » Les rapports mère-fille, avec ce qu'ils ont d'explosif et d'interchangeabilité dans les rôles, font partie des morceaux de bravoure de Nicole de Buron, des numéros de Sylvie Joly, de Valérie Lemercier ou de Blanche Gardin.

Être une mère de fils offrirait-il davantage de satisfactions ? Florence Foresti, « la maman calme », règne sur une famille nombreuse ; elle n'a mis au monde que des garçons, et forte de sa « supériorité de génitrice » ou de « pondeuse d'élite », elle fait la loi chez elle, envoyant le papa dans le square et forçant l'envie de ses amies. Modèle du genre burlesque, le feuilleton diffusé par la BBC2 entre 1992 et 1996, *Absolutely Fabulous*, dit *Ab Fab*, adapté en France, en 2001, pour Josiane Balasko et Nathalie Baye, a fait rire des millions de téléspectateurs et spectateurs sur le thème de deux quadragénaires émancipées, hystériques et ridicules, Patsy et Edina, confrontées aux générations du dessus et du dessous et qui se rappellent leurs rêves de jeunesse ; elles composent le paysage d'une « anti-famille » avec des pères différents et évoluent dans les milieux farfelus de mode et de communication où règne un désordre aussi joyeux qu'agressif[1].

Le célibat serait-il alors la situation la plus confortable pour la femme postmoderne, libre sexuellement et belle, sous prétexte qu'« on est mieux seule que mal accompagnée » ? Muriel Robin feint de le croire pour mieux faire ressortir l'épaisseur de la solitude d'une « vie privée… privée de tout » : « Moi, je cours pas après la sexualité, elle m'le rend bien, faut dire ce qui est ! » « Il m'a traitée de malbaisée… J'suis pas baisée du tout ! » Anne Roumanoff qui avoue bien aimer les « machos » jongle avec les situations de « jamais-épousée » en jouant l'enseignante de trente-huit ans qui se rend à son premier rendez-vous amoureux qu'elle rate, ou la prétendue affranchie, vraiment refoulée, bien qu'elle croie connaître les hommes – « je dis que les hommes sont de grands bébés » – mais qui sort de son sac une bombe lacrymogène lorsqu'un gigolo la traite gentiment de « poulette » pour la draguer.

Les relations entre les sexes sont faites d'incompréhension et de rencontres manquées : les hommes sont indifférents, égoïstes et irresponsables, les filles narcissiques, artificielles, ignorantes ou niaises. Deux vieilles célibataires, les Vamps, semblent se tirer à peu près bien de leur situation esseulée, mais elles forment un couple de substitution et recomposent à leur façon le modèle traditionnel : Gisèle, veuve, assume le rôle masculin, protectrice, autoritaire et raide. Avec une carrure de fort des Halles, elle s'assied en écartant les jambes comme un garçon, elle persécute la frêle Lucienne, rêveuse et toujours en quête de l'âme sœur, l'angoisse de la solitude ressurgit dans leurs apartés ou dans une désopilante méditation sur la mort dans un cimetière, devant les tombes des membres d'une même famille fauchés le même jour.

L'AUTODÉRISION

À la source de l'amour, la séduction, la beauté, la minceur, la jeunesse, l'élégance font partie des meilleurs atouts du sexe féminin et quand ils font défaut, ils deviennent un ressort inaltérable du rire. Thème récurrent des sketchs de femmes, l'obligation toujours croissante d'être jeune, souple et mince, élégante sur le modèle des stars et conformes à leurs mesures canoniques (90 × 60 × 90), invite à faire le procès d'un monde construit sur les apparences, d'autant que les superwomen elles-mêmes, « libérées », se soumettent à des impératifs identiques. Devenir jolie, c'est mythiquement devenir heureuse, d'où l'importance d'une teinture réussie, d'une robe neuve et de trois kilos perdus.

La beauté et le charme sont le symbole même de la féminité, cette valeur à laquelle nos sociétés modernes, loin de renoncer, accordent de plus en plus d'importance. Une Valérie Lemercier, sanglée dans une robe noire entre des murs tendus de noir et bondissant sur le plateau en quelques entrechats, sait habilement maintenir, jusque dans les situations les plus scabreuses et les mots choquants, une élégance qui tient l'auditoire en respect. Et cependant la beauté, copiée sur les magazines, apprêtée et pensée par le système, peut s'avérer plus comique que la laideur lorsqu'elle est vidée de personnalité ou d'intériorité. Michèle Bernier conclut en donnant la recette éternelle de la séduction : « Porter un décolleté pigeonnant et fermer sa gueule. »

La dérision s'exerce sur un corps qui ne répond pas aux attentes, condamné aux régimes amaigrissants délirants, à une gymnastique tyrannique, aux supplices infligés par la chirurgie plastique, à la mode des vêtements courts ou ajustés, aux conseils des magazines, trahissant une peur consubstantielle de devenir un monstre incapable de plaire. On rit joyeusement lorsque les Vamps, le corps raide et déformé dans la blouse à fleurs, petit fichu serré autour du cou, vieilles mais toujours coquettes, discutent et susurrent le même refrain à leur amie Madame Jansen : « Vous avez forci », ou lorsque le salon de coiffure de Muriel Robin martyrise une patiente par des épilations, colorations, bigoudis et séance d'ultraviolets. Sylvie Joly n'hésite pas à faire rire de ses jambes et de ses hanches, et Chantal Lauby de ses grandes dents et de ses grimaces.

Yolande Moreau, la comédienne clownienne des spectacles des Deschiens (*Les Pieds dans l'eau*), joue avec le corps grotesque ; affublée d'une jupe trop courte qui pendouille, les cheveux roux ébouriffés, elle boit directement au goulot de la bouteille et cherche une puce dans son corsage qu'elle pulvérise à l'insecticide, dynamitant l'image de la jeune fille fleur bleue et amoureuse. À l'opposé, Florence Foresti, si alerte, compose avec l'âge, cette quarantaine qui exclut les femmes de la jeunesse : « Je ne suis pas vieille, je suis vintage ! »

La littérature et le cinéma contemporains reprennent inlassablement le thème de la séduction en l'habillant de considérations psychologiques : le roman de Helen Fielding porté à l'écran, *Le Journal de Bridget Jones*, a amusé des millions de lectrices et spectatrices en racontant sous formes de chroniques quotidiennes les tracas d'une fille qui veut à la fois perdre trois kilos, harponner un mari et arrêter de fumer. En prenant le contrepied des images de la femme fatale, les humoristes féminines, dont le physique est souvent atypique, offrent leur revanche à toutes celles qui ne ressemblent pas aux mannequins des magazines.

Anne Roumanoff se réapproprie les mécanismes de la raillerie masculine en parodiant les appâts d'une femme vulgaire affublée d'une perruque blonde, maquillage sex-appeal, prenant une voix aiguë et une posture aguicheuse. Désopilante, médiatique, la rieuse ne lâche plus sa prise. Le corps burlesque chez les unes et les autres est toujours la matière première du rire ; mais le talent doit savoir aussi transfigurer la laideur. Le rapport au corps, douloureux, encombrant, inutile et vieillissant, ce corps féminin en sursis, qui, disait Colette, a déjà pris son billet de retour et renonce à séduire, métaphorise plus largement l'anxiété de tous les êtres humains condamnés à la vieillesse, à la maladie et la mort.

MAUVAIS GENRE ? MAUVAIS GOÛT ?

Un certain niveau de mauvais goût ne doit pas être franchi. Des situations taboues et trop douloureuses ou trop violentes, comme celles du harcèlement sexuel, ne sont pas évoquées de front. De leurs performances sexuelles, les comédiennes parlent de façon plus imagée que grossière et elles se contentent de quelques jeux à la surface des mots. Lucienne, la simplette des Vamps, s'interroge sur la féminité : « Est-ce je l'aurai, moi la ménopause, vu que j'ai jamais servi ? »

La naïveté langagière qui recouvre des réalités scabreuses donne lieu à des inventions verbales savoureuses où elle excelle, apprenant que son compte a été débité et demandant quand « elle sera rebitée ». Michèle Bernier ironise sur les instincts du « mâle humain » de 40 ans qui quitte sa femme pour une petite jeune. La frigidité est évoquée avec drôlerie par un sketch d'A. Roumanoff qui fait dialoguer deux femmes à propos des préservatifs : « – On m'a quand même dit que c'était moins agréable de… avec un… – Mais non, au contraire : on sent rien ! »

Le viol est l'objet de quelques sketches de Valérie Lemercier explorant les bas-fonds des vies féminines : la suicidée au Paic citron, la multi-violée ou l'ado droguée. Zouc fabrique une image aussi métaphorique que crue de la défloration en déglutissant avec de violents bruits de gorge, bouche béante, tandis que son partenaire murmure « Ça va… Ça va ? » sans attendre la réponse. La présence sur les planches, impliquant un contact direct avec la salle, oblige les comédiennes à une certaine retenue ; il ne leur faut jamais rompre le consensus ni s'aliéner un public en majorité masculin, mais savoir, au besoin, pincer la corde de la tendresse. Les mots orduriers sont proscrits. Quelques-unes frôlent sans doute le seuil. Le dépassent-elles ? Une Blanche Gardin incisive et très drôle joue la naïveté et se décrit en « féministe qui aime les hommes » ; habillée en écolière et sagement coiffée, elle s'accorde le droit de tout dire sous prétexte d'intentions innocentes et elle justifie la crudité de ses expériences en rappelant qu'elle « parle à des adultes », sans fard, et sans éluder le tragique de la vie, les névroses et la « belle angoisse de la mort ».

UNE VRAIE FEMME ?

« Une humoriste est une femme de pouvoir », s'est exclamée Anne Roumanoff. Mais est-elle encore une vraie femme ? Si la psychanalyse s'est longtemps appliquée à refouler la féminité ou à la définir par le « manque », la rieuse, tout en feignant d'adhérer au vieux schéma masculin qui lui demande de vivre par le cœur, invente un monde à l'envers et se sert des dons qu'on lui attribue depuis des siècles, la sensibilité, le charme, la jeunesse, pour retourner la situation ; et son rire, un rire moqueur ou cynique qui n'a plus rien d'un sourire glamour, son corps ridicule qui se démantibule sans souci d'harmonie font peur aux hommes.

Le rire féminin est pourtant tonique, parce qu'il nettoie ou corrige l'usure du discours amoureux, et casse les cloisonnements. Le succès des actrices comiques se confirme au début des années 2000 et, pour quelques-unes particulièrement talentueuses, il touche au triomphe ; leurs sketchs enclenchent une dynamique nouvelle capable de relayer la satire sociale et de plaisanter sur les mensonges enchanteurs. Mais faire rire est aussi un exercice d'équilibre ; leur pouvoir de subversion n'est pas dû à leur seul regard critique, mais à un renversement de type carnavalesque et à des enjeux identitaires qu'un dérapage peut toujours faire sombrer en ravivant le répulsif statut d'« hystérique ».

Le public masculin n'applaudit pas à tous les sketchs, et la légitimité du comique féminin a besoin à tout moment d'être réassurée. En déconstruisant les hiérarchies, en se servant de l'autodérision, les humoristes féminines risquent de perdre ce qui a fait hier leur force ; car leur réussite, si parfaite soit-elle, continue de s'apprécier selon la logique des sexes, à l'aune des valeurs de la vie privée, et peu nombreuses sont celles qui sont prêtes à sacrifier leur vie affective et familiale à leurs succès professionnels. La division sexuée des rôles, les codages sociaux et les stéréotypes n'ont pas disparu sous la pression égalitaire, et c'est bien à travers cette ambiguïté que les rieuses se mettent en question.

JEUX DE GENRES

Le dédoublement, ou le travestissement, qu'il soit symbolique ou réel, se sert de la confusion des rôles pour faire rire, mais aussi pour faire douter des valeurs. Le thème n'est pas neuf et il s'est aiguisé : alors qu'un homme déguisé en femme a toujours fait rire, une femme-amazone, revêtue d'un costume masculin sème l'inquiétude avant de pouvoir créer le rire. Au XVIIe siècle l'abbé de Choisy s'habillait en femme et avec Charles Perrault, il a écrit une nouvelle spirituelle où un petit garçon est élevé et habillé en fille par la mère qui a perdu son mari au combat, pour qu'il ne puisse aller à la guerre : le rire naît lorsque la « jeune demoiselle » est demandée au mariage (*Histoire de la marquise-marquis de Banneville*).

Jeux de genres aux infinies figures. Muriel Robin arbore ainsi une belle moustache postiche, un corps musclé ; dans le numéro de « La veste », elle tente de choisir entre deux vêtements, une veste grise passe-partout et masculine ou un vêtement de couleur fantaisiste et bariolée comme un habit de clown ; le comique naît du contraste de ses mimiques lorsqu'elle essaie la veste, d'abord décontractée puis de plus en plus tendue, et finissant par accrocher à l'épaule le petit détail capable de la distinguer, un bout de gruyère qui achève l'allure ridicule de l'agencement. Incertitude, mystère du sexe ? « Quand j'étais petite, j'étais un garçon », lance Grace Paley, formulant ainsi ce que la plupart des filles ont vécu dans leur enfance et continuent de vivre en une part d'elles-mêmes, car « le poète a le devoir d'être une femme / de sexe masculin »...

Le travestissement fournit un suspense et des effets comiques sûrs dont le cinéma a su depuis longtemps su profiter pour brouiller les repères conformistes et explorer la vie de l'autre. Dans la délicieuse comédie musicale de Blake Edwards, *Victor Victoria* (1982), une jolie femme joue, pour gagner sa vie, le rôle d'un jeune comédien homosexuel qui chante avec une voix de soprano dans les cabarets ; les identités sont subtilement échangées, les personnages flottent dans une perpétuelle indétermination et le travestissement leur permet de sortir de leurs limites. Loin de témoigner pour un modèle unique, la comédie accentue les différences et les complémentarités des deux sexes, puisque le happy-end offre à l'héroïne Julia Andrews le droit de se produire selon son bon plaisir comme homme ou comme femme. Qu'est-ce qu'alors une « vraie » femme, une femme séductrice à la mode d'autrefois, ou une femme qui peut jouer à volonté un emploi d'homme qui se vit lui-même comme une femme ? La question ainsi posée par le fiancé n'a pas perdu sa pertinence mais elle demande une autre réponse. Depuis la génération des garçonnes jusqu'à la pensée *queer*[2], la perception de la différence des sexes ne cesse de se complexifier et le décalage se prête souvent à l'illusion comique.

Femme déguisée en homme, femme muée en animal, glissement passager ou métamorphose sans retour : personne n'adhère tout à fait à lui-même et chacun cherche à déplacer ses frontières intérieures et les cadres imposés par la société. Les mutations psychiques, lorsqu'elles sont puissantes, peuvent aussi entraîner des mutations physiques. Muriel Robin irrésistible sur ce registre campe une femme tellement éprise de son chien qu'elle ne parvient pas à garder son identité humaine ; elle gratte la terre, commande sa servante en lui intimant brutalement des « Va chercher » et veut accrocher un barillet autour du cou de son amie pour le cas où elle s'égarerait. Dites-moi qui vous aimez et je vous dirai qui vous êtes, suggère Muriel Robin (« Les animaux »).

C'est cette expérience de la « métamorphose » et de la dépersonnalisation, explorée par Kafka sur le mode tragique, que fouille également la romancière Marie Darrieussecq dans son vertigineux et divertissant *Truismes*, qui prouve combien est fragile et mince la croûte de la civilisation et de la raison. Impossible de s'évader de ces limites que constituent nos instincts, notre corps et notre image sous le regard des autres, le temps qui passe, de sorte que ni la conscience de sa dégradation ni l'amour d'un homme ne parviennent à enrayer le processus qui fait peu à peu d'une appétissante midinette, parfumée, rose et rebondie, une truie replète.

Ce corps vécu de l'intérieur, de façon paroxystique et délirante, est bien le corps d'une « vraie » femme, un corps relié aux autres par l'odeur, le toucher, le sexe, le sang et les affects ; à travers ce corps physique carnavalesque, ce sont tous les temps forts et souvent douloureux de l'histoire des femmes, l'amour, la grossesse, l'enfantement, la maternité, la solitude, la vieillesse que vit la romancière.

Si le fond du rire féminin rappelle la difficulté d'être ou de devenir femme, il ne cherche pas à s'imposer par la revanche, mais plutôt à déplacer les points de vue. L'idéologie de la domination masculine qui a structuré nos sociétés cède peu à peu la place à un rapport plus équilibré. En idéalisant la féminité, l'homme exaltait du même coup sa virilité ; mais non moins que la séduction féminine, la « virilité » est un système de représentation[3], un mythe dont les figures se sont peu à peu désacralisées, ou au moins fragilisées : l'homme n'est plus le père ou le mari tout puissant, ni le combattant héroïque du passé, ni le chef performant qui l'emporte dans toutes les compétitions. Son statut de supériorité est mis à l'épreuve et « pour la première fois dans l'histoire peut-être s'annonce l'avènement d'une société mixte », où les rôles de chacun sont moins différenciés. Bien utilisé, facteur d'union[4], le rire reste un instrument de séduction, susceptible de créer du consensus et de la solidarité.

VICTOIRE OU DÉCLIN DU FÉMINISME ?

Victoire ou déclin du féminisme ? La question mérite d'être posée : le rire est-il une ultime conquête d'un programme féministe qui revendique créativité, liberté et pouvoir, ou le signe d'une révision à la baisse imposée par la nécessaire cohabitation entre les sexes, une sorte de dispositif de jeu qui endigue quelque chose d'incontrôlable et combat par la tempérance une peur masculine ancestrale du rire féminin ?

Le rire n'est pas le monopole d'un sexe. Tout le monde est invité à participer au ballet humoristique contemporain. Les sketchs, récits forcément brefs et réducteurs que les médias ont peu à peu banalisés, traitent volontiers les frondes féminines comme une sorte d'« animation ludique » nécessaire pour distraire un large public. Mis à toutes les sauces, le sel des plaisanteries s'est affadi. Les femmes se montrent plus désinvoltes et conciliantes qu'engagées ; les « hystériques » d'hier sont simplement devenues des femmes en proie au surmenage, petit miracle du quotidien.

La société de consommation réclame des rires standards qui s'ouvrent sur des dents éclatantes de blancheur de sorte que les sketchs humoristiques, masculins comme féminins, passés à la moulinette de la publicité, perdent leur pouvoir de frappe et deviennent des gadgets inoffensifs, où le consensus ressemble à l'indifférence et au conformisme. Dans le miroir, chacun doit pouvoir reconnaître son reflet, à peine déformé et surtout embellissant.

Rire est-il devenu « notre morale naturelle », interroge Milan Kundera (*L'Art du roman*) ? Des clubs de rire se sont créés et le rire médecin réussit à soigner et à guérir : la « guélotologie » s'est développée depuis une quarantaine d'années et multiplie les expériences. La pédiatre et psychologue Catherine Dolto a vu dans le travail des clowns, hommes et femmes, qui assument le métier de faire rire, entortillés dans d'invraisemblables frusques, une mission de « passeurs » capables de faire surgir une réelle source de bien-être, avec pour devise cette belle sentence de Maître Eckhart : « Le rire engendre le plaisir et le plaisir engendre la joie et la joie engendre l'amour et l'amour engendre la personne. »

Mais comment rire ou badiner dans un monde ravagé par les crises, économiques ou pandémiques, morales ou politiques ? Freud a associé le rire à la notion d'épargne : l'humour se contente d'évacuer les situations dramatiques, ou plutôt, par un processus de décomposition, il transforme la plupart des situations douloureuses en mini-drames qu'on peut traiter par la parodie ou l'autodérision : « L'art de se tirer d'embarras sans se tirer d'affaire ». Le rire, pour être curatif, doit rester un jeu imprévisible et gratuit, une récréation, une surprise qui transforme le désarroi en allégresse. Comme le note justement Kundera, « les vrais génies du comique ne sont pas ceux qui nous font rire le plus, mais ceux qui dévoilent une zone inconnue du comique ».

Telle est la fonction joyeuse et soudaine du rire féminin lorsqu'il découvre une zone inconnue, pareil à « des allumettes inopinément frottées dans le noir » : Virginia Woolf, dans les situations les plus sombres, retrouve ce petit miracle du quotidien qui vient à bout des épreuves et des échecs en donnant un détail risible au cœur même de la tragédie : le vieux M. Ramsay est en proie à une grande souffrance, physique et mentale, lorsque sa tendre amie, Lily, vient lui rendre visite pour adoucir sa journée ; muette, incapable de compassion, elle ne trouve rien d'autre à dire pour aider le vieil homme que ces mots incongrus : « Ah, mais vous avez de beaux souliers… »

Lily a honte d'elle-même, honte de ne pouvoir consoler cette âme inquiète. Mais au lieu d'être anéanti, Ramsay se remet à sourire, amical, ragaillardi, presque mondain, délivré de sa « draperie funéraire ». Étrangeté du rire ! une joyeuse conversation pourrait enfin commencer, si des visiteurs importuns ne sonnaient justement à la porte ! (*La Promenade au phare*).

Notes

Introduction

1. Laurent Joubert, *Traité du ris* [1579], Genève, Slatkine, 1973.
2. Nathalie Sarraute, *Le Planétarium*, in *Œuvres complètes*, Paris, Gallimard, « Bibliothèque de la Pléiade », 1996, p. 357.

Déridées, débridées : quatre figures de rieuses

1. Annie Leclerc, *Paroles de femmes* [1974], Paris, Gallimard, « Folio », 1985, p. 100.
2. Pascal Picq, Yves Coppens (dir.), *Aux origines de l'humanité*, Paris, Fayard, 2001, p. 397-421.
3. Darwin, *De l'expression des émotions chez l'homme et les animaux*, 1872, cité *in* Nelly Feuerhahn, *Le Comique et l'Enfance*, Paris, Puf, 1993, p. 160.
4. Donald Winnicott, *Le Bébé et sa mère*, Paris, Payot, 1992 ; Françoise Bariaud, « Les premiers pas », *L'Humour*, Paris, Autrement, 1992, n° 131.
5. Victor Hugo, « La mère qui défend son petit », 29 avril 1871.
6. Marcel Proust, *La Fugitive*, in *À la recherche du temps perdu*, t. IV, Paris, Gallimard, « Bibliothèque de la Pléiade », 1989, p. 625.
7. Léon Tolstoï, *Enfance*, Paris, Éditions du Chêne, 1945, p. 25.

8. Charles Mauron, *Psychocritique du genre comique*, Paris, José Corti, 1964, p. 122.

9. Parmi les nombreux commentaires de ces textes, citons : Joe Friedmann, « La Genèse », *Humoresques*, 1998, n° 7, p. 20 ; Marc-Alain Ouaknin, *Lire aux éclats*, Paris, Seuil, 1994, p. 53 ; Georges Minois, *Histoire du rire et de la dérision*, Paris, Fayard, 2000, p. 97 ; Armand Abécassis, « Le rire des patriarches », *Lumière et vie*, 1996, n° 230, *Le rire. Thérapie du fanatisme*, p. 10 ; Michael Screech, *Le Rire au pied de la Croix, de la Bible à Rabelais*, Paris, Bayard, 2002, p. 23.

10. J. Friedmann, « La Genèse », art. cité, p. 15-28 ; B. Sarrazin, « Rire du diable », *in* Thérèse Bouché, Hélène Charpentier (dir.), *Le Rire au Moyen Âge dans la littérature et les arts*, Bordeaux, Presses Universitaires de Bordeaux, 1990, p. 29.

11. Épître des apôtres, in *Écrits apocryphes chrétiens*, Paris, Gallimard, « Bibliothèque de la Pléiade », t. I, 1997, p. 372 ; Teodor Baconsky, *Le Rire des Pères*, Paris, Desclée de Brouwer, 1996, p. 38-44 ; voir G. Minois, *Histoire du rire et de la dérision*, *op. cit.*, p. 104-105. Il est surprenant de noter que dans cet ouvrage aucune mention n'est faite au rire féminin.

12. Vie de Jésus en arabe, in *Écrits apocryphes…*, *op. cit.*, p. 235.

13. Clément d'Alexandrie, *Protreptique*, II, 20 ; Eusèbe de Césarée, *Préparation évangélique*, II, 3 ; et Arnobe, *Adversus nationes*, V, 25.

14. Voir Alain Roger, « *Vulva, vultus, phallus* », *Communications*, 1987, n° 46, p. 190.

15. Voir la synthèse de Maurice Olender, « Aspects de Baubô », *Revue d'histoire des religions*, 1985, vol. 202, n° 1.

16. Interprétation de Marie Delcourt. L'art moderne, et en particulier le surréalisme, a joué de cette image sur le mode loufoque en faisant du sexe-visage de Baubô une femme à barbe ou un travesti. Voir Annette Messager, « La Femme et le barbu », 1975.

17. Pan sonne le rire après la guerre, dieu de la bonne humeur.

18. Dominique Arnould, *Le Rire et les Larmes dans la littérature grecque d'Homère à Platon*, Paris, Les Belles Lettres, 1990, p. 214-218.

19. Salomon Reinach, *Cultes, mythes et origines*, Paris, Laffont, « Bouquins », 1996, p. 152-153.

20. Froma Zeitlin, « Cultic Models of the Femal Rites of Dionyus and Demeter », *Arethruse*, 1982, n° 15, p. 129-157.

21. Daniel Ménager, *La Renaissance et le Rire*, Paris, Puf, 1995, p. 118.

22. *Pantagruel*, chap. XV et *Le Quart Livre*, chap. ILVII. La Fontaine reprendra le thème dans un de ses contes, *Le Diable de Papefigue*.

23. *Faust*, v. 3962 et *sq*, trad. G. de Nerval, Paris, Albin Michel, 1947, p. 197.

24. Sigmund Freud, « Parallèles mythologiques à une représentation obsessionnelle plastique, in *Essais de psychanalyse appliquée*, Paris, 1975. Voir également Catherine Clément, *Miroirs du sujet*, Paris, 10/18, 1975 ; Catherine Péquignot-Desprats, « Baubô. Sexe et visages d'une femme », thèse soutenue à Paris VII, 1981 ; Georges Devereux, *Baubô, la vulve mythique*, Paris, J.-C. Godefroy, 1983 ; Monique Schneider, « Le mythe, fétiche ou matrice, la rencontre de Freud avec Œdipe », in *Art, mythe et création*, Paris, Le Hameau, 1988.

25. Charles Mauron, *Psychocritique du genre comique*, Paris, José Corti, 1963, p. 67.

26. Nietzsche, *Le Gai Savoir*, préface à la deuxième édition : « Peut-être la vérité est-elle une femme qui est fondée à ne pas laisser voir son fondement. Peut-être son nom serait-il Baubô. »

27. *Le Conte populaire français*, catalogue raisonné par P. Delarue et M.-L. Tenèze, Paris, Maisonneuve et Larose, t. II, 1976, p. 467-477. Voir l'analyse de Bernadette Bricoud, *Contes et récits du Livradois*, textes recueillis par H. Pourrat, Paris, Maisonneuve et Larose, 1989, p. 273.

28. Albert Cohen, *Belle du Seigneur*, Paris, Gallimard, 1968, p. 778. Voir l'article de Muriel Carduner-Loosfelt, « Variations

sur le grotesque », *Sociétés et représentations*, 2001, n° 10, *Le Rire au corps*.

29. James Dauphiné, « Le rire de Béatrice », *in* Thérèse Bouché, Hélène Charpentier (dir.), *Le Rire au Moyen Âge…*, *op. cit.*

30. Dante, *Le Banquet*, III, 8, 11-12, Paris, Les Belles Lettres, 1968, p. 228.

31. Sur l'Église et le rire, de très nombreux travaux ont été publiés, parmi lesquels E.R. Curtius, *La Littérature européenne et le Moyen Âge latin*, Paris, Puf, 1956, t. II ; Carla Casagrande et Silvana Vecchio, *Les Péchés de la langue*, Paris, Cerf, 1991 ; D. Ménager, *La Renaissance et le Rire*, *op. cit.* ; *Annales. Histoire et sciences sociales*, 1997, vol. 52, n° 3, *Le Rire* ; T. Baconsky, *Le Rire des Pères*, *op. cit.*

32. Marguerite de Navarre, *Comédie de Mont de Marsan*, in *Théâtre profane*, éd. Verdun-Léon Saulnier, Genève, Droz, 1963, p. 274.

33. Érasme, *Éloge de la folie*, chap. VII, Paris, Mille et une nuits, 1997.

Rire et bienséance

1. D'Aubigné, *Les Aventures du baron de Faeneste* [1620], Paris, Gallimard, « Bibliothèque de la Pléiade », 1969.

2. Pierre Le Moyne, *Les Femmes, la Modestie et la Bienséance chrétienne*, 1667.

3. Voir Jean-Marie Fritz, *Le Discours du fou au Moyen Âge*, Paris, Puf, 1992, p. 89.

4. Grégoire de Nysse, *La Création de l'homme*, Paris, Les Belles Lettres, « Sources chrétiennes », 6, 1943, p. 128, cité par T. Baconsky, in *Le Rire des Pères*, *op. cit.*

5. Laurence Moulinier, « Quand le malin fait de l'esprit », *Annales. Histoire et sciences sociales*, 1997, vol. 52, n° 3.

6. Voir D. Ménager, *La Renaissance et le Rire*, *op. cit.*, p. 20-26.

7. L. Joubert, *Traité du ris*, *op. cit.*, p. 263-264.

8. Cabanis, *Rapports du physique et du moral*, Paris, Puf, 1956, t. 1, IV, p. 284.

9. L. Joubert, *Traité du ris*, *op. cit.*, p. 257-264.

10. Pierre de Dampmartin, *De la connaissance*, f°107v.

11. Jean Liébault, *Thrésor des remèdes secrets pour les maladies des femmes*, Paris, 1585. Voir Yvonne Knibiehler, *La Femme et les Médecins*, Paris, Hachette, 1983.

12. L. Joubert, *Traité du ris*, *op. cit.*, p. 272.

13. Piccolomini, *Le Remède d'amour*, trad. Albin des Avenelles, 1515-1519.

14. *Comme il vous plaira*, acte III, scène II.

15. Fénelon, *De l'éducation des filles*, 1687, chap. IX.

16. Nicole, *Les Imaginaires*, Cologne, 1704, p. 454.

17. Morvan de Bellegarde, *Réflexions sur le ridicule*, Paris, Amsterdam, 1717, p. 104.

18. Cité par Bernard Magné, in *Le Féminisme de Poullain de la Barre*, Faculté des lettres de Toulouse, 1964, p. 195-197.

19. Mme de Pringy, *Les Différents Caractères des femmes du siècle*, Paris, 1699, p. 259.

20. Mme Leprince de Beaumont, *Le Magasin des adolescentes*, 1802, t. II, p. 75.

21. Princesse Palatine, lettre à Étienne Polier, 13 septembre 1693.

22. Pierre Roussel, *Système physique et morale de la femme*, 1845, p. 68-69.

23. *Ibid.*, p. 98.

24. Edme Ferlet, *Discours sur le bien et le mal que le commerce des femmes a fait à la littérature*, 1772, p. 40.

25. Caraccioli, *De la gaieté*, 1762, p. 29.

26. Louis-Sébastien Mercier, *Du théâtre* [1797], Paris, Mercure de France, 1999, p. 1506.

27. Roussel, 1782.

28. Étudié par Sylviane Lazard, « Code de comportement de la jeune femme en Italie au début du XIVe siècle », *in* Alain Montandon (dir.), *Traités de savoir-vivre en Italie*, Clermont-Ferrand, Association des publications de la Faculté, 1993.

29. Stefano Guazzo, *La Civile Conversation*, Lyon, 1579, p. 271.

30. Jean-Louis Vivès, *Trois Livres de l'instruction de la femme chrétienne*, Paris, 1587, f° 16r.

31. Cureau de la Chambre, *Charactère des passions*, Paris, 1640, p. 225.

32. Jean de Meun, *Le Roman de la Rose*, v. 1360-1370, trad. A. Strubel, Paris, Livre de Poche, 1992, p. 711.

33. L'Arétin, *L'Éducation de la Pipa*, Paris, Allia, 1997, p. 18.

34. Mona Ozouf, *Les Mots des femmes*, Paris, Gallimard, 1995, p. 156.

35. Mlle de Scudéry, *Clélie*, Genève, Slatkine, 1973, L. II, p. 1221.

36. Saint-Simon, *Mémoires*, t. I, Paris, Éd. Boislile, 1879, p. 109.

37. Jean-Jacques Courtine, Georges Vigarello, « La physionomie de l'homme impudique », *Communications*, 1987, n° 46.

38. Mme de Genlis, *Souvenirs de Félicie*, in *Bibliothèque des Mémoires relatifs à l'histoire de France*, Firmin-Didot, 1857, p. 91.

Cachez ces dents que je ne saurais voir

1. Eustorg de Beaulieu, *Blasons du corps féminin*, in *Poètes du* XVIe *siècle*, éd. Albert-Marie Schmidt, Paris, Gallimard, « Bibliothèque de la Pléiade », 1953, p. 321.

2. Cornelius Agrippa, *De la supériorité des femmes* [1509], Paris, Dervy Livres, 1986, p. 42. On trouve une remarque semblable chez Barthélémy l'Anglais.

3. Maurice Scève, *Microcosme*, t. I, p. 10.

4. Mouffle d'Angerville, *Mémoires secrets pour servir à l'histoire de la république des Lettres*, Londres, 1789, t. XXXVI, p. 301, cité par Colin Jones, conférence au Collège de France, 26 mars 2003.

5. Diderot, *Essais sur la peinture*, in *Œuvres complètes*, éd. H. Dieckmann et J. Varloot, Paris, Hermann, 1975, t. XIV, p. 400.

6. Gisèle Freund, *Photographie et société*, Paris, Seuil, 1974, p. 66.

7. Frères Goncourt, *Journal*, t. 6, 2 octobre 1881.

8. Choderlos de Laclos, *Des femmes et de leur éducation*, in *Œuvres*, Paris, Gallimard, « Bibliothèque de la Pléiade », p. 431.

9. Baronne d'Oberkirch, *Mémoires*, **Paris, Mercure de France, 1970**, p. 190.

10. Boudier de Villemert, *L'Ami des femmes*, Hambourg, 1758, p. 105.

11. Mme de Genlis, *Souvenirs de Félicie*, *op. cit.*, p. 60.

12. *L'Encyclopédie*, art. Femme (morale).

13. Boudier de Villemert, *L'Ami des femmes*, 1760, p. 109.

14. Mme de Genlis, *Souvenirs de Félicie*, *op. cit.* p. 131.

15. Mme de Staël, *Delphine*, in *Œuvres*, Paris, Gallimard, « Bibliothèque de la Pléiade », lettre III, p. 101.

16. *La Nouvelle Héloïse*, Paris, Gallimard, « Folio », t. II, p. 22 : « Que cette bonne Suissesse est heureuse d'être gaie quand elle est gaie, sans esprit, sans naïveté, sans finesse… Elle ne sait pas qu'on n'a point cette bonne humeur pour soi mais pour les autres, qu'on ne rit pas pour rire, mais pour être applaudi. » Rousseau pourtant ne dédaigne pas la drôlerie : la reine fantasque du *Conte cacouac* est prise d'un rire qui la fait brusquement accoucher en excitant « les ris immodérés » de ses suivantes.

17. *Ibid.*, p. 18.

18. Mme de Souza, *Charles et Marie*, in *Œuvres*, Paris, Garnier, 1865, p. 188-189.

19. Baronne Staffe, *Usages du monde*, 1899, p. 269.

20. Cité par Colette Cosnier, *Le Silence des filles*, Paris, Fayard, 2000, p. 201.

21. *Ibid.*, p. 208.

22. Anne-Marie Sohn, *Chrysalides*, Paris, Publications de la Sorbonne, 1996.

23. Voir Colette Cosnier, *Le Silence des filles*, *op. cit.*, p. 205.

24. *Le Journal intime de Caroline Brame*, éd. Michelle Perrot, Georges Ribeill, Paris, Montalba, 1985, 13 mars 1865. Voir Michelle Perrot, *Les Femmes ou les Silences de l'histoire*, Paris, Flammarion, 1998, p. 61.

25. Anna de Noailles, *Le Livre de ma vie*, Paris, Mercure de France, 1976, p. 109.

26. Colette, *La Maison de Claudine*, in *Œuvres*, t. II, Paris, Gallimard, « Bibliothèque de la Pléiade », 1986, p. 978.

27. Thyde Monnier, *Moi*, cité par Simone de Beauvoir, in *Le Deuxième Sexe*, Paris, Gallimard, 1976, t. II, p. 81.

28. A.-M. Sohn, *Chrysalides*, *op. cit.*, p. 372.

29. Catherine Pozzi, *Journal de jeunesse*, Ramsay, 1987, p. 281.

30. Philip Roth, *Opération Sylock*, Paris, Gallimard, « Folio », 1993, p. 137.

Le rire amoureux

1. Marcel Proust, *À l'ombre des jeunes filles en fleurs*, in *À la recherche du temps perdu*, I, Paris, Gallimard, « Bibliothèque de la Pléiade », 1987, p. 919.

2. *Sodome et Gomorrhe*, in *À la recherche du temps perdu*, III, Paris, Gallimard, « Bibliothèque de la Pléiade », 1988, p. 795 et p. 796.

3. Suzanne Saïd, « Sexe, amour et rire dans la comédie grecque », in *Le Rire des Anciens*, Paris, Presses de l'École normale supérieure, 1998, p. 67-89.

4. *Politique*, I, 1260.

5. Antonio Lopez Eire, « À propos des mots pour exprimer l'idée de rire en grec ancien », *in* Marie-Laurence Desclos (dir.), *Le Rire des Grecs*, Paris, Jérôme Million, 2000, p. 32 ; *Iliade*, III, 424 ; IV, 10 ; V, 375 ; *Théogonie*, v. 200-206.

6. A. Lopez Eire, « À propos des mots pour exprimer... », art. cité.

7. Béroul, *Le Roman de Tristan, Tristan et Iseult, les poèmes français*, Paris, Livre de poche, 1989, p. 197.

8. *Roland furieux*, VII, 13.

9. D. Ménager, *La Renaissance et le Rire*, *op. cit.*, p. 197.

10. *Sonnets de l'honnête amour*, 5, cité par D. Ménager, *ibid.*, p. 195.

11. Érasme, *Éloge de la folie*, *op. cit.*, p. 20.

12. Louise Labé, *Débat de Folie et d'Amour*, in *Œuvres complètes*, Paris, GF-Flammarion, 1986, V^e^ discours, p. 91.

13. Jean Divry, « Les étrennes des filles de Paris » ; « La rescription des dames de Millan à celles de Paris et de Rouen » ; « Rescription des femmes de Paris aux femmes de Lyon » ; « La réformation des dames de Paris faite par les Lyonnaises », etc. Ces textes ont été analysés par Richard Cooper, « Dames de Paris, de Rouen et de Lyon », lors du colloque international « Rire à la Renaissance », université Charles-de-Gaulle, Lille 3, 6-8 novembre 2003.

14. D'Aubigné, *Les Aventures du Baron de Foeneste*, *op. cit.*, p. 823.

15. D'Aubigné, *Les Tragiques*, L. III, v. 425, cité par D. Ménager, in *La Renaissance et le Rire*, *op. cit.*, p. 159.

16. *Le Juvénal français*, Paris, 1624, comporte un petit cours complet de plaisanterie. Ici, 11e et 4e discours, cité par Dominique Bertrand, *Dire le rire à l'âge classique*, Presses de l'université de Provence, 1995, p. 163.

17. Sorel, *Histoire comique de Francion*, in *Les Romanciers du* XVIIe *siècle*, éd. Antoine Adam, Paris, Gallimard, « Bibliothèque de la Pléiade », 1958, p. 571.

18. Scarron, *Le Roman comique*, in *ibid.*, p. 707.

Le rire libertin

1. Anonyme, *Vénus en rut, ou Vie d'un célèbre libertine*, 1770, p. 16.

2. *Ibid.*, p. 88.

3. Mathilde Cortey, *L'Invention de la courtisane au* XVIIIe, Paris, Arguments, 2002, p. 81 et p. 162.

4. Sorel, *Histoire comique de Francion*, p. 151.

5. Fougeret de Monbron, *Margot la Ravaudeuse*, 1750.

6. Catherine Cusset, *Les Romanciers du plaisir*, Paris, Champion, 1998, p. 75-78.

7. Lesage, *Gil Blas de Santillane*, in *Romans du* XVIIIe *siècle*, I, Paris, Gallimard, « Bibliothèque de la Pléiade », 1960, p. 658.

8. *La Célestine*, trad. Florence Delay, Arles, Actes Sud, 1989, p. 28.

9. *Les Nouvelles Récréations et Joyeux Devis* [1537], 1re Nouvelle, Paris, Honoré Champion, 1980.

10. *Le Moyen de parvenir*, Genève, Slatkine, 1970, p. 35 et p. 28.

11. Per Nykrog, *Les Fabliaux*, Copenhague, Ejnar Munksgaard, 1957, p. 213 ; Philippe Ménard, *Le Rire et le Sourire dans le roman courtois au Moyen Âge*, Genève, Droz, p. 684-701.

12. *Ibid.*, p. 218 ; le conteur Wautriquet dans « Trois chanoinesses de Cologne » met en scène une petite orgie intime qui finit par des souhaits obscènes. Voir Jean Scheidegger, « Gros mots gros rires », *in* Thérèse Bouché, Hélène Charpentier (dir.), *Le Rire au Moyen Âge*..., *op. cit.*, p. 310.

13. Le *Convivium fabulosum*, 1524. Voir Barbara C. Bowen, « "Honneste" et sens de l'humour », in *La Catégorie de l'honnête dans la culture du* XVIe *siècle*, Colloque international de Sommières Saint-Étienne, 1985, p. 105.

14. Arrêt du Parlement de Paris, 1541, cité par Petit de Juleville, *Les Mystères*, Genève, Slatkine, 1968, t. I, p. 424.

Rire ou rougir

1. *Dictionnaire historique et critique* [1695-1697], t. IV, Bâle, 1741, p. 645.

2. Graillard de Graville, *L'Ami des filles*, 1761, p. 176.

3. Louise d'Épinay, *Histoire de Mme de Monbrillant*, Paris, Gallimard, 1951, t. I, p. 15.

4. *Menagiana*, Delaune, 1719, IV, p. 315, cité par D. Bertrand, in *Dire le rire à l'âge classique*, *op. cit.*, p. 165.

5. *Essais*, III, 5 « Sur des vers de Virgile ».

6. Sainte-Beuve, *Nouveaux lundis*, t. 8, Paris, Calmann-Lévy, 1885, p. 346. On aurait retrouvé un volume relié, aux armes de

Marie-Antoinette, intitulé *Heures* et qui était en fait un roman de Madame Riccoboni.

7. Nerciat, *Félicia ou mes Fredaines* [1775], in *Romans libertins du XVIIIe siècle*, II, Paris, Gallimard, « Bibliothèque de la Pléiade », 2005, p. 1065.

8. Louise Labé, *Débat de Folie et d'Amour*, *op. cit.*, p. 76.

9. Jeanne Flore, *Comptes amoureux*, avec introduction, notes et variantes sous la direction de G.-A. Pérouse, Lyon, Éditions du CNRES, 1980.

10. Sur l'identité de Jeanne Flore, *Actualité de Jeanne Flore*, Paris, Honoré Champion, 2004.

11. *Mémoires de Marguerite de Valois*, suivis de lettres et autres écrits, Paris, Mercure de France, 1971, p. 173. Il pourrait s'agir d'un écrit satirique destiné à compromettre l'ex-épouse d'Henri IV en surenchérissant sur ses aventures galantes.

12. *Histoire de la marquise-marquis de Banneville*, Paris, Mercure de France, 1928, p. 543.

13. *Lettre à d'Alembert*, Paris, Gallimard, « Folio », 1987, p. 269.

14. Tallemant des Réaux, *Historiettes*, Paris, Gallimard, « Bibliothèque de la Pléiade », t. II, 1961, p. 901.

15. *Jugement des sçavants*, 1685, t. IV, 5e partie, vol. IX, p. 450.

16. Rapport de Voyer d'Argenson, cité par Jean-Christophe Abramovici, *Obscénité et classicisme*, Paris, Puf, 2003, p. 159.

17. Mathilde Cortey, *L'invention de la courtisane au XVIIIe siècle*, *op. cit.*, p. 78. Elle n'a décompté que quatre romans confessions de courtisanes écrits par une femme.

18. *Histoire d'Émilie*, Paris, 1732, p. 168 et p. 238.

19. *La Grivoise du temps*, in *Anthologie érotique*, XVIIIe *siècle*, éd. Maurice Lever, Paris, Robert Laffont, 2003, p. 297.

20. Marcel Proust, *À l'ombre des jeunes filles en fleurs*, *op. cit.*, p. 584.

Rires d'élites et rires populaires

1. Voir *L'Histoire sans qualités*, Christiane Dufrancatel, Arlette Farge, Geneviève Fraisse, Michelle Perrot, Paris, Galilée, p. 142.

2. Étienne Binet, *Consolation et réjouissance pour les malades et personnes affligées*, 1620.

3. Poinsinet de Sivry, *Traité des causes physiques et morales du rire*, Amsterdam, 1768. Celui-ci rappelle qu'une tradition d'autrefois fondée sur les humeurs distinguait plusieurs sortes de rires : *hi, hi, hi*, rire du mélancolique, *ha, ha, ha* du flegmatiquc ct *ho, ho, ho* du sanguin.

4. Cité par Robert Mauzi, *L'Idée du bonheur dans la littérature et la pensée françaises au 18e siècle*, Paris, Albin Michel, 1994, p. 311.

5. Tissot, *Traité des nerfs*, t. 2, 1re partie, cité par Carmelina Imbroscio, *in* « La maladie, le rire, le risible », *Dix-Huitième Siècle*, 2000, n° 32, *Le Rire*, p. 248. Des psychiatres font aujourd'hui des recherches autour de la thérapeutique par le rire, la guélotologie, et de ses conséquences neuro-hormonales.

6. Le Cat, *Traité des passions et des sensations en général, et des sens en particulier*, 1767, p. 247.

7. Alain Lottin, *Pierre-Ignace Chavatte, ouvrier lillois, un contemporain de Louis XIV*, Paris, Flammarion, 1979.

8. Mikhaïl Bakhtine, *L'Œuvre de François Rabelais et la culture populaire au Moyen Âge et à la Renaissance*, Paris, Gallimard, 1970.

9. Voir par exemple les nouvelles 8, 59 et 69 de l'*Heptameron* de Marguerite de Navarre.

10. Béat de Muralt, *Lettre sur les Anglais et les Français*, Paris, Honoré Champion, 1933, 5e lettre sur les Français, p. 247.

11. Daniel Roche, « Le rire bleu », *Dix-Huitième siècle*, 2000, n° 32.

12. P. Nykrog, *Les Fabliaux*, *op. cit.*, p. 220.

13. Noël du Fail, *Propos rustiques de Maître Léon Ladulfi, champenois*, Lyon, 1548, cité par Roger Chartier, *Lectures et*

lecteurs dans la France de l'Ancien Régime, Paris, Seuil, 1982, p. 98.

14. *Ibid.*, p. 11.

15. Tabourot des Accords, *Les Escraignes dijonnaises* [1588], Rouen, 1640, p. 5 et p. 76.

16. Bonaventure des Périers, *Nouvelles*, *op. cit.*, 1re nouvelle.

17. Martine Grinberg, « Hommes sauvages, cornards et travestis : femmes absentes ? », *Le Carnaval, la Fête et la Communication*, Nice, Serre Éditeur, 1985, p. 275-285.

18. Élie Konigson, Jean Jacquot (dir.), *Les Fêtes de la Renaissance*, t.3, CNRS, 1975, M. Grimberg, « Carnaval et société urbaine », art. cité.

19. Marjoke de Roos, « Misogynie et matriarcat, le rôle de la femme dans les jeux de carnaval », in *Théâtre et spectacles hier et aujourd'hui*, Actes du 115e congrès national des sociétés savantes, Paris, Éditions du CTHS, 1991, p. 213.

20. Natalie Z. Davis, *Les Cultures du peuple*, Paris, Aubier, 1979, chap. v, « La chevauchée des femmes ».

21. M. Bakhtine, *L'Œuvre de François Rabelais...*, *op. cit.* La femme « est l'incarnation du bas à la fois rabaissant et régénérateur... Elle rabaisse, rapproche de la terre, corporalise, mais elle est avant tout le principe de la vie, le ventre », p. 240-241.

22. Maurice Lever, *Le Sceptre et la Marotte*, Paris, Fayard, 1983, p. 243-254.

23. Jean Emelina, *Les Valets et les Servantes dans le théâtre comique en France de 1610 à 1700*, Grenoble, Presses universitaires de Grenoble, 1975.

24. Charles Mazouer, « Colombine ou l'esprit de l'ancien théâtre italien », in *L'Esthétique de la comédie*, Paris, Klincksieck, 1996 ; Nolant de Fatouville, *Arlequin Protée*, scène ii.

25. Voir Huguette Gilbert, « La rieuse dans la comédie de Molière », in *Mélanges en l'honneur de Jacques Truchet*, Paris, Puf, 1992, p. 385.

26. Jean-François Régnard, *La Coquette ou l'Académie des Dames*, 1691, III, ii.

27. Nolant de Fatouville, *Colombine femme vengée*, 1690, II, III.

28. J.-Fr. Régnard, *La Coquette...*, I, II.

29. Dominique Quero, « Les éclats de rire du public du théâtre », *Dix-Huitième Siècle*, 2000, n° 32.

Le rire gras

1. Maurice Descotes, *Les Grands Rôles du théâtre de Beaumarchais*, Paris, Puf, 1960, p. 177.

2. Daniel Roche, *Le Peuple de Paris*, Paris, Aubier, 1981, p. 45 ; Pierre Franz, « Travestis poissards », *Revue des sciences humaines*, 1983.

3. *Harangue des dames de la Halle aux citoyens du Faubourg Saint-Antoine prononcée par Mme Engueule*, le 26 juillet 1789 ; *Les Trois Poissardes buvant à la santé du tiers-état au temps du Carnaval* ; *Le Divorce, dialogue entre Mme Engueule et Mme Saumon, harengères* ; *M. Mannequin, fort de la Halle* ; *Chansons des dames de la place Maubert.*

4. Colette Michael (éd.), *Les Tracts féministes au* XVIIIe *siècle*, Genève, Slatkine, 1982, p. 98-108 : « Cahier des plaintes et doléances des Dames de la halle et des marchés de Paris, rédigé au grand sallon des Porcherons, le premier dimanche de mai pour être présentés à Messieurs les États généraux ».

5. *Le Roman comique*, 2e partie, chap. VIII.

6. Saint-Simon, cité par Jean-Claude Bologne, in *Histoire de la pudeur*, Paris, Hachette, 1986.

7. Voir M. Lever, *Théâtre et lumières*, Paris, Fayard, 2001, p. 30.

8. Pierre de La Porte, *Mémoires contenant plusieurs particularités des règnes de Louis XIII et Louis XIV* [1635], Paris, 1839, p. 19.

9. Dominique Bertrand, « Le rire de Christine de Suède », in *Les Femmes au Grand Siècle*, Tübingen, Gunter Narr Verlag, 2003, p. 77-86.

10. Mme Palatine, *Lettres françaises*, publiées par Dick Van Der Cruysse, 1989, n° 97.

11. Cité par Roger Duchêne, *Mme de Sévigné et la Lettre d'amour*, Paris, Klincksieck, 1992, p. 152.

12. Mme de Genlis, *Mémoires*, 1857, p. 60-62.

13. Frères Goncourt, *Journal*, Paris, Flammarion, 1878-1884, t. 2, p. 116-119.

14. Arlette Farge, *La Vie fragile*, Paris, Hachette, 1986, p. 288, « Dire et mal dire ».

15. L.-S. Mercier, *Tableau de Paris*, chap. 332, « Le carnaval ».

16. Marivaux, *Le Cabinet du philosophe*, in *Journaux et œuvres diverses*, Paris, Garnier, 1969, p. 372.

17. Béat de Muralt, *Lettres sur les Anglais et les Français*, lettre IV, p. 229.

18. Rétif de la Bretonne, *Les Nuits parisiennes*, 1788, 121e nuit.

19. L.-S. Mercier, *Tableau de Paris*, chap. 335, « Où est passé Démocrite ? ».

20. *Tableau de Paris*, chap. 331.

21. Restif de la Bretonne, *Les Parisiennes*, t. 1-2, Genève, Slatkine, 1988, p. 71.

22. Voir Anne Richardot, *Le Rire des Lumières*, Paris, Champion, 2002.

Femmes d'esprit

1. Mme de Pringy, *Les Différents Caractères des femmes de ce siècle*, 1699, p. 75 et Mme Guibert, *Pensées détachées*, Bruxelles, 1771, p. 87.

2. Voir A. Richardot, « La gaieté française », *Le Rire des Lumières*, *op. cit.*, p. 129-147.

3. Mme de Satël, *De la littérature* (1800), 1re partie, chap. XVIII.

4. Aeneas Piccolomini, *Orazione in lode della donna*, 1545.

5. Boccace, *Le Décaméron*, 1re journée, 10e nouvelle et 6e journée 1re nouvelle.

6. Gisèle Mathieu-Castellani, *La Conversation conteuse*, Paris, Puf, 1992.

7. Voir l'étude de Y. Delègue, « La signification du rire dans l'*Heptaméron* », Actes de la journée d'études Marguerite de Navarre, *Textuel*, 1991, n° 10.

8. Y. Loskoutoff, « Un étron dans la cornuscopie », *Revue d'histoire de la littérature française*, 1995, vol. 6, n° 95.

9. Benedetta Craveri, *L'Âge de la conversation*, Paris, Gallimard, 2001.

10. Rathery, Boutron, *Mlle de Scudéry, sa vie, sa correspondance*, Genève, Slatkine, 1971, p. 161.

11. Cité par Emmanuel Godo, *Histoire de la conversation*, Paris, Puf, 2003, p. 99.

12. Voir Bernard Bray, Christoph Strosetski (dir.), *Art de la lettre, art de la conversation*, Paris, Klincksieck, 1995.

13. Lettres, 30 septembre 1676.

14. Callières, *Des bons mots, de bons contes, de leur usage* [1692], Genève, Slatkine, 1972, p. 86.

15. R. Duchêne, *Les Précieuses, ou comment l'esprit vient aux femmes*, Paris, Fayard, 1999.

Rire ou raillerie

1. Antoine Lilti, « La femme du monde est-elle une intellectuelle ? », *in* Nicole Racine, Michel Trebitsch (dir.), *Intellectuelles. Du genre en histoire des intellectuels*, Bruxelles, Complexe, 2004, p. 92.

2. Les études sur les précieuses défendent des points de vue parfois opposés. Voir *Présences féminines. Littérature et société*, Papers on French Seventeenth Century Literature, 1987 (Actes de London, Canada, 1985) Ph. Sellier parle de « nouvelle Pléiade » et de « coloration hystérique », « La Nouvelle précieuse : une nouvelle Pléiade », p. 119.

3. *Remarques ou Réflexions critiques, morales et historiques sur les plus belles et agréables pensées qui se trouvent dans les ouvrages des auteurs anciens et modernes*, Lyon, 1693, p. 189.

4. M. Albert, « Du paraître à l'être, les avatars de la conversation féminine dans La Prétieuse », *in* Bernard Bray, Christoph

Strosetski (dir.), *Art de la lettre, art de la conversation*, *op. cit.*, p. 231-244.

5. Dominique Bouhours, *Les Entretiens d'Ariste et d'Eugène* [1671], Paris, Champion, 2003, 4e entretien, p. 265.

6. Chevalier de Méré, *Œuvres complètes*, t. II, Paris, 1930, 6e discours, « Du commerce du monde ».

7. Somaize, *Dictionnaire des précieuses*, cité par G. Mongrédien, *Les Précieux et les Précieuses*, Paris, Mercure de France, 1963, p. 90.

8. Madeleine de Scudéry, *Artamène ou le Grand Cyrus*, 1649-1653, IX, p. 568. Le texte a été repris dans *Conversations sur divers sujets*.

9. Mlle de Scudéry, *Conversations sur divers sujets*, Paris, Barbin, 1680, t. II, p. 554.

10. Mlle de Scudéry, *De l'air galant et autres conversations*, éd. établie et commentée par Delphine Denis, Paris, Honoré Champion, 1998.

11. *Ibid.*, p. 242.

12. *Ibid.*, p 70.

13. Chevalier de Méré, *Œuvres complètes*, *op. cit.*, 6e discours, « De la difficulté de la raillerie », p. 171.

14. Chevalier de Méré, *De l'esprit*, in *ibid.*, p. 132.

15. D. Bertrand, *Dire le rire à l'âge classique…*, *op. cit.*, p. 265.

16. Germaine Necker, *De la littérature* [1800], Genève, Slatkine, 2014, t. 1, IIe partie, chap. II.

17. Philipon de la Madeleine, *Manuel épistolaire à l'usage de la jeunesse*, 1761, cité par Cécile Dauphin, *Prête-moi ta plume*, Paris, Kimé, 2000, p. 85.

18. Ferlet, *Discours sur le bien et le mal que le commerce des femmes a fait à la littérature*, 1772.

19. Montesquieu, *Œuvres complètes*, Paris, Seuil, 1964, *Pensées*, 1169.

20. La Motte, cité par Jacqueline Hellegouarc'h, *L'Esprit de société. Cercles et salons parisiens au* XVIIIe *siècle*, Paris, Garnier, 2001, p. 56.

21. Nicolas-Charles-Jospeh Trublet, *Essais sur divers sujets de littérature et de morale*, t. I, 1749, p. 43.

22. Abbé Morellet, « Essai sur la conversation », in *Éloges de Mme Geoffrin*, 1812, p. 96. Morellet fut exclu de son salon car sa fille n'aimait pas les philosophes.

23. Sénac de Meilhan, *Considérations sur l'esprit et les mœurs*, Londres, 1787, p. 29-30.

24. J. Hellegouar'ch (dir.), *L'Esprit de société*, *op. cit.*, p. 414.

25. Marquis de Ségur, *Le Royaume de la rue Saint-Honoré*, Paris, 1897, p. 129.

26. Cité par Benedetta Craveri, *L'Âge de la conversation*, *op. cit.*, p. 318.

27. Marquis de Ségur, *Le Royaume de la rue Saint-Honoré*, *op. cit.*, p. 148.

28. Voir Arthur Dinaux, *Histoire des sociétés badines* [1867], 2 vol., Genève, Slatkine, 1968.

29. Charles Collé, *Journal et mémoires*, Genève, Slatkine, 1968, t. I, p. 73.

30. Lettre à la marquise du Deffand, 2 septembre 1779.

31. Mme de Genlis, *Souvenirs de Félicie*, *op. cit.*, 1857, p. 40.

La France ne sait plus rire

1. Rousseau, *Julie ou la Nouvelle Héloïse*, seconde partie, lettre XVII.

2. *Ibid.*, lettres XVII et XXI.

3. Correspondance d'Anet, p. 89 et 92.

4. Voir Élisabeth Bourguinat, *Le Siècle du persiflage*, Paris, Puf, 1998.

5. Crébillon, *Les Égarements du cœur et de l'esprit*, 1736.

6. Charles Pinot Duclos, *Les Confessions du comte de ****, Paris, Didier, 1969, p. 84.

7. Edmé-Louis Billardon de Sauvigny, *Le Persifleur*, 1771, II, 3.

8. Madeleine de Puisieux, *Réflexions et avis sur les défauts ou les ridicules à la mode*, 1761, p. 94.

9. *Mémoires de Mme de Genlis*, Paris, Firmin Didot, 1928, t. 1, p. 94.

10. *Ibid.*, p. 61.

11. Duclos, *Les Confessions du Comte de* ***, *op. cit.*, p. 73.

12. *Mémoires de Mme de Chastenay*, Paris, Tallandier, 2009, p. 289.

13. *Ibid.*, p. 325-326.

14. Mme de Staël, *Delphine*, « Quelques réflexions », Genève, Droz, 1986, p. 1005.

15. Albertine de Staël, *Lettres*, Paris, Calmann-Lévy, 1896.

16. Anne Martin-Fugier, *La Vie élégante ou la formation du Tout-Paris (1815-1848)*, Paris, Fayard, 1990, p. 175-176.

17. Cité par M. Ozouf, in *Les Mots des femmes*, *op. cit.*, p. 354.

18. Stendhal, *Racine et Shakespeare*, Paris, Honoré Champion, 1970, p. 223-225, et *Journal littéraire*, 1813.

19. Comtesse d'Agoult, *Mémoires, souvenirs et journaux*, Paris, Mercure de France, 1990, t. I, p. 181.

20. M. Proust, *Du côté de chez Swann*, in *À la recherche du temps perdu*, II, Paris, Gallimard, « Bibliothèque de la Pléiade », p. 330.

21. *Ibid.*, p. 205.

Rires de papier

1. Geneviève Brisac, *La Marche du cavalier*, Paris, L'Olivier, 2002.

2. Halrald Weinrich a consacré un cours à une histoire culturelle de l'ironie au Collège de France en 1997.

3. V. Woolf, *Une chambre à soi* [1929], Paris, Garnier, 1965.

4. *Harengue faicte par Mademoiselle Charlotte de Brachart surnommée Aretuze qui s'addresse aux hommes qui veulent deffendre la science aux femmes*, Chalon-sur-Saône, 1604.

5. *Le Livre des trois vertus*, Paris, Champion, 1989, p. 55.

6. Thelma Fenster, « Did Christine Have a Sense of Humour ? The Evidence of the Epistre au Dieu d'Amours », in *Mélanges offerts à Charity C. Willard, Reinterpreting Christine de Pizan*, University of Georgia Press, 1992, cité par Didier Lechat, « Autoreprésentation et ironie chez Christine de Pizan », *Humoresques*, 2000, n° 11.

7. *Le Livre de la Cité des Dames*, Paris, Stock, 1986, p. 35-37.

8. Colette H. Winn, « Les femmes et la rhétorique de combat », in *Femmes savantes, savoirs des femmes. Études réunies par Colette Nativel*, Genève, Droz, 1999.

9. Françoise Lavocat, « L'humour d'une femme savante vénitienne au début du XVIIe siècle, Lucrezia Marinelli », *Humoresques*, 2000, n° 11, p. 43-58.

10. Moderata Fonte, *Le Mérite des femmes*, éd. Frédérique Verrier, Paris, ENS, 2002.

11. Le texte a été publié dans un recueil de diverses pièces servant à l'*Histoire d'Henri III* en 1661, p. 273-290.

12. *Journal* de Pierre de l'Étoile, 3 février 1595.

13. Philippe Hamon, *L'Ironie littéraire, essai sur les formes de l'écriture oblique*, Paris, Hachette, 1996.

14. *Les Advis ou les Présens de la Demoiselle de Gournay*, 1641.

15. *Historiettes*, éd. Antoine Adam, Paris, Gallimard, « Bibliothèque de la Pléiade », 1960, t. I, p. 380.

16. Gisèle Mathieu-Castellani, « La quenouille ou la lyre », in *Montaigne et Marie de Gournay, Actes du colloque international de Duke* présentés par Marcel Tetel, Paris, Champion, 1997.

BURLESQUE ET TRAGIQUE

1. D. Bertrand (éd.), *Poétique du burlesque*, Paris, Champion, 1998.

2. Mme de Villedieu, *Les Mémoires de la vie de Henriette Sylvie de Molière*, éd. Micheline Cuénin, Tours, Université François-Rabelais, 1977. Voir l'étude de Micheline Cuénin, *Roman et*

société sous Louis XIV, Mme de Villedieu, Lille, université Lille III, 1979.

3. Voir Constant Venesoen, *Études sur la littérature féminine au XVIIe siècle*, Summa Publications, Birmingham Alabama, 1990, p. 83-86.

4. René Démoris, « Écriture féminine en je et subversion des savoirs chez Mme de Villedieu », *Femmes savantes et savoirs de femmes, op. cit.*

5. Pierre de Villiers, *Entretiens sur les contes de fées et sur quelques ouvrages du temps, pour servir de préservatif contre le mauvais goût*, 1699, p. 71.

6. C. Marin, « Une lecture des contes de fées », *Papers on French Seventeenth Century Literature*, 1996, vol. 23.

7. Cité par Suzanna Van Dijk, *Traces de femmes. Présence féminine dans le journalisme français du 18e siècle*, APA Holland University Press, 1988.

8. Mme de Murat, épître dédicatoire des *Histoires sublimes et allégoriques*, citée par L. C. Seifert, *in* « Création et réception des conteuses », Jean Perrot (dir.), *Tricentenaire Charles Perrault, Les grands contes du XVIIe siècle et leur fortune littéraire*, Paris, In Press, 1998, p. 193.

9. Voir J. Mainil, *Mme d'Aulnoy et le rire des fées*, Paris, Kimé, 2001, « L'île de félicité et l'écriture ironique », p. 100.

10. Nadine Jasmin, « La représentation de l'amour dans les contes de fées féminins du Grand Siècle », in *Tricentenaire Charles Perrault*, *op. cit.*, p. 213.

11. *Le Nouveau Gentilhomme Bourgeois*, t. 4, p. 222, cité par Anne Defrance, « Écriture féminine et dénégation de l'autorité, les Contes de fées de Mme d'Aulnoy », *Revue des sciences humaines*, 1995, n° 238, p. 111. Du même auteur : *Les Contes de fées et les nouvelles de Mme d'Aulnoy*, Genève, Droz, 1998.

12. Mme de Gomez, *Cent Nouvelles nouvelles*, 1732.

13. Mme Le Prince de Beaumont, *Le Nouveau Magasin français*, 1751.

Rire et sentiments

1. Voir l'étude de Béatrice Didier, *L'Écriture-femme*, Paris, Puf, 1981.

2. Colette Piau, « L'écriture de Mme Riccoboni », *18e Siècle*, 1984, n° 16, p. 369-385.

3. Mme Riccoboni, *Histoire du marquis de Cressy*, 1758, t. 1, p. 39 et p. 111.

4. *Lettres neuchâteloises*, 1784.

5. Voir J. Starobinski, « Les Lettres écrites de Lausanne, inhibition psychique et interdit social », in *Roman et Lumières au XVIIIe siècle*, Paris, Éditions sociales, 1970.

6. *L'Abbaye de Northanger*, 1818.

7. *Œuvres complètes*, Amsterdam, G. A. Van Orschot, 1981 t. 10, p. 37.

8. P. de Dampmartin, *Essai sur les romans*, t. 1, p. 135 et Dussault, *Annales littéraires*, 1818, t. III, p. 77.

Mélodrames romantiques

1. *Mme de Custine d'après des documents inédits*, Paris, 1888, p. 81.

2. Charles Baudelaire, *Œuvres complètes*, éd. Claude Pichois, Paris, Gallimard, « Bibliothèque de la Pléiade », t. II, 1876, p. 539.

3. L.-S. Mercier, *Tableau de Paris*, chap. 596 « Babil » et chap. 717, « Mélange des individus ».

4. M. Ozouf, *La Fête révolutionnaire*, Paris, Gallimard, 1976 ; Antoine de Baecque, *La Culture des rieurs au XVIIIe* siècle, Paris, Calmann-Lévy, 2000.

5. Pierre Frantz, « Rire et théâtre carnavalesque pendant la Révolution », *Dix-Huitième siècle*, 2000, n° 32.

6. Olivier Blanc, « Cercles politiques et salons du début de la Révolution (1789-1793) », *AHRF*, 2006, n° 344.

7. Christine Le Bozec, *Les Femmes et la Révolution, 1770-1830*, Paris, Passés composés, 2019.

8. Frères Goncourt, *Histoire de la société française pendant le Directoire*, 1864.

9. Mme de Staël, *De la littérature*, chap. 14. Voir aussi *Dix années d'exil*, Paris, Fayard, 1996, p. 186.

10. Johann Friedrich Reichardt, *Un hiver à Paris sous le Consulat*, Paris, Tallandier, 2003.

11. Ch. Baudelaire, « Quelques caricaturistes français », in *Œuvres complètes*, t. II, *op. cit.*, p. 558.

12. Marie-Véronique Gauthier, « Sociétés chantantes et grivoiserie au XIXe siècle », *Romantisme*, 1990, n° 68.

13. Ph. Hamon, « Ironies dix-neuvièmistes », in *L'Ironie littéraire*, *op. cit.*, p. 127.

14. Ch. Baudelaire, Lettre à Jules Janin, in *Œuvres complètes*, t. II, *op. cit.*, p. 237.

15. Gavarni, *Les Gens de Paris*, Préface, 1857.

16. *L'Homme qui rit*, 1869, I, VI.

17. G. Minois, *Histoire du rire et de la dérision*, *op. cit.*, p. 500.

18. Ch. Baudelaire, « Sur mes contemporains », in *Œuvres complètes*, t. II, *op. cit.*, p. 146.

19. George Sand, *Lelia*, Paris, Garnier, 1960, p. 276.

20. Maurice Ménard, *Balzac et le comique dans la Comédie humaine*, Paris, Puf, 1983.

21. Frères Goncourt, *Manette Salomon*, 1867, chap. VII, cité par Ph. Hamon, in *L'Ironie littéraire*, *op. cit.*

Hystériques et grisettes

1. Gustave Le Bon, *L'Homme et les Sociétés*, 1881, t. I, p. 496.

2. Pierre Pomme, *Traité des affections vaporeuses*, 1760, p. 14-15.

3. Nicole Edelman, *Les Métamorphoses de l'hystérique*, Paris, La Découverte, 2003, p. 131.

4. *Ibid.*, p. 149.

5. Balzac, *La Peau de chagrin*, in *Œuvres complètes*, t. 18, p. 276.

6. Voir Marc Angelot, « La fin d'un sexe », *Romantisme*, 1989, n° 63, p. 15.

7. Marie-Anne Couderc, *Bécassine inconnue*, Paris, CNRS Éditions, 2000.

8. Voir Yannick Ripa, *La Ronde des folles*, Paris, Aubier, 1986, p. 25.

9. Voir Marc Angenot, *Le Cru et le Faisandé*, Paris, Labor, 1986, p. 114 et *sq*.

10. Cité par Mireille Dottin-Orsini, in *Cette femme qu'ils disent fatale, textes et images de la misogynie fin de siècle*, Paris, Grasset, 1993, p. 263.

11. Barbey d'Aurevilly, *La Vengeance d'une femme*, in *Œuvres complètes*, Paris, Gallimard, « Bibliothèque de la Pléiade », t. II, 1966, p. 260.

12. *La Glu*, drame lyrique, 1883, Maurice Magre, *La Haine*, voir M. Dottin-Orsini, *Cette femme qu'ils disent fatale*..., *op. cit.*, p. 263.

13. É. Zola, *Nana*, Paris, Gallimard, « Folio », 1977, p. 47.

14. *Ibid.*, p. 417.

15. Pierre Louÿs, *La Femme et le Pantin*, in *Œuvres complètes*, Genève, Slatkine, 1973, t. V, p. 148.

16. Félicien Champsaur, *Lulu*, in Sophie Basch, *Romans de cirque*, Paris, Robert Laffont, « Bouquins », préface, 2002, p. 635.

17. Sourya, « Petits théâtres et grandes baraques », *Le Bambou*, 1893, n° 2, cité par Sophie Basch, in *Romans de cirque*, *op. cit.*, p. 598.

18. Voir M. Dottin-Oisini, *Cette femme qu'ils disent fatale*..., *op. cit.*

19. Henri de Régnier, *Les Rencontres de M. de Bréot*, Paris, Mercure de France, 1904, et Jean-Paul Sartre, *La Nausée*, Paris, Gallimard, 1938.

Femmes spectacles

1. Concetta Condemi, *Les Cafés-Concerts. Histoire d'un divertissement*, Paris, Edima, 1992, p. 87.

2. Frères Goncourt, *Journal*, 1865, t. II, p. 202-203.

3. Jean Richepin, *Braves gens, roman parisien*, 1886, cité par Rae Beth Gordon, *in* « Le Caf'conc et l'hystérie », *Romantisme*, 1989, n° 64, II.

4. Georges Didi-Huberman, *L'Invention de l'hystérie*, Paris, Macula, 1982, p. 167.

5. Lautréamont, *Œuvres complètes*, p. 136, cité par G. Didi-Huberman, *ibid.*, p. 69.

6. Élisabeth Pillet, « Rires de femmes, du caf'conc au One-woman-shows », *Lunes*, 1999, n° 7, p. 61.

7. Yvette Guilbert, *La Chanson de ma vie*, 1927, p. 45 et p. 51.

8. Colette, *La Jumelle noire*, in *Œuvres*, Paris, Robert Laffont, t. III, « La Revue de l'ABC », 28 juin 1938.

9. Colette, « La revue des *Folies bergère* », in *ibid.*, p. 1210.

10. « Le sabbat », *Les Poètes du Chat Noir*, Paris, Gallimard, 1996, p. 238.

11. G. Minois, *Histoire du rire et de la dérision*, *op. cit.*

12. *Ibid.*, p. 500-505.

L'esprit d'enfance

1. Une estimation indique qu'on est passé d'une vingtaine de femmes de lettres en 1860 à plus de 700 en 1908. Voir Nathalie Heinich, « Femmes écrivains : écriture et indépendance », in *Intellectuelles, du genre en histoire des intellectuels*, *op. cit.*, p. 154.

2. S. de Beauvoir, *Le Deuxième Sexe*, *op. cit.*, p. 520.

3. Delphine Launier, « La reconnaissance sociale et littéraire des femmes écrivains », in *Intellectuelles, du genre en histoire*, *op. cit.*, p. 191.

4. Christine Reynier, « Virginia Stephen et le rire comme horizon », *Études britanniques contemporaines*, 2011.

5. Titre d'une communication de Robert Harvey, in *Marguerite Duras*, Actes du colloque de Cerisy-la-Salle (23 au 30 juillet 1993), éd. Alain Vircondelet, Paris, Éditions Écriture, 1994, p. 197-216.

6. Robert Favre, *Le Rire dans tous ses éclats*, Lyon, Presses universitaires de Lyon, 1995, « Arlequin, ou le rire de libération ».

7. Sur une tentative d'explication du rire féminin par le développement psychique de la fillette, voir Jerry Palmer, « Le rire : différence sexuelle et position énonciatrice », *Cahiers de recherche de CORHUM*, 1995, n° 3.

8. Catherine Pozzi, *Journal de jeunesse*, *op. cit.*, p. 209-210.

9. *Ibid.*, p. 21.

10. Julia Kristeva, *Colette*, Paris, Fayard, 2002, p. 20.

11. Colette, *Paysages et portraits*, in *Romans, récits, souvenirs*, t. III, Paris, Robert Laffont, « Bouquins », 1989.

12. Colette, *La Maison de Claudine*, in *Romans, récits, souvenirs*, t. II, Paris, Robert Laffont, « Bouquins », 1989, p. 270.

13. Colette, *La Naissance du jour*, in *ibid.*, p. 585.

Rire et violence

1. Colette, *La Seconde*, in *Romans, récits, souvenirs*, *op. cit.*, t. II, p. 738.

2. Marguerite Duras, *Les Parleuses*, Paris, Minuit, 1974, p. 153.

3. Marcelle Marini, *Territoires du féminin avec Marguerite Duras*, Paris, Minuit, 1976, p. 69.

4. Janine Ricouart, *Écriture féminine et violence*, Birmingham, Summa Publications, 1991.

5. M. Duras, *Un barrage contre le Pacifique*, Paris, Minuit, p. 167-169.

6. M. Duras, *La Maladie de la mort*, Paris, Minuit, 1982, p. 52.

7. M. Duras, *Yeux bleus cheveux noirs*, Paris, Minuit, 1986, p. 69, p. 82, p. 99.

8. N. Sarraute, *Le Planétarium*, *op. cit.*, p. 350-359.

9. N. Sarraute, *Martereau*, in *Œuvres complètes*, *op. cit.*, p. 320.

10. N. Sarraute, *Tropisme XI*, in *Œuvres complètes*, *op. cit.*, p. 16.

11. N. Sarraute, *Le Planétarium*, *op. cit.*, p. 373.

12. Pascale Foutrier, « Enfance. Généalogie d'une écriture », *Critique*, janvier-février 2002, p. 36-50.

13. N. Sarraute, *Enfance*, in *Œuvres complètes*, *op. cit.*, p. 1044.

14. M. Bakhtine, *Esthétique et théorie du roman*, Paris, Gallimard, 1978, p. 306.

15. N. Sarraute, *Le Planétarium*, *op. cit.*, p. 378.

Drôles, jolies, laides, bêtes ou méchantes

1. Gilles Lipovetsky, *La Troisième Femme, permanence et révolution du féminin*, Paris, Gallimard, « Folio », 1997, p. 106.

2. Judith Stora-Sandor, *L'Humour*, Paris, Autrement, 1991.

3. M. Ozouf, *Les Mots des femmes*, *op. cit.*, p. 391-394.

4. G. Lipovetsky, « La société humoristique », *Le Débat*, 1981, n° 10.

5. G. Lipovetsky, *La Troisième Femme*, *op. cit.*, p. 295.

6. Voir la revue *Humoresque* et ses nombreux travaux sur l'humour féminin, en particulier le n° 11.

7. Luce Iriguaray, citée par Brigitte Rollet, « Rire et cinéma, les réalisatrices françaises contemporaines », in *Deux mille ans de rire* (colloque international Grekis-Laseldi/Corhum, 2000), Paris, Presses universitaires franc-comtoises/Les Belles Lettres, 2002, p. 393.

8. *Mersonne ne m'aime* [1978], rééd. Paris, Joëlle Losfeld, « Arcanes », 2003.

9. G. Lipovetsky, « La société humoristique », art. cité.

10. J. Stora-Sandor, « Le rire minoritaire », in *L'Humour*, *op. cit.*

11. S. Freud, *Le Mot d'esprit et sa relation à l'inconscient*, « Les variétés du comique », Paris, Gallimard, « Folio », 1992.

12. Voir Jean Sareil, *L'Écriture comique*, Paris, Puf, 1985, p. 124.
13. Macha Makeïeff, *Poétique du désastre et inventaire d'un spectacle*, Paris, Actes Sud, 2001 et 2000.
14. Voir *Le Rire au corps, Sociétés et représentations*, 2000, vol. 3, n° 10. La pièce a été créée en 1979 et elle a fait l'objet d'une série télévisée en 1993.
15. Yasmina Reza, *Une désolation*, Paris, Albin Michel, 1999, p. 24.
16. Y. Reza, *Adam Haberberg*, Paris, Albin Michel, 2003.
17. *CinéAction*, n° 82, cité par Olivier Mongin, in *Éclats de rire*, Paris, Seuil, 2002, p. 295.
18. Stanley Cavell, *À la recherche du bonheur. Hollywood et la comédie du remariage (1936-1949)*, Paris, Éditions de l'Étoile/Cahiers du cinéma, 1993.
19. Voir Noël Burch, Geneviève Sellier, *La Drôle de guerre des sexes du cinéma français*, Paris, Nathan, 1996.
20. *Ibid.*, p. 391. Voir aussi Noël Burch, Geneviève Sellier, « Le cinéma, critique et création », in *Le Siècle des féministes*, Paris, Éditions de l'Atelier, 2004, p. 303.
21. Brigitte Rollet, « Rire et cinéma : les réalisatrices françaises contemporaines », in *Deux mille ans de rire, permanence et modernité*, *op. cit.*
22. « Les drôlesses », France Cuture, 23 mars 1992, émission de Pierre Merle.

De quoi rient-elles ?

1. J. Stora-Sandor, « La liberté absolument fabuleuse d'un rire féminin », in *Deux mille ans de rire*, *op. cit.*
2. François Cusset, *Queer critics*, Paris, Puf, 2002.
3. Selon le titre du livre d'André Rauch, *Histoire du premier sexe*, Paris, Pluriel, 2000.
4. G. Lipovetsky, « La société humoristique », art. cité, p. 64.

Table

Le rire des femmes

Table

Table

Du même auteur

Les Revers de l'amour. Une histoire de la rupture, Paris, Puf, 2019.

Les Grands Hommes et leur Mère. Louis XIV, Napoléon, Staline et les autres, Paris, Odile Jacob, 2017.

Une histoire de la frivolité, Paris, Armand Colin, 2013.

Histoire du mariage, Paris, Robert Laffont, 2009 (direction avec Catherine Salles).

Louis et Marie-Adélaïde de Bourgogne : la grâce et la vertu, Paris, Robert Laffont, 2009.

La Jeune Fille au miroir de Titien, Paris, Armand Colin, 2008.

Fénelon, Paris, Perrin, 2008.

La Vie devant elles : histoire de la femme de cinquante ans, Paris, La Martinière, 2000.

Histoire de l'adultère, Paris, La Martinière, 1999. Grand Prix des lectrices Elle (essai).

Catherine de Bourbon, l'insoumise, Paris, Éditions du Nil, 1999.

L'Art de vivre au temps de Diane de Poitiers, Paris, Éditions du Nil, 1998.

Histoire du miroir, Paris, Imago, 1994, rééd. « Pluriel », 1998.

Les Châteaux de la Loire, Paris, Larousse, 1984.

Églises et abbayes en France, Paris, Larousse, 1984.

Composition et mise en pages
Nord Compo à Villeneuve-d'Ascq

Achevé d'imprimer en mars 2021
sur les presses de Normandie Roto Impression s.a.s.
61250 Lonrai
N° d'impression : 2101365

Imprimé en France

IMPRIM'VERT
Votre imprimeur agit pour l'environnement

PEFC™
10-31-2541
Certifié PEFC
Ce produit est issu de forêts gérées durablement et de sources contrôlées
www.pefc-france.org